启真馆 出品

启真 · 科学

天地之梦

Dreams of Earth and Sky

[美]
弗里曼·戴森
著

肖明波 杨光松
译

ZHEJIANG UNIVERSITY PRESS
浙江大学出版社

中译本序

我极为幸运地在普林斯顿高等研究院跟杨振宁和李政道成为同事兼朋友。他们是 10 年前以年轻学生的身份来到美国的；我目睹了他们做出革命性的科学发现，为世人提供了看待自然法则的新视角。从我与杨、李二位的友谊中，我学会了将中国作为一大文明来敬重，并期待中国会在未来的科学领域中发挥巨大的作用。

在杨、李二位来美国后的 30 年里，中国一直悲惨地保持着与世隔绝的状态。杨振宁写了一篇题为《父亲与我》的个人回忆录，记述了发生在他家的悲剧。杨振宁的父亲是一位接受过西方教育的学者，在中西文化方面都有深厚的修养；他在儿子移居美国时，留在了中国。他们之间深度的智力交流被迫中断，这对父子双方而言，都是一场悲剧。杨振宁在回忆文章的结尾处写到，他在香港参加了那场历史性的庆典，见证了英国国旗的降落和中国国旗的升起。杨振宁既感到自豪又感到悲伤，因为他父亲没能活到跟他分享这个欢乐时刻的那一天。

如今，中国终于要获得引领世界科学与经济发展的应有地位了。在我看来，中国和印度崛起为富强之国，将是 21 世纪最重要的历史成就。让这个崛起过程保持和平，则是我们所有人的重要任务。英国国旗在香港和平降落，是一件值得英国和中国同样感到骄傲的事件。在接下来的这个世纪里，注定会出现财富与国力的大规模转移，这要求我们大幅增进彼此之间的理解。中国、欧洲和美国必须学会理解和容忍我们文化方面的深刻差异。

在异域文化之间架起相互理解的桥梁，其中一个重要的方面要归于翻译者的工作。翻译工作者是无名英雄，却发挥着将世界团结在一起的关键作用。他们让我们可以与竞争者开展合作，让我们可以听到来自敌对阵营的声音。本书的译者也为增进人类相互理解这一崇高事业做出了自己的贡献。我很乐意为他的工作送上我的祝福。

本书汇集了我过去10年发表在《纽约书评》半月刊上的书评。这些书评为读者提供了一个广阔的视角，让他们了解英语世界的作家们对一些科学和政治问题持有何种观点。这算是我们这几个西方国家，为实现一个具有持久和平、愿意共担责任的世界，迈出的万里长征中的一小步。现在还急需一批将中文译成英文的翻译工作者；同样也急需一批不避烦劳的西方读者，来阅读中国学者对我们将共同继承的这个新世界所发表的见解。

弗里曼·戴森

序言：书评人最严重的失误

我感谢《纽约书评》将我在 2006 年到 2014 年写的书评结集出版。本书是《反叛的科学家》（*The Scientist as Rebel*）的续集，后者涵盖的是 1996 年到 2006 年写的书评。这两本书中的书评都是大致按时间次序排列的。我将《我们生物技术的未来》放在本书的最前面，但它不是一篇书评，而是一篇随笔。它是我 2005 年在波士顿大学做的一场讲座的摘要，讲座的题目是"关于科学与社会的异端思想"。我放在本书最末尾的一篇书评是《出彩的严重失误》——它恰好是我本人最喜欢的一篇。

丹尼尔·卡尼曼（Daniel Kahneman）建议我给这篇序言冠上现在这个标题。那是他对《出彩的严重失误》一文的友好回应。在那篇书评里，我张冠李戴，引用了他一段话，却又将它安到了戴维·卡尼曼（David Kahneman）头上。"戴维"这个名字不知怎么逃过了三轮校对的法眼。第 16 章评论的书是卡尼曼的《思考：快与慢》（*Thinking, Fast and Slow*），该书解释了这类严重失误是如何发生的。我们每个人都有两种思考方式：快方式用于常规事物，而慢方式用于需要仔细判断的情况。作者都是糟糕的校对员，因为我们都倾向于使用"快脑",巴不得早点完工。"快脑"不关心准确性。最好的校对员是专业人士,他们是按小时而不是按页数来计酬的。

"戴维"是个小失误。本书中的严重失误不是偶然出现的,而是故意的。它们是我所持有的一些与主流思想相左的观点。因为我收集到的证据都支持这些观点,我认为它们是对的。因为它们与大多数人的观点相抵触,我很乐意承认它们也许是错误的。《纽约书评》杂志给了我机会,让我可以支持政治上不正确或具有挑衅性的观点。我试图有节制地动用这项特权,很感谢给我来信纠正错误的读者朋友们。

这个集子中重大失误的例子包括我对一些可疑人物富有同情心的处理,比如第 13 章的伊曼纽尔·维利科夫斯基(Immanuel Velikovsky)和阿瑟·爱丁顿(Arthur Eddington),与第 16 章的威廉·詹姆斯(William James)和西格蒙德·弗洛伊德(Sigmund Freud)。这几位人物都在常规科学的极限之外建立了自己的想象空间,而持正统思想者唯恐避之不及。我将他们描绘成英雄人物,因为我喜欢打破将科学与其他人类智慧之源分隔开来的壁垒。出色的失误能打破壁垒,引导我们对大自然产生更广阔的理解。

我珍视的另一类失误,是关于政治的而不是关于科学的。我对冯·布劳恩(第 3 章)充满同情,并称赞他为英雄,尽管他是纳粹党卫军成员,是利用集中营俘虏制造火箭的同谋。我反对在我的自由派朋友中盛行的一种观点——战犯应该永远受到控诉,应该遗臭万年。历史告诉我们,当战争打出一个烂摊子之后,和平与调停比正义更重要。让仇恨与不满没完没了,是人类社会的一种慢性病，而赦免是唯一的医治良方。

我反对有关天气变化与全球变暖的主流观点，这在政治上和科学上都是一种失策。我并没有标榜自己懂气象。我只想申明，就气象问题向政府提建议的那些专家也不懂。我对气象科学的看法，与《出彩的严重失误》之间，有一种直接的联系。那篇书评中描述过的一个失误是，威廉·汤姆森（开尔文勋爵）在1862年对地球年龄的计算。开尔文利用他在物理学和热动力学方面的专业知识，进行了仔细计算，最后得出的结果是，地球的年龄应该在1亿年左右。如今我们知道这个结果错了50倍。他得出这个错误结果的原因在于，他在计算中忽略了一些他无法纳入计算的模糊过程，比如火山喷发和熔岩流动。

在我看来，如今对全球变暖的计算，与开尔文对地球年龄的计算有点像。气象专家利用气象的计算机模型进行了仔细而精确的计算。计算机模型就像开尔文脑海中的地球图景，对某些过程做了精确的描述，却忽略了另外一些。计算机模型对大气和海洋的流体动力学进行了精确的描述，却忽略了它们无法计算的一些模糊过程，比如太阳高能粒子的可变输入，以及大气中云朵的详细特性。达尔文很肯定开尔文的计算错了，因为生物的进化所需的时间比1亿年要长很多。我也相当肯定全球变暖的现代计算是错的，因为它们没有对过去出现的气候变化给出很好的解释。我并不是说关于全球变暖的计算也错了50倍，但如果结果显示对未来变暖的预测错了5倍，我是不会感到吃惊的。

当科学处于富有创造性的阶段——就像在19和20世纪那样，会有人强烈抱持各种观念，其中有些后来被证明是正确的，也有一些被证明是严重的失误。顶级科学家们曾为分歧的观点进行激烈的争辩。支持不同观点的人相互争辩，对理解的过程是必不可少的。最终，大自然会以观察结果的形式，裁决谁对谁错。那是健康的科学朝前发展的方式。但气象科学现在不是以这种方式在发展。气象科学已经政治化，因此某种理论被官方宣称为正确的，而其他理论的信奉者都被勒令闭嘴。那就是我质疑官方理论的原因。只有在其他理论得到公开辩论和严格测试之后，我才会接受它。辩论和测试都需要很长的时间，不能性急。

第4章是对约翰·格里宾（John Gribbin）《会士》（*The Fellowship*）一书所作的评论；该书描述了350年以前，英国伦敦的皇家学会如何通过采用"Nullius in Verba"（勿轻信人言）作为会训，为科学的完整性奠定了坚实的基础。这是一句拉丁语，当时受过教育的人都看得出来，这是诗人贺拉斯（Horace）一行著名诗句的简化版，意思是"绝不对任何人的话照单全收"。用现在的话来说，英国皇家学会的这条会训就是"别让他人来指挥我们如何思考"。当气象科学家出于政治原因中断辩论时，他们背叛了自己的原则，忘了本。

我要以本书借用了其标题的那本小书的评论，来结束这篇序言。那本《天地之梦》（*Dreams of Earth and Sky*）出版于1895年，作者是一位出色的捣乱分子康斯坦丁·齐奥尔科夫斯基（Konstantin Tsiolkovsky）。他这本书一半是科学，一半是科幻，向普通大众解释了太空旅行和太空殖民的可能性。他大半辈子都不受人重视，靠在俄罗斯省镇卡卢加（Kaluga）当教师过活，置身于大城市的学术与社会等级制度之外。他活了足够长的时间，在晚年时成了苏联的英雄，被尊为苏联太空事业的先知和先驱。

我最近去苏联太空计划历史中心拜科努尔（Baikonur）观看一次俄罗斯太空发射时，发现到处都是俄罗斯太空事业"圣三一"的雕像，他们分别是：指明道路的先知康斯坦丁·齐奥尔科夫斯基、火箭总设计师谢尔盖·科罗廖夫（Sergei Korolev）以及第一位飞入太空的人——尤里·加加林（Yuri Gagarin）。俄罗斯的太空文化根植于齐奥尔科夫斯基的理念——我们正在向恒星进发的途中。恒星是我们的目的地。我们也许要花上数百乃至数百万年才能抵达那里，但我们在进发的途中。齐奥尔科夫斯基不是唯一一位宣扬太空旅行的先知。在他之前，还有法国人儒勒·凡尔纳，在他之后又有德国人赫尔曼·奥伯特（Hermann Oberth）。但齐奥尔科夫斯基具有最广阔的视野和最深刻的洞察。

齐奥尔科夫斯基的这本书告诉我们，要以宇宙为家，我们必须解决两个不同的问题：一个是工程方面的，另一个是生物方面的。工程方面的问题比较容易解决。齐奥尔科夫斯基研究出了火箭的数学理论，他表明火箭可以为我们的太空旅行提供一条实用的途径。他还探索过用太阳帆，作为太空旅行的另一条途径，虽然慢一些，但要便宜得多。生物方面的问题比较困难，要能让人或其他形态的生物，在远离行星的太空之中真正安家。问题是如何设计生物，让他们在一个小的体积中包含行星上的所有生态资源。在这本书的科幻部分，他描述了与外星生物见面的场景。他称他们为土著，并且碰见他们在一颗小行星上到处晃荡。

他们交谈的主题是小行星和行星哪个是更好的栖息地。对土著而言，小行星显然更好。他们认为大气是一种巨大的障碍，除非持续消耗能量以克服大气阻力，否则是不可能移动的。行星强大的引力也是一大麻烦，在地面走动时，为克服摩擦力，会造成额外的能量消耗。为了避免陷入摩擦力的陷阱中，他们早已学会了远离行星。对他们而言，小行星是访问宇宙这个角落最安全、最方便的栖息地。在整个宇宙中，生物最可能进化的地方是小行星而不是行星。

因为太空中没有声音，土著们用手语进行交流。实际生活中的齐奥尔科夫斯基是个聋子，因此他设想自己可以迅速掌握他们的手势语言，与他们进行沟通，也会比与地球上的人类沟通更顺畅。他对他们的构造与生理机能特别感兴趣。他注意到每位土著都同时是动物和植物，靠着动物的大脑和肌肉四处移动，而支持生命的养分则是由代替肺与胃的一对绿色大翅膀提供的。这对翅膀的作用就像树的叶子那样，运用来自太阳和恒星的光能，驱动各种化学反应，为大脑和肌肉提供燃料。跟地上的树叶不同，这对翅膀上的皮肤没有气孔。他们的皮肤是透明的，且不透水，不会让体内的空气和水散失到太空中去。为了在太空中存活，包在皮肤里的所有东西都必须重复利用和回收。

齐奥尔科夫斯基计算过，一个土著如果具有大小与地球人相当的大脑和肌肉，要在体内维持一个封闭的生态系统，在距离太阳不同远近的地方，所需要的翅膀面积是多大。投射在上面的太阳光只有一小部分会被转化为化学能，其他的都被用作热能，为土著保暖。他发现需要的翅膀面积大小还算合理——对一位处于小行星带上的土著，几平方米就可以了。如果翅膀变得更薄更宽，能够覆盖一片大得多的面积，就可以用来当太阳帆。进化让生命具有灵活性，可以适应太空中的各种生态位，就像在地球上一样。给它几百万年，生命也许能完成从行星到太空的那个飞跃，就像它曾完成从海洋到陆地的飞跃一样。齐奥尔科夫斯基将地球看作广袤宇宙中的一粒微尘。他认为我们逃离这粒微尘的禁锢是有益的，最终也是不可避免的。他认为奔向自由自在的太空才是我们的命运。他的这种愿景在俄罗斯和其他一些地方仍然很有市场。

美国与俄罗斯的太空文化之间的差别，可以追溯到罗伯特·戈达德（Robert Goddard）与康斯坦丁·齐奥尔科夫斯基这两位先驱之间的差别。美国先驱戈达德是一位工程师，于是美国的太空文化是一种工程文化。齐奥尔科夫斯基更关心的是生物学而不是工程，于是俄罗斯的太空文化是一种生物文化。工程与生物学之间的差别导致了两种文化在时间尺度上的差别。美国人倾向于以年或十年这样的尺度来考虑太空计划。俄罗斯人，追随的是齐奥尔科夫斯基，倾向于以世纪或千年这样的尺度来考虑太空计划。

我借用齐奥尔科夫斯基的书名作为这个集子的书名，因为充满希望的梦想会更经常地出现在书评中，而不是出现在书中。齐奥尔科夫斯基的作品中随处可见的野性与奇观，在近年出版的书中已非常罕见。在此处评论的书中，只有一本——理查德·福尔摩斯（Richard Holmes）写的《奇迹年代》（*The Age of Wonder*）——抓住了快乐梦想的精神，现代世界似乎已经丢失了这种精神。齐奥尔科夫斯基让我们想起当代文化中缺乏的长期梦想。在第 19 章中只简单提了一下的马丁·路德·金，他是一位敢于梦想的现代先知。如今已没有人像他那样敢于梦想了。

目　录

1. 我们生物技术的未来

　　现在有一种被广泛认同的说法：20世纪是物理学的世纪，21世纪会是生物学的世纪。对于正在走向我们的21世纪，几乎人人都会赞同下面这两点：按预算、劳动力规模以及重大成果的产出来衡量，生物学已经超过了物理学，而且在整个21世纪中，生物学在科学中可能会一直占有最大的份额；按经济效益、伦理意义以及对人类利益的影响来衡量，生物学也比物理学重要得多。

　　这些事实引出了一个有趣的问题。随着个人计算机、GPS接收机和数码相机的出现，我们高新技术的家庭化方面已经捷报频传，那么这种趋势在不久之后会从物理技术扩展到生物技术吗？我相信，这个问题的答案是肯定的。这里我要斗胆做个明确的预测。我预计：家庭化的生物技术，将在未来50年里左右我们的生活，其程度不会亚于家庭化的计算机在过去50年对我们生活的左右。

　　在我看来，冯·诺依曼把计算机视为大型集中式设备的狭隘眼光，和如今的大众观点——把基因工程看成大型制药公司和孟山都（Monsanto）之类的大型农业综合企业（agribusiness）的事——这二者基本可以类比。民众不信任孟山都，因为孟山都喜欢把杀灭虫害的有毒基因加入粮食作物中，正如我们不信任冯·诺依曼，因为他喜欢在大半夜偷偷使用他的电脑来设计氢弹。只要基因工程还集中掌握在大企业手中，它就很可能继续不得人心，备受争议。

如果生物技术产业的发展，是沿着冯·诺依曼当年对计算机产业未能预见到的道路——小型化和家庭化，而不是变得更大和更集中——前行，我认为它会有个光明的未来。前不久，宠物店中出现了具有新奇绚丽色彩的转基因热带鱼，这表明我们已经朝着这个方向迈出了第一步。要让生物技术家庭化，下一步是让它变得方便易用。最近，我在费城花卉展览会上度过了很开心的一天，这是世界上最大的花卉展，来自世界各地的花卉培育者在这里竞相展示自己的成果。我也参观了圣地亚哥的爬虫展，这是一个同样令人印象深刻的表演，展示了另一群培育者的工作。费城花展的亮点是兰花和玫瑰，圣地亚哥爬虫展的亮点是蜥蜴和蛇。带孙辈参观爬行动物表演的祖父母们所遭遇的主要难题是，怎样在不买蛇的情况下将孙儿带离大楼。

每一朵兰花、玫瑰，每一条蜥蜴、蛇，都是熟练的专业培育员的作品。成千上万的人——既有业余爱好者，也有专业人士，正投身于这项事业。现在设想一下，这些人拥有了基因工程工具之后，会发生什么？对那些使用基因工程培育兰花和玫瑰新品种的园丁来说，将会拥有可以亲手操作的工具套件。鸽子、鹦鹉、蜥蜴和蛇类爱好者，也会有繁育新品种宠物的工具套件。狗和猫的培育者同样会拥有自己的工具套件。

一旦家庭主妇和孩子们手头拥有了家庭化的生物技术，它将爆炸性地给我们带来新的生物品种，而不是大公司更喜欢的单种栽培作物。新的植物群落将大量繁殖，取代单种栽培和森林砍伐所毁掉的那些物种。设计基因组将是一件私人化的事，是一种和绘画或雕塑一样具有创意的新艺术形式。

新创作的作品中不会有多少杰作，但总会给其创作者带来乐趣，给我们的动物和植物增加多样性。家庭化生物技术的最后一步将是生物技术游戏，设计得与针对学龄前儿童的电脑游戏很像，不过使用的是真实的蛋和种子，而不是屏幕上的图像。在玩这种游戏时，孩子们对自己培养的生物体将获得一种亲密的感受。谁可以用自己的种子种出有最尖长刺的仙人掌，或者用自己的蛋孵出最可爱的恐龙，谁就是获得优胜的孩子。这些游戏会造成混乱，而且有可能存在危险。需要制定规章制度，来确保我们的孩子不会危及自己和他人的安全。生物技术的危险是真实而严重的。

如果说家庭化生物技术是未来的潮流，那么现在就要回答下面五个重要的问题。第一，它可以被停止吗？第二，它应该被停止吗？第三，如果停止是不可能的或者不合适的，我们社会必须为它设置怎样的限制才合适呢？第四，应如何确定这些限制呢？第五，如何在国内和国际上强制执行这些限制？我这里不对这些问题做出回答。我将它们留给我们的子孙后代来回答。

新世纪的新生物学

卡尔·沃斯（Carl Woese）是世界上最伟大的微生物分类学专家，

他研究的是对微生物进行分类与理解。他通过追踪微生物基因组之间的相似性和差异性，来探索它们的系谱。他发现了生命之树的大尺度结构——所有的生物都源自三个原始分支。在沃斯提出这种观点之前，生命之树只有两个主要分支：原核生物（prokaryotes）和真核生物（eukaryotes）；原核生物是由无核细胞组成，而真核生物是由有核细胞组成。所有植物和动物（包括人类）都属于真核生物这个分支。而原核生物只有微生物。通过仔细研究微生物的解剖结构，沃斯发现有两种完全不同的原核生物，他称之为细菌和古细菌（archea）。因此他构造出了一棵有细菌、古细菌和真核生物这三个分支的生命之树。大多数有名的微生物都是细菌。最初，人们以为古细菌很稀少，而且只局限在温泉等极端环境中，但是现在人们知道它们大量存在，而且遍布全球。最近，沃斯发表了两篇具有挑衅性和启发性的论文：《新世纪的一种新生物学》和《生物学的下一场革命》（与奈吉尔·戈登费尔德合著）。[1]

沃斯的主要论点是：已有近百年历史的还原论生物学过时了，这种生物学假设的是可以通过研究基因和分子来理解生物过程。现在需要的是一种基于组织涌现模式（emergent patterns of organization）的合成生物学（synthetic biology）。除了这个主要论点，他还提出了另一个重要问题。达尔文式的进化始于何时？

---

[1] 参见卡尔·沃斯 2004 年 6 月发表在《微生物学和分子生物学评论》（*Microbiology and Molecular Biology Reviews*）上的《新世纪的一种新生物学》（*A New Biology for a New Century*），以及卡尔·沃斯和 奈吉尔·戈登费尔德（Nigel Goldenfeld）2007 年 1 月 25 日发表在《自然》（*Nature*）上的《生物学的下一场革命》（*Biology's Next Revolution*）。这篇发表在《自然》上的论文略经扩充后的版本可以在这里获取：http://arxiv.org/abs/q-bio/0702015v1。

他所说的"达尔文式的进化",是指达尔文所理解的那种进化,即建立在非杂交物种之间生存竞争基础上的进化。他提出证据表明,达尔文式的进化并不能回溯到生命的起源处。当我们对古代谱系生物的基因组进行比较时,我们发现大量遗传信息从一个谱系转移到另一个谱系的证据。在早期,横向基因转移——彼此不相关的物种之间共享基因——是很普遍的。时间越往前,这种现象就越普遍。

卡尔·沃斯写的任何东西,哪怕是推测性的文章,都值得认真对待。在这篇《新世纪的一种新生物学》中,他假定前达尔文时代的生物存在一个黄金时代,当时横向基因转移非常普遍,而独立的物种还不存在。那时的生物是各种细胞的共同体,彼此分享遗传信息,这样一来,某种生物所发明的灵巧的化学技能和生物催化过程,可以被所有成员继承。进化是一种群体性的事务,因为共享了最有效的基因,整个共同体在新陈代谢和繁殖的效率方面集体向前推进。进化可以很迅速,因为化学功能部件(chemical devices)可以在并行工作着的不同细胞体中同时进化,再通过横向基因转移,在单个细胞中进行重组。

但是接下来,在某个不幸的日子,一个像原始细菌的细胞,碰巧发现自己在效率方面领先了邻居一步。那个细胞,超前比尔·盖茨30亿年,脱离了团体,拒绝分享自己的东西。它的后代成为第一种细菌,将它们的知识产权留归己用。凭借其出色的效率,这种细菌继续独立地繁衍和进化,而其余的团体成员则继续过它们的集体生活。几百万年后,另一个细胞从团体中独立出来,成了古细菌的祖先。一段时间之后,第三个细胞独立出来,并成为真核生物的祖先。历史继续发展，直到团体中没有剩下任何成员，所有的生物都被分为物种。达尔文式插曲（Darwinian interlude）开始了。

达尔文式插曲持续了二三十亿年。它可能大大减缓了进化的速度。在前达尔文时代的几亿年中，生命的基本生化机制进化迅速，在接下来 20 亿年的微生物进化中变化很少。达尔文式的进化很缓慢，因为单个的物种一旦确立便很少进化。达尔文式的进化要求，已确立的物种灭绝后，新物种才能取代它们。

现在，过了 30 亿年之后，达尔文式插曲结束了。这是两段横向基因转移期之间的一段插曲。大约 10 万年前，基于物种间竞争的达尔文式进化阶段结束了，此时一个叫智人（Homo sapiens）的物种开始取得主导地位，并对生物圈进行了重组。从那以后，文化进化取代生物进化，成了变化的主要驱动力。文化进化不是达尔文式的进化。文化传播更多的是思想的横向转移，而不是遗传继承。文化进化的速度比达尔文式的进化快 1000 倍，将我们带入了一个文化相互依存的新时代，我们称之为全球化。而现在，由于智人驾驭了新的生物技术，我们正在恢复古老的前达尔文时代的做法——横向基因转移，很容易地把基因从微生物转移到植物和动物身上，从而模糊了物种之间的界限。我们在迅速地进入后达尔文时代，届时物种将不复存在，开源共享规则将从软件交换拓展到基因交换。生物的进化将再次变成群体性的，就像在独立的物种和知识产权发明之前的美好旧时光。

我想借用一下卡尔·沃斯对未来生物学的愿景，并将它拓展到所有科学领域。对科学的未来，卡尔进行了这样的比拟：

　　设想一个在林中小溪边玩耍的小孩，用一根棍子去戳水流中的漩涡，将其打散。漩涡很快又聚拢来。小孩再次将它打散，它再次聚拢来，这令人着迷的游戏就这样继续。这下你明白了！生物体是紊流中的弹性模式——能量流中的模式……形势变得越来越明朗，要以更深入的方式理解生物系统，我们必须不只是将它们唯物地看作机器，而应该看成稳定、复杂和动态的组织。

关于生物的这幅图景——作为组织模式而不是分子集合，不仅适用于蝴蝶和热带雨林，也适用于暴风雨和飓风。无生命的宇宙，与有生命的宇宙一样是多样的和动态的，也受我们还不了解的组织模式主宰。20世纪的还原主义物理学和还原主义分子生物学，在21世纪仍然很重要，但不会占主导地位了。一些宏大的问题——整体的宇宙演化、生命的起源、人类意识的性质和地球气候的演变，都不能通过还原为基本粒子和分子来理解。我们将需要新的思维方式和新的大型数据库组织方式。

绿色技术

　　生物技术的家庭化也许还可以帮助解决实际的经济和环境问题。一旦新一代的孩子成长起来，他们对生物游戏就如我们的孙辈现在对电脑游戏一样熟悉，生物技术将不再显得怪异而陌生。
在开源生物学时代，任何具有技能和想象力的人，都可以施展基
因技术的魔力。生物技术成为经济发展主流的道路将变得畅通，
可帮助我们解决一些亟待解决的社会问题，改善全人类的生存条
件。开源生物技术也可以是一种强有力的工具，使我们获得廉价
而丰富的太阳能。

植物是一种利用太阳能将水、二氧化碳和其他简单的化学物
质转化成根、叶和花的生物。为了生存，它需要收集阳光。但它
利用阳光的效率很低。最高效的农作物，如甘蔗和玉米，也只能
将投射到它们身上的太阳光中的1%左右转化为化学能。硅制成
的人造太阳能集热器性能要好一点。硅太阳能电池将太阳光转化
为电能的效率可达15%，将电能转换成化学能时没多少损失。我
们可以设想，在未来，当我们掌握了基因工程植物的制造技术时，
我们可能会培育出叶片由硅制成的新作物，将阳光转换成化学能
的效率，是天然植物的10倍。这些人工作物生产同样多的生物质
（biomass），所需的土地面积会减少10倍。它们可以大规模使用太
阳能而无须占用太多的土地。它们看起来像天然植物，只是叶片
是黑色的而不是绿色的。我要问的是，要过多久的时间我们才能
种植黑叶植物？

如果植物的自然进化是由高效使用太阳光的需求所驱动，那
么所有植物的叶片都会是黑色的。显然，进化是由其他需求驱动
的，特别是由过热保护的需求驱动的。对于生长在炎热天气条件
下的植物，有利的做法是，将生长过程中用不到的太阳光尽可能
多地反射出去。由于阳光充沛，是否以最高的效率去利用并不重

要。植物在叶子中进化出了叶绿素，吸收阳光中有益的红光和蓝光，反射绿光。在热带气候条件下，植物是绿色的，这一事实具有合理性，理由就在于此。但这个逻辑并不能解释为什么在寒冷气候条件下、阳光稀缺时，植物也是绿色的。我们可以想象，在阿拉斯加或冰岛这样的地方，过热不是问题，可以更有效地利用太阳光的黑叶植物，将具有更大的进化优势。出于某种我们不明白的原因，天然黑叶植物从未出现过。为什么没有呢？也许在我们自己走上这条道路之前，我们不会理解大自然为什么没有沿着这条道路前进。

当我们探索到这条道路的尽头，创造出新的黑叶植物森林，并能够以天然植物10倍以上的效率来利用太阳光时，我们将面临一系列新的环境问题。应该允许什么人来种植黑叶植物呢？应该一直将黑叶植物限定为一个人工维护的品种，还是让它们侵入并永久性地改变自然生态呢？我们该如何处理这些植物留下的硅垃圾呢？我们能够设计出以硅为食的微生物、真菌和蚯蚓，构成整个生态，来保证黑叶植物与自然界的其余部分相平衡，并回收它们的硅吗？21世纪将会为我们带来强大的基因工程新工具，可用来操纵我们的农场和森林。新工具将带来新的问题和新的责任。

农村贫困是现代社会最大的罪恶之一。由于农村缺乏就业和经济机会，数百万人从乡村迁移到拥挤的城市。在贫穷国家的大城市中，持续的迁移造成了巨大的社会和环境问题。贫穷的影响在城市最容易看到，但贫穷的根源主要在农村。世界需要一种技术，以在农村创造财富和就业机会的方式，来直接解决农村贫困问题。在农村创造工业和职业的技术，将给村民一个切合实际的选择来替代迁移。这会让他们有机会生存和繁荣，而不必背井离乡。

城乡财富和人口的动态平衡，是过去1万年间人类历史的主题之一。从乡村到城市的转移，与一种技术到另一种技术的转变密切相关。我发现，可以方便地将这两种技术称为"绿色"和"灰色"。在各种政治运动中，尤其是在欧洲的政治运动中，"绿色"这个词已被用得太滥，因此我有必要解释清楚，在说到"绿色"和"灰色"时指的是什么。绿色技术基于生物学，灰色技术基于物理学和化学。

大致而言，绿色技术是1万年前孕育了乡村社会的技术，肇始于植物和动物的驯化，农业的发明，山羊、绵羊、马、牛和猪的饲养，纺织品、奶酪和葡萄酒的制造。灰色技术是在之后5000年里孕育了城市和帝国的技术，始于青铜和铁的锻造，车辆和公路的发明，船舶和战车的建造，刀枪和炸弹的制造。灰色技术也生产出了铁犁、拖拉机、联合收割机和加工厂，它们使农业收成更好，并将获得的财富中很大一部分从立足乡村的农民转移到立足城市的公司。

万年人类文明的前5000年，财富和权力属于掌握绿色技术的乡村，而在后5000年，财富和权力属于掌握灰色技术的城市。从大约500年前开始，随着我们学会制造利用风力、水力、蒸汽能和电力的机器，灰色技术越来越占主导地位了。在过去百来年中，随着灰色技术遥遥领先，财富和权力愈加集中到了城市。城市变得更加富裕，而农村的贫困也更深了。

对人类历史过去1万年进行概述，我们就能够以一种崭新的视角看待农村贫困问题。如果农村贫困是灰色技术不平衡增长的结果，从灰色到绿色的平衡转移，有可能导致农村贫困的消除。这是我的梦想。过去 50 年，我们已经看到，在科学认识生命基本过程方面，取得了爆炸性的进步；过去 20 年，这种新认识已带来了绿色技术的爆炸性成长。新的绿色技术使我们能够培育新品种的动植物，就像我们的祖先在 1 万年前所做的那样，不过现在要快上 100 倍——创造一个新品种的作物，只需要花 10 年，而不是 1000 年。以对基因和基因组的准确理解为指导，不必通过反复试错，我们可以在短短几年之内改良植物，使之具有更高的产量、营养价值和更强的抗病虫害能力。

在几十年之内，对基因组的持续探索会让我们更好地了解生物的构造，我们将可以根据自己的需要，设计出新品种的微生物和植物。届时绿色技术发展的道路也会变得畅通，将以更便宜和更干净的方式完成许多灰色技术可以做到的事情，还可以完成许多灰色技术做不到的事。绿色技术可以取代我们现有的化工行业，以及很大一部分的采矿业和制造业。绿色技术可以实现更广泛的废物和旧机器回收，获得巨大的环保效益。基于绿色技术的经济体系，利用太阳光而不是化石燃料作为主要能源，能够更加接近可持续发展的目标。可以设计新品种的白蚁来咀嚼被遗弃的汽车而不是房子，可以设计新品种的树木，将二氧化碳和阳光转化为液体燃料，而不是转化为纤维素。

在允许转基因的白蚁和树木帮助我们解决经济和环境问题之前，对于它们可能造成的危害，会引发激烈的争论。许多自称绿色的人都强烈地反对绿色技术。但最终，如果仔细地开发这种技术，并在部署时对人类的感受保持敏感，它是有可能被大多数受其影响的人接受的，就像我们的祖先很早以前就接受了挤奶、翻耕土壤和发酵葡萄等同样非天然的、不熟悉的绿色技术一样。我并不是说在政治上接受绿色技术将是快速和容易的。我想说，绿色技术很有希望保持这个星球上自然界的平衡，同时减轻人类的苦难。未来世代的人从童年开始，就伴随着生物技术玩具和游戏一起成长，他们会比我们更容易接受它。没有人能预测要花多长的时间，才能用上千种不同的方式尝试这种新技术，并评测其成本和收益。

这种绿色技术复兴之梦与农村贫困问题有什么关系呢？过去，绿色技术一直属于农村，立足于农场和村庄而不是城市。今后，它将遍布城市和农村，遍布工厂和森林。它不完全属于农村，但农村仍然会占很大份额。毕竟，多莉绵羊的克隆发生在苏格兰的乡村动物育种站，而不是在硅谷的一个市区实验室里。绿色科技将使用土地和阳光作为其原材料和能源的主要来源。土地和阳光不可能都集中在城市，而是较为平均地分布在这个星球上。当产业和技术是建立在土地和阳光的基础之上时，它们将给农村人口带来就业和财富。

在印度这种包含大量农村人口的国家，将财富投往村庄意味着，会带去农活之外的工作。大多数的村民肯定会不再当自给农夫，而是成为店主、教师、银行家、工程师和诗人。最终，村庄肯定会像如今的英国一样中产阶级化，雇农们的老村舍会被改造成车库，余下的少量农民则会变成技艺精湛的专业人士。幸运的是，热带国家有最丰富的阳光资源——这些地方居住着很大一部分的世界人口，其农村贫困程度也最严重。因为阳光比石油和煤炭分布更加均匀，绿色技术可以起到更大的均衡作用，帮助减少贫富国家之间的差距。

我所著的《阳光、基因组和互联网》（1999 年）描绘了这样一个愿景：绿色技术将让全世界各地的村庄致富，并遏制住从乡村到大城市的迁移。这个愿景有三个必不可少的部分：太阳提供能量给需要的地方；基因组给植物提供廉价、高效的方式，将阳光转化成化学燃料；互联网终结农村人口在智识和经济上的隔离。所有三个条件齐备后，非洲的每个乡村将公平地分享文明的成果。想住在城市的人们，可以自由地从乡村搬到城里，不过他们不再是受经济原因所迫而背井离乡。

2014 年增添的补注：

本文曾招来许多愤怒的读者来信。下面这一封，在 2007 年 9 月 27 日和我的回复一起刊登在《纽约书评》上。

编辑先生：

科学之所以有价值且令人仰慕，就在于它具有在合理的怀疑之上建立某种真理的能力，在于其精确的方法和对证据的尊重。因此，当我看到弗里曼·戴森这样一位杰出的科学家，利用自己和科学的名望，去预言另一种"包治百病"的技术时，真的深感不安。

戴森先生在他的文章《我们生物技术的未来》中，将高科技看成"随着个人计算机、GPS 接收机和数码相机的出现，已经捷报频传"，他还预言生物技术"家庭化"的时代即将到来，并将成为"主妇和孩子们"日常把玩的技艺，"将爆炸性地给我们带来新的生物品种，而不是大公司更喜欢的单种栽培作物"，还将解决"农村的贫困问题"。

这当然只是一长串科技万灵药愿望清单上的一名新丁而已，这清单还包括为"节省劳力"而对几乎一切工作进行的工业化、优生学（困扰基因工程的一个幽灵与可能性）、化学（用于"改善生活"）、"原子能的和平利用"、绿色革命、电视、空间计划和计算机等。所有这些东西，都被戴森先生这类预言家鼓吹为基本没有代价的利益、没有债务的资产，尽管它们必然会损耗物质资源和文化资源。这些预言实际上只是兜售者的广告——而且这些兜售者还不必承担对其商品进行担保的压力。

戴森先生倒是很坦率地承认，孩子们玩的生物技术游戏有可能是危险的："生物技术的危险是真实而严重的"。他还列出了"需要回答的"几个问题——的确很严重。不过，他文章中最不负责任的一点是，他竟然逃避自己提出的问题："我这里不对这些问题做出回答。我将它们留给我们的子孙后代来回答。"这完全可以比肩于将巨量有毒的核材料与化学品遗赠给我们的子孙后代。这难道不是令人震惊地不科学吗？如果基因学方面真的出现什么问题，我们怎么能假定我们的子孙们就有足够的智慧，去回答那些我们因为太笨或太懒而未能回答的问题呢？在长期经历了工业化方案带来的问题之后，我们就不能心存几分疑虑吗？我们就不能实实在在地做一下真正的成本核算吗？

至于农村贫困问题，戴森先生的想法在任何一位美国乡下人听起来都太熟悉了："世界需要一种技术，以在农村创造财富和就业机会的方式，来直接解决农村贫困问题。"这种被称作"引进工业"的做法，最受州政府政客们的拥戴。为了引进工业，州里向假定的受益者提供"经济刺激"（或"公司福利"）以及廉价的劳动力，而这些人往往很快就会去其他地方追求更大的经济刺激和更廉价的劳动力。引进工业中的工业技术以及应用于农业综合企业的工业技术，已经成为将财富从农村卷走的最高明的手段，不过财富不是卷到了城市里——戴森先生似乎是这样认为的，因为城市的贫困问题跟农村的贫困问题密不可分——而是卷进了一些公司的口袋里。"引进"的工业会将本地的财富搜刮走，否则他们是不会来的。"绿色科技"有什么特别的地方可以成为一个例外呢？戴森先生怎么能假定农村的穷人会控制生物技术，并将它用于为自己谋福利呢？他没有听说过有人拿生物品种和基因申请专利吗？他没有听说过孟山都起诉加拿大农民珀西·施迈泽（Percy Schmeiser）那桩臭名昭著的官司吗？我假定，如果像戴森先生预测的那样，生物技术变得连孩子们都可以很便宜地拿到手，那么乡下的穷人也能弄到。但是，这能产生什么经济效益呢？一句话，在缓解贫困方面这怎么能起作用呢？戴森先生没有说。

可以为农村带来好处的生物技术，他举的唯一一个例子是多莉绵羊。但是他没有说这项了不起的成就怎么能给绵羊生产带来好处，更没有说如何解决农村的贫困问题。

温德尔·贝里（Wendell Berry）

肯塔基州罗亚尔港（Port Royal）

我的回复：

谢谢温德尔·贝里做出富有启发性的评论。和往常一样，我从批评者那里得到的教益比颂扬者那里还多。我珍视贝里的批评有个特别的原因：它来自肯塔基州。我对这个州仅有的粗浅认识，得自于我对位于丹维尔（Danville）的中心学院（Center College）斐陶斐优等生荣誉学会（Phi Beta Kappa students）地方分会的一次访问。在丹维尔时，我看到了三件跟我的未来观吻合的事：一场具有世界级水准的表演——由本地合唱团演唱的威尔第安魂曲；一家好书店——其店主了解并热爱所售的图书；一屋子聪明的学生——在一个乡村环境中争论科学和技术问题。

我知道丹维尔并不代表整个肯塔基州，也知道肯塔基州很大一部分地区并不欣赏中产阶级化所带来的好处。但是，我仍然将丹维尔视为未来乡村社会的一个好典范，届时人们将从自给农业的重负中解放出来。我并没有预言任何"包治百病"的技术。我只是说科学不久将给我们提供一组工具，当这些工具变得既便宜又普及时，有可能会带来财富和自由。至于我们是饱含热情去迎接这些新工具，还是满怀厌恶之情去看待它们，不过是个人好恶而已。不喜欢今日的工具，就将自己的好恶强加给我们未来的子孙后代，这是不公平的，也是不明智的。

2. 书写大自然最伟大的书

伊瓦尔·埃克兰（Ivar Ekeland）有个挪威名字，并在加拿大英属哥伦比亚大学任教，但他这本《各种可能的世界中最好的一个：数学与命运》（*The Best of All Possible Worlds: Mathematics and Destiny*）[1] 却明白无误地表现出了法国的风格与精神。此书对法国数学家眼中过去 400 年的历史，快速地过了一遍。数学表现为历史的一种整合原理。埃克兰轻松地从数学切换到物理学、生物学、伦理学和哲学。他讲述的中心人物是法国博学之士皮埃尔·德·莫佩尔蒂（Pierre de Maupertuis，1698—1759）。莫佩尔蒂是个多才多艺的人；1745 年，他在一篇题为《从形而上学原理推导出的运动与静止定律》（*The Laws of Motion and Rest Deduced from a Metaphysical Principle*）的回忆录中，给出了最小作用量原理。最小作用量原理认为：大自然在对各种过程进行安排时，都会最小化一个叫作作用（action）的量，它度量的是完成这些过程所需要付出的努力。机械运动的作用被定义为，运动体的质量乘以速度，

---

[1] 芝加哥大学出版社，2006 年。

再乘以运动距离。莫佩尔蒂可以用数学方法证明：如果一组物体在运动时，使得总作用尽可能小，那么这种运动就服从牛顿运动定律。因此，从最小作用量原理可以导出整个牛顿力学。

莫佩尔蒂为自己这一发现感到惊艳。他这样写道："对这些如此美丽、如此简洁的定律进行思考，是多么令人心满意足啊！它们也许是造物主实际设立的唯一一组定律，用以支持这个可见世界中的所有现象。"他进一步将作用与"恶"等同起来，这样最小作用量原理就变成了一个最大化"善"的原理。我们生活的这个宇宙，在上帝可能创造出的宇宙中，是最好的。这条简单的原理将科学与历史和道德准则，紧密结合在一起。数学成了理解人类命运的关键。

伟大的怀疑主义者伏尔泰是莫佩尔蒂的同时代人，他在一本题为《阿卡基亚博士和圣马洛本地人的故事》（*The Story of Doctor Akakia and the Native of Saint-Malo*）的书中，对莫佩尔蒂的乐观主义哲学进行了驳斥。阿卡基亚（Akakia）在希腊语中是"邪恶缺乏"的意思，而"圣马洛的本地人"指的是莫佩尔蒂。伏尔泰这样写道："圣马洛的本地人早就染上了一种慢性病，这种病有人叫它 philotimia（希腊语，意思是'爱荣誉'），还有人叫它 philocratia（希腊语，意思是'爱权力'）。"伏尔泰的书很畅销，莫佩尔蒂享有盛誉的日子就此结束。莫佩尔蒂去世后，伏尔泰写了一本叫《憨第德》（*Candide*）的小说，让他过世后也受到嘲讽——在小说中，莫佩尔蒂以乐观主义哲学家邦葛罗斯（Pangloss）的面目出现，此人接二连三地遭受不幸，却毫不动摇地坚信："在这个尽可能好的世界里，结局好就一切皆好。"

实际上，莫佩尔蒂并不是邦葛罗斯。他一生中只有一小部分时间，表现为乐观主义哲学家。他还是一位杰出的科学家，一位能干的管理者。他年轻时，曾率队远征拉普兰（Lapland），测量高纬度处地球的形状，并因此而名扬天下。他的测量具有很高的精确度，足以证明地球不是一个完美的球体，而是一个椭球，在两极处因为自转而变得扁平——正如牛顿预测的那样。对牛顿理论进行的这次验证，具有重大的历史意义，因为在此之前，牛顿物理学在法国并没有家喻户晓，更没有得到广泛接受。莫佩尔蒂还在拉普兰学会了滑雪，并带回了法国第一副滑雪板。在远征拉普兰之后的许多年里，他都是法兰西科学院最活跃的院士之一。普鲁士的弗雷德烈大帝在柏林建立自己的科学院时，邀请莫佩尔蒂担任第一任院长。莫佩尔蒂在柏林度过了他的余生，成功地主持了普鲁士科学院的启动和运作。伏尔泰讨厌弗雷德烈大帝，而莫佩尔蒂与弗雷德烈大帝的友谊，更让伏尔泰有理由憎恨和贬低莫佩尔蒂。

埃克兰的历史概述分成两部分：莫佩尔蒂之前和莫佩尔蒂之后。在莫佩尔蒂之前，两个主要的人物是伽利略和笛卡儿。伽利略利用单摆作为工具，对时间进行了精确的测量，从而开启了现代科学。古希腊科学建立在几何基础上，测量的是空间而不是时间。阿基米德了解静力学，但是不了解动力学。伽利略通过单摆和落体，迈出了从静态自然观到动态自然观，具有决定性意义的一步。他引入了时间这个参量，以便进行数学分析。他说："自然这本大书是用数学符号写成的。"伽利略这句话，是将世界撬上当今这个科学认识新时代的杠杆。

　　紧接伽利略之后到来的是笛卡儿，他是一位伟大的数学家、哲学家，但还不算伟大的科学家。笛卡儿打心底里认同伽利略的深刻见解——数学是大自然的语言。他试图仅通过纯粹的推理，从数学定律推导出大自然的法则。他没有听从伽利略的另一句话：大自然通过实验，来回答我们提出的问题。笛卡儿对实验结果不怎么敬重，觉得它们不如逻辑那么可信。他的科学是一种规范科学（normative science）——告诉大自然它应该如何做，不是一种实验科学——探究大自然实际上是如何做的。1637 年，笛卡儿发表了他的巨著《论正确进行推理和在科学中寻求真理的方法》（*A Discourse on the Method of Rightly Conducting the Reason and of Seeking Truth in the Sciences*）。他描述了一种非常宽泛的科学方法，足以同时处理物理问题和道德问题。他写道：

　　　　我表明了自然法则是什么样的，而且通过将我的论证仅建立在上帝无限完美的基础之上，我试图证明所有这些我们也许会心存疑虑的法则，试图证明就算上帝创造出多个世界，也不会在哪个世界中观察不到它们。

　　埃克兰得出结论说：笛卡儿的方法"在用于科学时取得了巨大的成功，没有理由认为它在哲学方面，或在试图建立某些指导我们个人与集体生活的原则方面，不会同样有用"。不幸的是，笛卡儿式研究科学的方法——尽可能少做实验——导致他犯下了严重的错误。他的哲学原理"大自然讨厌真空"，导致他推断出：行星周围的空间充满着巨大的漩涡，即回旋质量；这些漩涡形成的压力将行星限定在它们的轨道上，并推着它们前行。这种行星运动理论在法国得到了普遍接受，被认为比牛顿的万有引力理论还要更胜一筹。笛卡儿还推断出，自转中的地球会产生另一个巨大的漩涡，将地球挤压成美式足球（即橄榄球）的形状。据笛卡儿所言，地球应该是一个两极拉长的椭球，而不是牛顿预测的两极扁平。莫佩尔蒂在卡普兰的测量证明了，牛顿是正确的，笛卡儿是错误的。

历史紧接莫佩尔蒂之后，埃克兰谈到的是两位数学家——拉格朗日（Joseph-Louis Lagrange）和庞加莱（Henri Poincaré）；他们利用莫佩尔蒂的思想，建造了一座经典动力学的宏伟大厦。庞加莱在19世纪末发现了混沌现象，那是动态系统的一个普遍特征，会导致它们的特性在较长的时间里具有不可预知性。他发现几乎所有复杂的动态系统都是混沌的。特别是，具有两颗以上行星的行星系的轨道运动，以及大气或海洋中的流体运动，都很可能是混沌的。混沌现象的发现，为数学也为天文学和气象学，揭开了历史的新篇章。

在讨论完庞加莱之后，埃克兰用了几章的篇幅来讨论生物学和伦理学，在某些地方做了回顾，以便建立与莫佩尔蒂的联系。在生物学方面，进化的指导原则是适者生存。达尔文关于自然选择最适者群体的理论，与莫佩尔蒂关于上帝选择最"善"宇宙的理论类似。达尔文本人知道，适应性与"善"不同，但是其他一些进化论思想家，比如赫伯特·斯宾塞（Herbert Spencer），赞同让适应性与"善"之间的界限变得模糊。达尔文很少使用"进化"这个词，它是由斯宾塞引入生物学中的。达尔文更愿意说"产生了变异的后代"，强调变异是随机的而且通常不是进步的这一事实。

在伦理学方面，优化问题更为微妙。埃克兰对伦理学的讨论始于法国启蒙时期的哲学家卢梭（Jean-Jacques Rousseau），他的思想为1789年的大革命铺平了道路。卢梭相信人生来就是善良聪慧的。只需将他们从政府暴政之下解放出来，他们就能和谐地处理好自己的事务。对自由民意愿反应灵敏的民主政府，会保证每个人都得到公平对待。在大革命将这些思想投入实践检验之前，孔多塞侯爵（Marquis de Condorcet）提出了理论上的几个困难点，他第一次利用数学对人类的行为进行了建模。侯爵发现了一种被称作"孔多塞悖论"的逻辑不一致性，它表明采用"少数服从多数"原则的集会可能会做出逻辑上存在矛盾的决定。比如，假设有三个候选人A、B和C在竞争一个岗位，如果采用"少数服从多数"的投票原则，就有可能出现占多数的一批人选A而不是B，占多数的另一批人选B而不是C，占多数的第三批人选C而不是A。那么投票的结果会取决于投票的顺序。另一位博学的院士谢瓦利埃·德·博尔达（Chevalier de Borda），为选举法兰西科学院院士，设计了一个带倾向性的投票系统。博尔达的方案可以避免孔多塞悖论，但是会导致另一种悖论，可被不择手段的政客利用来赢得选举。结果证明，没有哪种投票系统是不存在数学悖论的。当大革命真的来临时，它带来的是四分之一个世纪的死亡与破坏，而不是卢梭承诺的和平与和谐。

为了总结从历史中得到的教训，埃克兰这样写道：

> 如今我们来到了本次旅行的终点。它始于文艺复兴时的世界，当时基督教价值观还根深蒂固……于是，自然的法则很简

单，就是上帝创造世界时所遵循的规则，科学的目的就是从观察中重新发现它们。还有一种更深层的科学，它追寻的是上帝在创造世界时所怀的目的。这是莫佩尔蒂在辉煌时刻自认为已获知的科学，据此可以永久性地调和科学与宗教，因为二者都是对上帝意愿的寻求，不过一个是在物理世界中，另一个是在道德世界中。我们这趟旅行的终点是一个上帝已抽身而去的世界，人类被独自留在一个并非出于其自主选择的世界之上。

在读着这段话时，我越来越为这样一个问题困扰：一个在加拿大工作的挪威人，怎么会对数学和历史形成这样一种典型的法国观点呢。他故事中的角色大多是法国人，数学在他们思想中起的主导作用也是正宗的法国文化。在法国之外的其他地方，数学都不会得到这样的尊重。我查询谷歌后，发现了问题的答案。尽管他的名字是挪威名，但埃克兰是个法国人，在历史悠久的巴黎高等师范学院（École Normale Supérieure）受的教育，曾是巴黎第九大学（University of Paris-Dauphine）的教授，随后还担任过该校的校长，他是这所法国学术机构的一位创始人。他的书大多是用法语写成，然后再翻译成其他语言出版。这本书是根据2000年以法文出版的同名书翻译的，并为英语读者进行了修订和更新。它给我们描绘了一幅关于人类历史和命运的生动画面，这是由法国教育体系培养出的一位资深学术界人士眼中所看到的景象。

至少有一位法国人不同意埃克兰关于世界的观点。皮埃尔·德·热讷（Pierre de Gennes）是一位才华横溢的法国物理学家，他因为揭示了介于液体与固体之间的胶状物体的特性，而获得了 1991 年的诺贝尔奖。他称自己研究的这种物质为"软物质"。
在因为获得诺贝尔奖而成为法国的民族英雄之后，他收到了铺天盖地的邀请，请他去访问一些高中，去激励学生们追随他的脚步。他接受了这些邀请，并花了一年半的时间，充任旅行中的大导师，向孩子们阐释科学。他非常喜欢与年轻人进行的这些接触，于是就将他的演讲稿加工成了一本书——《脆弱的物体：软物质、硬科学与发现的陶醉感》[1]（*Fragile Objects: Soft Matter, Hard Science, and the Thrill of Discovery*）。此书已被翻译成英语，并在 1996 年由斯普林格出版社（Springer）出版。它以通俗的文字描述了软物质的科学，是如何解释孩子们在日常生活中碰到的普通物质——比如肥皂、胶水、墨水、橡皮和血肉——所具有的特性。德·热讷的演讲面向的是普通孩子，而不是少数可能成为专业科学家的天才人物。他这本书选材精当，布局合理，普通读者读了，也能对科学如何起作用产生一种符合实际的理解。

在他这本书的最后，德·热讷加入了几个章节，瞄准的目标读者不是孩子们，而是他们的老师。其中一个标题为"数学帝国主义"的章节，是对法国教育体系中数学主导地位的抨击。他这样写道：

> 每当一门科学课程要设置入学考试时，总会毫无例外地变成一种数学练习……为什么要如此以数学为中心呢？实际上，

---

[1] 湖南教育出版社 2000 年 8 月曾出版该书的中译本《软物质与硬科学》，收入"世界科普名著精选"丛书。——译注

这种数学化的趋势将我们的毕业生——我们未来的工程师——变成了偏瘫患者……他们也许学会了如何掌握某些工具，如何准备报告，但他们在观察能力、动手技能、常识和交际方面，出现了足以影响其发展的弱项。

德·热讷不是一位典型的法国知识分子。他将理论与实验结合在一起，喜欢具体的事物胜过抽象的思想。他在教学和研究中，都在抵制数学帝国主义。

在美国，我们的情况刚好相反。我们的孩子们学习了各种课程，却没有经过多少正规的训练，在数学方面他们大多是仍然处于文盲状态。对我们有益的一件事是提醒大家，不同国家有非常不同的文化，有不同的优缺点。美国人很难想象数学帝国主义，但这对法国却是个现实问题。如果美国的孩子们能学更多的数学，而法国的孩子们能少学一点，两个国家都会因此受益的。美国人不应该被德·热讷的抨击误导，以为我们不能从法国学到什么。他雄辩地描述了法国教育体制的不足之处。法国体制最重要的优点就是它所施加的严格训练。每个孩子、每位学生在知识与技能方面，都必须达到严格的标准。德·热讷想当然地假定了这样一个事实：听他演讲的孩子都是受过教育的，都牢牢地掌握了初等数学的内容。美国人应该扪心自问：为什么在美国不能将这种文学与数学修养的标准视为理所当然。

埃克兰并没有完全将非法国人排除在他的叙述之外。他承认了伽利略、牛顿、欧拉、达尔文对现代科学发展所做的巨大贡献，也承认了历史学家修昔底德和弗朗西斯科·圭契尔迪尼（Francesco

Guicciardini）对理解人类命运所做的巨大贡献。这本书中最具启发性的段落是，对修昔底德和圭契尔迪尼的引用，他们两人都是灾难性战争中的败军之将，然后痛定思痛，撰写历史著作，来教导后代从他们的失败中吸取惨痛的教训。他们两人都看到，悲剧不是起因于无情的命运，而是由人类的愚昧与不幸的偶然事件造成的。要是有更英明的领导人，错误本来可以避免，悲剧也就不会发生。最严重的错误是傲慢的领导过度自信，他们不懂得尊重敌人的技能和机会的多变。在他这本书的美国版中，埃克兰加入了一些评价，对美国政府在最近一些行动中表现出来的傲慢与过度自信进行了尖刻的批评。

如果作者埃克兰是在英美传统下而不是法国传统下受的教育，那么过去 400 年的文化史就会写成另一个样子。我称这位假想的埃克兰为阿克兰（Akeland），并假定他强烈偏向英国人，一如埃克兰强烈偏向法国人。对阿克兰来说，现代科学仍然是始于伽利略，但接下来讨论的是弗朗西斯·培根，而不是笛卡儿。培根比伽利略大 3 岁，比笛卡儿大 35 岁。培根将英国科学往实验方向推进，其强度可媲美笛卡儿将法国科学往理论方向的推进。培根对理论评价不高。他写道："当前使用的逻辑，与其说是用来帮着寻求真理的，不如说是用来弥补错误并使之具有稳定性的，因为它们都建立在我们普遍接受的观念的基础之上。"培根宣扬，在大自然面前保持谦卑，是获致真理的唯一途径："人，作为大自然的奴仆和诠释者，能做的以及能理解的，也就仅限于他在事实中或在关于自然过程的思考中能观察到的那么多；在此之外的任何事物，他既不能了解，也插不上手。"他对科学的未来抱持宏大的愿景，而对他所处时代的科学则保持低调:"没错,我主要追求的是科学中活跃的分支及其作品,但是我会等待收获的季节,不会试图空采枝叶或强扭生瓜(to mow the moss or to reap the green corn)。"他没有活到亲眼看到科学发现开花结果的那一天——那要等到他去世34年后,英国皇家学会在伦敦成立时才开始。他去世时,还没到瓜熟蒂落的时候,笛卡儿也还没有开始空采枝叶。

在阿克兰的历史中,体现18世纪启蒙思想的人会是本杰明·富兰克林(Benjamin Franklin),而不是莫佩尔蒂。将我们领进现代世界的不是数学家拉格朗日和庞加莱,而是19世纪的英国物理学家法拉第(Michael Faraday)和麦克斯韦(James Clerk Maxwell),他们确立了电与磁的基本定律。阿克兰描述的主要人物——培根、富兰克林、法拉第和麦克斯韦,埃克兰完全没有提及。同样地,阿克兰也不会提及笛卡儿、莫佩尔蒂、拉格朗日和庞加莱。他的主题会是18世纪出现的电学,并将它当作科学的增长点。电学纯粹是培根式科学的产物,得自于对大自然出乎意料的观察,而不是得自于数学推导。

埃克兰的书将数学优化置于历史的核心。优化意味着在一组可选项中选出最佳项。数学优化的意思是,使用数学来做出这种选择。莫佩尔蒂是历史中的中心人物,因为他认为宇宙在数学上是最优的。阿克兰的书所强调的刚好相反。对阿克兰而言,事物比定理重要,实验比数学重要。启蒙时期的伟大科学成就是对电学进行的实验研究。从牛顿去世到分子生物学勃兴之间的200年里,电学都是驱动科学发展的力量。电学还拓展了科学的范畴,使之从符合逻辑的机械式牛顿宇宙,进入多彩多姿的现代世界。

阿克兰的书名借用的是，生物学家古尔德构想出的一条哲学原理："我们是历史的后代，必须在这个最为多样而有趣的可感知宇宙中，铺建我们自己的道路。"阿克兰确定最大化多样性为宇宙的指导原则，而不是数学优化。他的书名是《各种可能的世界中最有趣的一个：电学与命运》。

富兰克林不懂电学理论。他那个时代的理论科学是牛顿力学与万有引力，而电学在这个领域之外。富兰克林对电进行探索，因为那是大自然的一部分，虽然没有人弄得明白。对电，他没有不懂装懂，而是学着怎样控制它。他发明的避雷针让他名闻天下，让他去法国生活时受到了热烈的欢迎。他到法国去得太晚，没能碰见莫佩尔蒂。要是他们见了面，他们会发现两人共同之处很多。富兰克林只比莫佩尔蒂小8岁。他们都是优秀的科学家，还是好的组织者。富兰克林在费城创建了美国哲学学会，而莫佩尔蒂在柏林创建了普鲁士科学院。两人都是启蒙时代的绅士，都是那个旅行又缓慢又辛苦时代的冒险者和旅行者。两人在性情方面都是乐观主义者，但都不是邦葛罗斯那种人。他们两人唯一的重大差别在于，富兰克林是个实验科学家，而莫佩尔蒂是个数学家。

在埃克兰与阿克兰的历史中，接下来的一对人物是，法国的拉格朗日和英国的法拉第。他们生活在不同的世纪，而且彼此间的共同之处也不及莫佩尔蒂与富兰克林间那么多。他们是笛卡儿式科学家与培根式科学家的极端代表。拉格朗日开创了分析力学这门科学，这是一个抽象的数学框架，牛顿力学只是其中的一个特例。法拉第对电与磁、化学与冶金学等新世界进行了探索，抵达的未知领域远远超出了当时的理论理解。他们都是各自领域的大师，但他们的领域却大相径庭。拉格朗日将牛顿的思想统一成单一的体系，让这个世界变得更简单了。法拉第通过一系列出乎意料的新发现，让这个世界变得更复杂了。拉格朗日是个整合者，而法拉第是个让世界更加多样化的人。尽管拉格朗日的巨著出版于法拉第出生之前三年，法拉第从未读过它，也从未觉得有必要读。法拉第所需要的数学，不过是初等算术和一点代数。

埃克兰和阿克兰的历史从莫佩尔蒂与富兰克林开始分流，在拉格朗日和法拉第这里达到最大的分歧。到了最后这对人物——庞加莱和麦克斯韦，两种历史又开始合流。庞加莱（1854—1912）是一个对多样性有偏好的数学家。他对电磁学这门新科学和力学这种旧科学都有兴趣，他在恒星与行星的动力学特性中发现了各种混沌运动，这是拉格朗日从未梦想过的。麦克斯韦（1831—1879）是一个热衷于统一的物理学家。从法拉第的观察结果入手，他发现了一组方程，可以将电、磁与光统一成一种像拉格朗日的力学那样优雅的数学结构。当庞加莱对麦克斯韦方程的对称群——现在被物理学家称为庞加莱群——进行探索时，埃克兰和阿克兰历史的合流就完成了。麦克斯韦和庞加莱一道为爱因斯坦进入相对论的新世界铺平了道路。

真实的埃克兰和虚构的阿克兰给了我们一个简单的教训。他们分别为我们提供了一种歪曲的、带偏见的历史观。现代科学的真实历史必须同时包括这两个方面。现代科学在 17 世纪开始快速地发展，选定的目标和方法不只是来自笛卡儿，也不只是来自培根，而是来自笛卡儿思想与培根思想的共同作用。物理科学历史上最伟大的人物——牛顿，就是笛卡儿与培根的一种交融。他在研究光学时是培根式的——他将白光分解成单色光，并发明了反射式望远镜。他写作《自然科学的数学原理》（*Principia Mathematica*）时是笛卡儿式的——他从一系列符合逻辑的数学命题出发，推导出描述这个世界的体系。他明智地使用笛卡儿式的论证，加上行星运动的培根式知识，推翻了笛卡儿的太空漩涡宇宙学。

　　在真实的科学史中，数学与电学对人类的贡献同样都是巨大的。我们所处的世界也许是所有可能的世界中最好的一个，也许是最有意思的一个。两种可能性都存在。我们的命运取决于我们还没有做出的决定，也许与数学和电学的关系还没有与生物学——尤其是我们对人类大脑的初步认识——的关系那么密切。

3. 火箭人

1944 年夏天，伦敦人都习惯了喷射推进式炸弹（buzz bomb）飞过头顶时的轰隆巨响，引擎停止、炸弹开始落地时突然降临的沉寂，以及等待炸弹爆炸那几秒钟的焦虑。喷射推进式炸弹又叫 V-1 飞弹，是从法国与荷兰海岸发射点飞出的简单无人机。随着夏天进入尾声，我们的军队将德国人逐出了法国，喷射推进式炸弹也不再光顾了。取代它们的是一种破坏力小得多的武器——从更远的荷兰西部发射升空的 V-2 火箭。V-2 不像喷射推进式炸弹那么令人伤脑筋。在 V-2 落下时，我们先听到爆炸声，然后才是火箭下降时的超音速尖啸。我们一听到爆炸声，就知道它没有炸到我们。喷射推进式炸弹和 V-2 夺去了数千伦敦人的性命，但它们基本上没有打乱我们老百姓的日常生活秩序，对当时法国和波兰的酣战，也完全没有影响。V-2 火箭产生的影响，甚至连喷射推进式炸弹都不如。

对当时的我而言，V-2 火箭还带来了快乐与惊诧。我是一位平民科学家，效力于皇家空军轰炸机司令部，为他们分析轰炸机折损的原因。我知道造成轰炸机折损的主要原因是德国的战斗机，也知道德国急缺战斗机。如果德国人当时拥有的战斗机数量增加 5 倍，他们就可以拒我们于德国领空之外，我们攻入他们国家并结束战争的难度就要大许多。我知道喷射推进式炸弹是一种廉价而简单的装置，而 V-2 却既复杂又昂贵。制造一枚 V-2 所花费的熟练工工时与材料，至少赶得上一架现代的战斗机。让我难以理解的是，德国人竟然选择将有限的资源，投给军事上无实用价值的火箭，而不是急需的战斗机。每次听到 V-2 的爆炸声，我就将它当成德国少造了一架战斗机，少击落我们十架轰炸机。似乎我们在德国有某位未知的贵人，在帮我们单方面解除德国空军的武装。我当时一点也不知道这位贵人可能是谁。我们现在知道了他的名字。他就是沃纳·冯·布劳恩（Wernher von Braun）。

迈克尔·J. 诺伊费尔德（Michael J. Neufeld）写的《冯·布劳恩：太空梦想家与战争工程师》（*Von Braun: Dreamer of Space, Engineer of War*）[1]，是一部研究细致、刻画精准的传记作品。冯·布劳恩在 1944 年时并不是有意要为德国的敌人服务。当时，他是一位爱国的德国人，出于报效祖国的目的，为德国军方研制了 V-2 火箭。至于 V-2 火箭并非德国人保卫祖国急需的武器，就不是他的错了。他只是在无意中成了我们的贵人。冯·布劳恩的主要目标是行星际太空旅行；从他在 18 岁以业余爱好者身份进行火箭试验开始，直到他生命终结时，一直都是如此。

1932 年，德国陆军招募他为军用导弹研制火箭。陆军为他提供了需要的一切：稳定的经费和任意开展试验的自由。他奋力研制

---

[1] 克诺夫出版社（Knopf）、斯密森国家航空与空间博物馆，2007 年。

可以飞入太空的火箭，不在意陆军是否会为其找到合理的军事用途。他努力的结果就是 V-2，这是第一种远程弹道导弹，能携带 1 吨重的爆炸性载荷，但其准确性很差——落点范围是 200 英里 [1]。当 V-2 在 1942 年 10 月完成了首次成功飞行时，冯·布劳恩也朝他火星漫步的梦想跨进了一大步。德国军事和政治领导们本应该很清楚，从军事的角度来看，它只是一个昂贵而无实用价值的玩具。

希特勒怎么会全力支持大批量生产 V-2 的紧急方案呢？希特勒又不傻。他在"一战"时当过步兵，曾在多次猛烈的炮火轰击中死里逃生。1941 年 8 月，冯·布劳恩亲自给希特勒演示了他的 V-2 计划，希特勒看后明智地表示了反对。他问冯·布劳恩有没有考虑过爆炸时间的问题，因为以超音速飞行的一枚正常炮弹，在爆炸前会钻入地下，没有多大的杀伤力。这是一个严重的问题，冯·布劳恩承认没想到过。接着，希特勒就评价说，V-2 只是一种射程更远的炮弹，为了有效地使用它们，军方需要数十万枚而不是数千枚这种炮弹。冯·布劳恩对此也表示了赞同。

在与冯·布劳恩会面后，希特勒命令陆军做好每年制造数十万枚 V-2 的准备，但要等研发成功之后才开始生产。这个决定在当时似乎是没什么危害的，但它对陆军中力挺火箭的那一帮人就是正中下怀了。陆军领导层知道每年制造数十万枚 V-2 的想法是荒谬的，但他们服从了这个命令。这让他们可以想在这个项目上投入多少钱就投入多少，而且也没有任何固定的时间表。1941 年 8 月时，战争形势对德国有利。德军在俄罗斯战役的前两个月中多

---

[1]　1 英里约等于 1.6 千米。——译注

次取得了巨大的胜利，法国已被淘汰出局，美国还没参战。希特勒没料到三年后，他要为第三帝国的存亡开打保卫战。他没有问过，V-2会不会是第三帝国玩不起的一种道具。

德国也跟其他国家一样，驱动武器装备研发的主要因素是军种间的竞争。陆军想要发展V-2，就是为了跟德国空军（Luftwaffe）抗衡。德国空军在高科技武器方面处于世界领先水平，研制了喷气式飞机、火箭飞行器和一系列可制导的火箭飞弹。陆军也得拥有自己的高科技项目。V-2就是高科技版的火炮。有了这个项目，陆军就可以向空军夸耀：我们的火箭比你们的火箭大。

尽管希特勒在名义上是个独裁者，但在对军队中不同军种间的竞争进行掌控方面，比民主国家的政治领导人也强不了多少。他可以解除军事领导的职务，也时不时地解除过，但他无法强迫他们按他的意图办事。陆军首脑们，在冯·布劳恩的帮助下，启动了一个生产V-2的紧急计划。他们总共制造了几千枚V-2，这足以让空军相形见绌，但在军事上却派不上什么大用场。希特勒没法强迫他们生产出他认为有必要的那么多V-2，也无法强迫他们中止计划，并将其资源转给空军。直到希特勒去世的那一天，陆军和空军一直都是各行其是，俨然两个互相独立的诸侯国。

作为火箭制造者，冯·布劳恩的职业生涯分成六个阶段，每个阶段都为一个不同的老板效力。从18岁到20岁，他在柏林以业余爱好者的身份参加了太空旅行协会（Verein für Raum-schiffahrt），这是由一群火箭发烧友组成的私人社团。在这个社团里，他是技术能力最强的成员。在1930年到1932年，他在柏林附近的一个小机场里，制造并成功发射了一系列液体燃料火箭。火箭分为两大类：固体燃料火箭和液体燃料火箭。两种火箭都是由燃料燃烧时从尾部排出的气体推动向前飞行。固体燃料火箭更简单也更便宜。1914 年，英国海军曾使用这种火箭，向位于美国巴尔的摩的麦克亨利堡（Fort McHenry）发起攻击，但没有取得成功——此事记录在美国国歌里。液体燃料火箭飞得更快更远，但是构造复杂得多，而且也很难控制。

从 20 岁到 28 岁，冯·布劳恩以平民身份为德国陆军工作。陆军在德国波罗的海海边的佩内明德（Peenemünde）征用了一大块土地，建造了用于大规模研制和测试火箭的设施。冯·布劳恩的母亲小时候在这附近生活过，觉得这地方适合他儿子开展工作。一位陆军上校——冯·布劳恩的朋友沃尔特·霍恩伯格（Walter Dornberger），负责这个项目。冯·布劳恩就在他的手下担任佩内明德基地的技术主管。

从 28 岁到 33 岁，刚好是"二战"期间，冯·布劳恩继续以平民身份在佩内明德为德国陆军服务，但他也是法定的一名纳粹党卫军军官。这意味着他要遵守党卫军的纪律。他只在正式场合穿党卫军制服，而且是能不穿就尽量不穿。他讨厌党卫军同僚，也不信任他们。但是在战争快结束时，党卫军从陆军手里接管了 V-2 火箭的制造工作，他不得不按党卫军的吩咐行事。在战争最后几周，当他和佩内明德剩余的工作人员一起，被疏散到德国东南角时，有党卫军卫兵押送，以防他逃跑。

从 33 岁到 48 岁，他先后在美国得克萨斯州的埃尔帕索（El Paso）和亚拉巴马州的亨茨维尔（Huntsville），为美国陆军效力，领导一大群德国火箭专家。这些专家都是美军在 1945 年占领德国期间，匆忙招募并转移到美国来的，目的是不让他们落到苏联手上；他们随后都受聘为美国陆军研制红石导弹（Redstone missile）。

从 48 岁到 60 岁，冯·布劳恩为新创建的美国航空航天局（NASA）工作，先是在亨茨维尔，然后是在华盛顿。位于亨茨维尔的美国陆军弹道导弹局，在 1960 年变成了 NASA 的马歇尔太空飞行中心，由冯·布劳恩负责研制巨型土星助推火箭，这些火箭安全地将 21 名阿波罗号宇航员送上月球并返回。

从 60 岁到 65 岁去世，他效力于位于华盛顿的仙童工业公司（Fairchild Industries）。在仙童工业公司期间，他一如既往地勤奋工作，主管着许多不同的技术项目，帮助开发了多种新飞机以及军用和民用卫星。

诺伊费尔德这本书重点关注的是冯·布劳恩人生的第三个阶段，即"二战"期间的 5 年，在此期间，他实现了将火箭射入太空的梦想，同时也接受了党卫军一个有实权的职位。党卫军是希特勒统治集团中罪恶最为深重的一部分，直接负责集中营的管理；在集中营里，数百万囚犯被杀害、饿死或遭到奴役。冯·布劳恩对党卫军的阴暗面是有切身体会的。1943 年，英国皇家空军的轰炸，致使佩内明德的厂房设施严重受损，于是党卫军就接管了 V-2 火箭的生产，将主要生产线转移到一家叫米特尔维克（Mittelwerk）的地下工厂，因为那里是空袭不到的地方。米特尔维克在地理位置方面，具有靠近多拉集中营（Dora concentration camp）和德国中部的北豪森市（Nordhausen）的便利条件。多拉集中营里的囚犯就成了米特尔维克劳工的主力，受到党卫军卫兵的监管。成千上万的囚犯被幽禁在他们工作的地道里，条件恶劣，就睡在麦秸甚至是裸露的岩石上。他们中许多人死于饥饿与疾病。有一小部分人，因为拒不从命或被控有怠工行为，而被当众绞死。

米特尔维克的老板是一位名叫汉斯·卡姆勒（Hans Kammler）的党卫军将军，冯·布劳恩对此人又怕又恨。冯·布劳恩没有负责工厂的运营。他只是一个技术顾问。但他多次访问米特尔维克，去监督生产过程，改进产品质量。冯·布劳恩在米特尔维克的活动以及他的党卫军身份，这些史实最早是由一本名叫《亨茨维尔的秘密》（*Geheimnis von Huntsville*）的书揭示出来的，此书的作者是裘力斯·马德（Julius Mader），1963 年由东柏林出版社出版。此书没有翻译成英语，在美国没有引起多大的注意，因为它被当成了共产主义国家的政治宣传。后来有本吉恩·米歇尔（Jean Michel）写的《多拉》（*Dora*），最初是用法文写的，但 1979 年又出了英文版，对这些史实进行了报道，引起了广泛的关注。诺伊费尔德这本书实质上并没有包含什么新东西，但是加入了许多细节，都是作者从冯·布劳恩和其他人一些未发表的文章中找出来的。冯·布劳恩当时肯定对地道中发生的暴行非常清楚，虽然他避免和囚犯们进行直接接触。

冯·布劳恩对纳粹的那套思想从来就不感冒。他属于普鲁士贵族这一古老的贵族阶层，他们拥有大量的不动产——要么在波美拉尼亚（Pomerania）或西里西亚（现在已被波兰吞并），要么在东普鲁士（现在已被俄罗斯吞并）。他父亲的不动产在西里西亚，他母亲的在波美拉尼亚。就是这些人，在长达数百年的时间里统治着普鲁士；在 1871 年到 1918 年，他们还统治过德国。他们大多受过良好的教育，是能干的管理人员，是认真负责的公仆，也是

社交中的趋炎附势者；相比于德国的普通民众，他们还与欧洲其他
国家的贵族阶层有更多的共同之处。他们鄙视在 1918 年上台并建
立了魏玛共和国的社会主义乌合之众。

他们同样鄙视在 1933 年摧毁共和国并将最高权力授予希特勒
的纳粹痞子。但是他们尊敬希特勒，认为他是一位卓有成效的领
导者，为经历过魏玛岁月那些混乱和苦难之后的德国，带来了秩
序和繁荣。毕竟，希特勒更像国家主义者，而不是社会主义者。
他没有威胁他们的社会地位和财产。他们中大多数人都心甘情愿
地为他服务，将他当成德国的领袖，与此同时却继续将纳粹分子
鄙视为社会地位卑贱、智力低下的人。

沃纳的父亲是一个典型的普鲁士贵族。他会流利地讲三种语
言，他妻子会讲六种。他的三个儿子都在柏林长大，生活在富裕
并享有特权的环境之中。出生于 1912 年的沃纳，被送到埃特斯堡
（Ettersburg Castle）一所私立寄宿学校上学，学校靠近魏玛，水平
很高，费用也很高。他在学校里结交的朋友也都来自他自己这个
阶层。他在学校里开始对火箭很入迷。他阅读了火箭先驱赫曼·奥
伯特（Hermann Oberth）在 1923 年出版的经典教科书——《进入
行星际空间的火箭》（*The Rocket into Interplanetary Space*）。他决
定将实现奥伯特的梦想，当作自己的人生目标。他在 13 岁时就有
了个良好的开端——他学习了理解奥伯特书中的方程所需要的数
学知识。在 16 岁时，他成了太空旅行协会的会员。他 18 岁从这
所学校毕业时，在火箭的理论与实践两方面都已经非常拿手，还
当上了协会的首席实验师。

1932 年，当军方向他提供研制军用火箭的工作机会时，冯·布

劳恩毫不犹豫就接受了。当时希特勒还没有上台，德国陆军是个很保守的部门。它对无人导弹感兴趣，对载人飞船没兴趣，但是推动导弹的火箭后来也被用来推动太空飞船。他发现陆军中负责火箭的人很好相处。他们也跟他一样不关心政治，擅长协同攻克技术难关，不喜欢出风头。希特勒在 1933 年成为总理，对冯·布劳恩而言，也没有改变什么。陆军还是不关心政治，导弹研制的预算还在继续增加。

1939 年，当德国陷入战争时，情况发生了改变，陆军的火箭不再是技术玩具，而成了实打实的武器，而且党卫军也试图接管这个项目。1940 年，当陆军要求冯·布劳恩成为党卫军军官时，他面临着有决定性意义的道德抉择。他不想跟党卫军扯上关系，于是就向他的顶头上司霍恩伯格讨主意。霍恩伯格告诉他，只有两种选择：他要么是接受党卫军的任命，要么是不再跟陆军合作。这事政府高层已经做了决断。冯·布劳恩不愿放弃自己已经投入了 8 年心血的陆军项目，因此就答应了党卫军的要求。

当他身穿党卫军制服露面时，跟他一起参加项目的一位朋友表示了错愕。冯·布劳恩不开心地对他说："我别无选择"（Es geht nicht anders）。冯·布劳恩也许还可以选择这样一条道路：放弃研制火箭的梦想，成为一名士兵或飞行员，来为祖国效命。他是一位受过训练的飞行员，也热爱飞行，因此他原本可以参加德国空军，以击落英国皇家空军轰炸机的方式，为祖国效劳。但他对党卫军的厌恶还没有那么强烈，不会觉得另外那条道路具有合理性。

1944 年 2 月 21 日，冯·布劳恩坚决抵制了他曾售予过灵魂的恶魔，从而部分地实现了救赎。他被意外地召去跟党卫军头子、德国第二号实力人物——海因里希·希姆莱（Heinrich Himmler）进行私人会面。此时，V-2 本应该是可以投入抗击英国的实战了，但因为技术问题受到了延阻。希姆莱邀请他停止为陆军工作，带着整个火箭项目投奔党卫军。冯·布劳恩在写于 6 年后的一份回忆录 [1] 中记载了这段对话。希姆莱说：

> 你干吗不投奔我们算了？你知道元首的大门是随时都向我敞开的，对吗？我处在一个比束手束脚的陆军有利得多的位置，可以帮你扫除一切障碍！

冯·布劳恩客气地谢绝了这个邀请。据他的回忆录描述，他冒险地将 V-2 比作"需要阳光、沃土和一些园丁栽培的小花"。他告诉希姆莱："为了让这朵小花长得更快一点，而向它泼上一大盆小便，很可能会要了它的命。"他拒绝这个邀请的理由，可能是为了他心爱的火箭，而不是为了多拉集中营的囚犯。但是，拒绝来自希姆莱的邀请，还是需要勇气的。将党卫军头子提供的帮助比作一泡小便，需要更大的勇气。

　　冯·布劳恩在他的回忆录中说："一个月之后，他受到了报复，而且是希姆莱式的报复。"盖世太保在半夜来敲他的门，并将他带往斯德丁（Stettin）一间囚室——此处位于波罗的海海边，今属波

---

[1] 这份写于 1950 年的回忆录，原始版本没有出版，现在保存在亨茨维尔的冯·布劳恩档案文件之中。它的一个修订版，以《追忆德国的火箭》（*Reminiscences of German Rocketry*）为题，发表在《英国行星际协会学报》第 15 卷（1956）上。这份回忆录在历史方面不太可靠，是在事件发生很久之后，为美国或英国读者所写作的。其中没有单独写到这段与希姆莱的对话。

兰。他在班房里待了一个星期后，三位党卫军军官对他进行了审讯，并正式指控他在火箭开发方面消极怠工，对战争散布失败主义言论，并计划带着所有的 V-2 规划飞往英国。同时，在装备部长阿尔伯特·斯皮尔（Albert Speer）——他是冯·布劳恩和希特勒共同的朋友——的帮助下，霍恩伯格成功地取得了一张由元首总部签发的命令，同意临时释放冯·布劳恩三个月。冯·布劳恩只在监狱中待了十天，也没有受皮肉之苦。他到了美国之后，这十天对他意义重大。每当有人问起他过去的情况，他都可以以这十天的经历为证据，证明他不是纳粹分子。他从来没有宣称他积极地抵制过纳粹统治，但是他曾被囚禁的故事，让他看起来像是纳粹统治的受害者，而不是纳粹所犯罪行的帮凶。

诺伊费尔德这本书的后半部分，描述的是冯·布劳恩 1945 年后在美国的生活。他以惊人的速度适应了美国的生活方式。1946年，他成了一位重生的基督徒，并参加了得克萨斯州一个拿撒勒小教堂的圣会。他耐心地为美国陆军服务了多年，对美国从德国引进的剩余 V-2 火箭进行了翻新。陆军无法给他提供更多有意思的工作，因为没钱进行更深入的火箭开发。他很快就明白了，在美国，钱掌控在国会手里，国会掌控在民意手里。缺钱是因为民众对火箭不感兴趣。因此他决定直接向民众发出呼吁。

他一有机会，就会宣扬火箭的重要性，先是通过在杂志上发文章，随后又通过在电台和电视发表演讲。他不仅谈论保卫国家的无人火箭，而且还谈论探索太阳系的载人火箭。从他抵达美国那天算起，他只用了 7 年时间，就成了世界知名的太空旅行倡导者。1952 年，《科利尔杂志》（*Collier's magazine*）发表了冯·布劳恩撰写的一篇热情洋溢的文章《穿越最后的新疆域》（*Crossing the Last Frontier*），还配了多幅带翼太空飞船在轨道上运行的图片。第二年，他出版了英文版和德文版的著作《火星计划》（*The Mars Project*），给出了探索火星所需要的火箭重量和载荷等详细指标。随着他名声的增加，拨给亨茨维尔陆军火箭项目的经费也增加了。

冯·布劳恩在美国的生活有两个高潮。1958 年，在苏联成功发射了"史普尼克"号卫星（Sputnik）之后，在美国海军发射的"先锋"号卫星（Vanguard satellite）丢人地坠毁在发射平台上之后，冯·布劳恩在亨茨维尔的团队成功地将第一颗美国卫星——"探索者一号"（Explorer 1）送入了运行轨道。1969 年，他观看了尼尔·阿姆斯特朗（Neil Armstrong）和巴兹·奥尔德林（Buzz Aldrin）在月球上漫步，他们是用他的火箭送上去的，实现了他让人类走出"育婴房"的梦想。作为大项目的组织者，冯·布劳恩自有其独到之处——他既有本事说服各方大神协同工作，也熟知硬件的所有细节。

1969 年之后，他还是像以前那么忙碌，但是他飞往火星的希望却变得渺茫。又有五次阿波罗计划成功地抵达了月球，但是有一次——阿波罗 13 号，却遭遇了历史性的失败，虽然宇航员都安全地返回了。此后，大众对去更远的地方不感兴趣了。预算急剧缩减，阿波罗计划也就此终结。冯·布劳恩在维持载人火箭计划方面，只能做到倡导航天飞机——这是一种可以重复利用的太空"渡船"，最初被当作火星计划的最低层次部分。航天飞机曾被认为又便宜又安全，还可以高频度飞行，方便在不同飞行任务之间快速实现角色转换。经过许多推延之后，航天飞机终于起飞了，但是结果证明它既不便宜，也不安全，速度也不快。幸运的是，冯·布劳恩没有活到目睹航天飞机遭遇惨败的那一天。

这本书提出了三个重要的问题：一个历史方面的，两个道德方面的。历史方面的问题是，冯·布劳恩的伟大成就——提供技术手段，将12个人送去月球漫步——是否有意义。这是朝着实现他移民太空之梦迈出的一大步，还是走入了一个未产生任何有益结果的死胡同？从短期来看，阿波罗计划肯定是个死胡同。作为一个靠纳税人的钱支撑的公共项目，它在纳税人失去兴趣的那一刻起就难以为继了。1972年，当冯·布劳恩从NASA跳到仙童工业公司时，他下的赌注是，未来的太空探索活动最好是由私人投资者支持，而不是由政府支持。他在5年后死于癌症。如今，在他去世30年之后，我们看到由私人经费支持的太空活动取得了蓬勃的发展。如果冯·布劳恩多活20年，他也许会推动我们更快地进入私人发射时代。他甚至可能拯救太空飞船——他硕果仅存的宝贝，让它变成他设想的那样：又便宜又安全又快速。从长期来看，人们会以这种或那种方式，重启移民太空之梦，还将建造宇宙飞船，踏上太空之旅。当这一切发生时，他们将追随冯·布劳恩的步伐前进。

诺伊费尔德这本书所提出的两个道德方面的问题是：冯·布劳恩将灵魂出卖给希姆莱，是否有正当理由？美国为冯·布劳恩和佩内明德团队的其他成员提供庇护，还给他们提供具有极高荣誉的工作，是否说得过去？佩内明德有一些科学家所犯的罪行比冯·布劳恩严重。最为臭名昭著的是冯·布劳恩的一位密友——阿瑟·鲁道夫（Arthur Rudolph），他是一位狂热的纳粹分子，担任了米特尔维克工厂的产品主管。在剥削和虐待囚犯方面，鲁道夫的介入方式比冯·布劳恩要直接得多。此后，鲁道夫在美国生活了 39 年，作为一位杰出的火箭科学家卓有成效。最后，在 1984 年，记录鲁道夫在德国所犯罪行的秘密档案浮出了水面，有人起诉他，要剥夺他的美国公民身份。他没有应诉，而是放弃了美国公民身份，跟妻子一道返回了德国。鲁道夫案件的一位调查人员说："多亏冯·布劳恩已经不在世了。"冯·布劳恩在 7 年前声誉正隆时寿终正寝。要是冯·布劳恩在 1984 年还活着，以他丝毫未损的公众盛誉和政治影响力，他也许会挺身而出为鲁道夫辩护，并打赢这场官司。

诺伊费尔德谴责了冯·布劳恩与党卫军的合作，也谴责了美国政府掩盖了他与党卫军合作的证据。在这一点上，恕我与作者持有不同的看法。战争本身就是不道德的。就连最正义的战争也牵涉到犯罪和暴行，每一位参与战争的平民，在某种程度上都是在与罪犯合作。在此，我应该申明这场争论与我利益相关。在我为英国皇家空军轰炸机司令部工作期间，我在 1945 年 2 月与计划毁灭德累斯顿（Dresden）的那些人合作过，那是一场恶名昭彰的大灾难，数千名无辜的平民被烧死。如果我们没打赢这场战争，那些负责人有可能被宣判为战犯，而我也可能因为与他们合作过而被认为有罪。

在做过这个我个人置身于事中的申明之后，请允许我给出我的结论。在我看来，每场战争结束时道义上都要求进行和解。没有和解，就不可能有真正的和平。和解意味着赦免。可以经过或不经过法律审判，处决罪大恶极的战犯，前提是下手要快，要趁着战争煽起的热情还高涨时。在处决完之后，就不应该再追捕战犯和帮凶。为了缔结持久的和平，我们必须学会和我们的敌人共处，原谅他们的罪行。赦免意味着我们在法律面前都是平等的。赦免是不容易的，也不是公平的，但是在道义上它却是必需的，因为别的选择只会导致一轮又一轮无休止的仇恨与报复。南非为我们树立了一个好榜样，告诉我们如何进行赦免。

最后，我很仰慕冯·布劳恩，可以用上天赋予的才华，去实现自己的愿景，甚至在需要与魔鬼订立协议时也在所不惜。他让希特勒和希姆莱屈从于他的事业，要多于他们让他屈从于他们的事业。我也很敬仰美国陆军，给了他第二次追求梦想的机会。最终，美国政府对他进行的赦免，与对他的过失进行严厉追查相比，让他在灵魂救赎和完成使命方面有了大得多的作为。

2014 年添加的补注：

这篇书评引来的雄辩滔滔而动人心魄的回应数是前所未有的，我对冯·布劳恩的友善描述让这些写信人怒不可遏。下面是其中一个回应的摘要：

1944 年，我还是伦敦医学院的一位学生时，一枚早期的 V-2 火箭在一个下午落在衬裙巷（Petticoat Lane），那是伦敦东端一处人口稠密的市场。死伤几百人，200 多人被送进医院，受重伤的人被迅速送进了手术室，但是许多人只能在过道或地下室里躺上几个小时，等待救治，大多数人被飞溅的玻璃严重割伤。此情此景我终生难忘。

相比于在设计和制造 V-2 的强迫劳动集中营里，对囚犯的刻意杀戮和野蛮剥削，戴森教授在计划英国皇家空军对德累斯顿的空袭——一个公认的可怕事件——中所起的作用，似乎是微不足道的。冯·布劳恩从未跟他在纳粹统治下所扮演的角色划清界限，对其暴虐与野蛮，他似乎一直都非常清楚。

在和解之前必须进行明确的坦白和悔过？要赦免，也许还要和解，但是绝不原谅。我们完全不必将总统奖章授予这样一个人，他的所作所为只不过是为他不可饶恕的罪行进行救赎而已。

伯纳德·利顿（Bernard Lytton）

耶鲁大学医学院泌尿外科

唐纳德·格思里（Donald Guthrie）讲席荣退教授

耶鲁大学退休教职工柯纳（Koerner）中心主任

纽黑文，康涅狄格州

在给伯克利的利奥·布利茨（Leo Blitz）——他母亲在施图特霍夫（Stutthof）集中营死里逃生——的回信中，我这样写道：

我在波兰时去参观过施图特霍夫集中营。我并不是说冯·布劳恩或其他人是无辜的。但是我认为你没抓住要点。赦免不是施与无辜者的。赦免是施与有罪之人的。我们在战争结束时需要赦免，因为双方都有大批人是有罪的。战争就是那样的。现代战争是野蛮的勾当，我在为轰炸机总部工作时，跟冯·布劳恩是一丘之貉。在那以后，我们都需要赦免，只有你母亲等少数一些人是例外。

4. 科学界兄弟情谊之梦

　　作为一个在英国长大的孩子，我很早的时候就接受了这样的观念：每个国家有自己的强项。德国有巴赫和贝多芬，西班牙有委拉斯开兹[1]和埃尔·格列柯[2]，法国有莫奈和高更，我们英国有牛顿和达尔文。科学是英国人擅长的东西。当我开始阅读那个时期的儿童书时，这种观念变得更加强烈，因为它们颂扬了我们的民族英雄法拉第、麦克斯韦和卢瑟福等人的伟大成就。

　　当时声誉正隆的欧内斯特·卢瑟福是新西兰人，他发现了原子核，并创立了后来被称作核物理的学科。尽管他是从新西兰移民过来的，但卢瑟福变得比英国人更有英国派头。在一篇对比欧洲大陆的科学风格与英国科学风格的著名宣言中，他为英国撑腰说："他们玩他们的符号游戏，而我们在卡文迪许实验室，给出的却是

---

[1] 委拉斯开兹（Velázquez），又译名委拉斯贵支，全名迭戈·罗德里格斯·德席尔瓦－委拉斯开兹（1599 年 6 月 6 日—1660 年 8 月 6 日），是文艺复兴后期西班牙最伟大的画家，对后来的画家影响很大，对印象派的影响也很大。——译注

[2] 埃尔·格列柯（El Greco，1541—1614），出生于希腊的克里特岛，原名多米尼克斯·希奥托科普罗斯。他年轻时代的大部分时间是在意大利度过，并在 36 岁时移居西班牙。他作为中世纪西班牙的伟大画家而广为人知。他是一位肖像画家，特别擅长宗教画，并为托莱多以及其他地方的教堂创作了众多的祭坛画。——译注

自然界确凿的事实真相。"法国人和德国人在用量子理论中的抽象数学方程进行计算，而卢瑟福却在用一个原子核轰击另一个原子核，在将氮变成氧。英国孩童都学会了要为卢瑟福感到骄傲，正如我们为打败了拿破仑的战斗英雄纳尔逊和威灵顿感到骄傲一样。这种爱国自豪感在某种意义上是健康的。它鼓励孩子们树立远大的目标，去钻研宏大的问题。但是当它让他们相信，他们天生就有权统治世界时，这种爱国自豪感就变成有害的了。

我依然记得 7 岁时老师要求我们背诵的一些爱国诗篇：

> 歌颂那些让纳尔逊和北方人
> 名扬天下的光辉日子吧，
> 当丹麦国王的军队倾巢出动时，
> 他们奋勇向前，激战强敌。[1]

纳尔逊在哥本哈根港打的那一仗特别出名，因为他的指挥舰挂起了信号旗，命令他停火。纳尔逊将望远镜对准信号旗，却用他瞎了的那只眼睛去观看。因为没有看到信号旗，他继续战斗，并取得了辉煌的胜利。但是就连一位 7 岁孩童可能也明白，纳尔逊在哥本哈根港打败丹麦人，不如他 4 年后在特拉法尔加（Trafalgar）击败法国舰队那么光彩；而且可能还会质疑，纳尔逊毫无疑问的勇猛和才华，是否就赋予了他轰击别人家园的权力。

---

[1] 选自托马斯·坎贝尔（Thomas Campbell）的诗歌《波罗的海之战》（*Battle of the Baltic*）。——译注

我最近去了哥本哈根一家酒馆，他们骄傲地告诉我这个游客，这是几栋没被纳尔逊的枪炮摧毁的沿海建筑物之一。他的胜利造成了非军事设施的毁损，至今都令人难以忘怀。

约翰·格里宾（John Gribbin）的著作《会士》(*The Fellowship*)[1]属于无害的那种爱国文学作品。它像一个人物肖像画廊，展示了一组杰出人物的风采，这些人都为现代科学在 17 世纪的崛起做出了重大贡献。每一篇人物小传都很有戏剧性。这些人物生活在一个动乱的年代，他们的个人生活也像他们的思想一样激动人心。他们几乎都是英国人。格里宾写的不是科学史，而是一个特定的机构——伦敦皇家学会的历史。"会士"的意思是，在 1660 年创建该学会，并将时间精力投入其活动的那一组人。尽管他们是英国人，但他们的目标和宗旨都是面向国际的，他们欢迎来自许多其他国家的杰出学者，成为该学会的会士。从一开始，伦敦皇家学会的主要活动之一就是，在英国与世界其他地区之间交换信息、加强联系。该学会的创立并不是现代科学的开端，但它是一件具有重大意义的独特事件，值得深入研究。格里宾这本书对此进行了生动形象而极具可读性的描述。

故事肇始于此前 100 年的威廉·吉尔伯特（William Gilbert），他是一位在科尔切斯特（Colchester）和伦敦行医的医学博士，后来在 1600 年成了英国皇家内科医师学会（Royal College of Physicians）的会长。他是皇家内科大夫之一，负责伊丽莎白女王

---

[1] 《会士：吉尔伯特、培根、雷恩、牛顿和一场科学革命的故事》(*The Fellowship: Gilbert, Bacon, Wren, Newton, and the Story of a Scientific Revolution*)，瞭望出版社（Overlook），2008 年。

的健康。他在业余时间进行了磁学实验，并将实验结论发表在一本拉丁语书名为 *De Magnete*（《磁体》）的书上。它的完整书名是《论磁铁、磁体和伟大的地磁：以论证和实验阐释的一种新生理学》（*On the Magnet, Magnetic Bodies, and the Great Magnet the Earth: A New Physiology Demonstrated by Arguments and Experiments*）。这本书以令人耳目一新的现代风格写成，将磁学这门学科建立在了坚实的实验基础之上。吉尔伯特进行了仔细的测量，使用的主要实验器材是自然磁石（磁性铁氧化物）小球——他称之为"小地球"（terrellae）。他从一开始就意识到，这些小磁铁是地球的模型。他将它们悬挂在水中，详细地测量了它们的相互吸引和排斥。他证明，使用"北极"这个词，来表示磁铁指向北方的那一端是错误的，从而对许多的混乱状况进行了澄清。他论证道：南北极相互吸引，因此如果将磁铁当作地球的模型，磁铁指向北方的那一端，对应的是地球的南极。他在书中写道：

> 迄今为止，所有写到磁铁极性的人——所有的仪器制造商和航海者，都不约而同地误将磁石指向北方的那一端当作北极，指向南方的那一端当作南极；我们随后将证明这是错误的。

大致而言，吉尔伯特在磁学方面所做的工作，与富兰克林200年后在电学方面所做的工作相同——都是通过实验确立基本的事实，而任何对其结论有所怀疑的人都可以重复实验。但是因为早了200年，吉尔伯特在某种意义上是更伟大的先驱。在研究磁铁的过程中，他也做了许多电学实验，表明电气材料和磁性材料是不同的，应该分开来研究。吉尔伯特意识到，他正在开拓的是一种新型的实验哲学，可以拓展到磁学以外的许多学科。他在《磁体》的前言中这样写道：

> 我将磁科学的这些基础——一种新式的哲学化思想，专门献给你们，真正的哲学家，你们凭着单纯的思想，不仅在书本上而且还深入事物本身去寻求知识。

伽利略是《磁体》的读者之一，也许在它于 1600 年刚出版不久就读了。伽利略比吉尔伯特年轻 20 岁，但是他以单摆和滚下斜坡的小球为实验工具，在动力学研究方面已经有了良好的开端。伽利略在给一位朋友的信中热情地写到了吉尔伯特："他的头脑中竟然产生了如此了不起的一个思想，我要高度颂扬、羡慕和嫉妒这位作者。"伽利略后来亲自用磁铁做了实验，并验证了吉尔伯特的结果。幸运的是，伽利略和他的英国仰慕者之间的友好关系，没有像一个世纪后的牛顿与莱布尼兹那样，为争夺首发权而大受影响。伽利略赢得了"现代实验科学之父"这份荣耀，也将部分功劳归给了吉尔伯特。

在吉尔伯特和伽利略之后写到的是弗朗西斯·培根，尽管他跟故事中的其他人不同，很少做实验。培根是一个博学多才的人，后世甚至有人郑重其事地将他当作莎士比亚戏剧的作者。他在 15 岁时，帮助英国驻巴黎大使处理外交信函，从而对密码和加密术产生了浓厚的兴趣。他后来成了一位成功的作家、律师和政治家。他在 1618 年被任命为大法官（lord chancellor），但在 1621 年因为收受贿赂而失宠。他在失宠之后，退隐了 5 年，潜心写作一本未完的巨著《伟大的复兴》(*The Great Instauration*)。他用"复兴"表示，从世界各地获取知识并将其投入实用领域的一个组织。

他的理念有一个基本特征：知识的增长应该是一种集体行为，要由一群经过组织的人，仔细观察大自然如何运作，方可获致。在收集完观察结果之后，另一群人——学者和哲学家，会对结果进行诠释，并推断出大自然遵循的规律。最后，第三群人——发明家和制造商，会利用他们关于自然规律的知识，去增进人类的福祉。他为建立基于知识的社会而规划的蓝图，远远超出了它诞生的时代。在许多方面，培根的方案更贴合 21 世纪的科学与技术机构，而不是 17 世纪的皇家学会。但是，皇家学会的那些创始人受了培根作品的强烈影响，相信他们正在帮助实现他的梦想。如今，350 年之后，结果证明他们是正确的。

培根在被他称作"随笔"的这种文学体裁方面，是一位大师。他的随笔简明扼要，通常只用一两页的篇幅，就可以将他关于一个宏大主题的看法概括出来。他的多篇随笔都已成为经典，用不多的几句话就提炼出了许多的智慧。下面是他关于知识追求，所作的几段值得诵记的论述：

> 一切皆有赖于将目光紧盯自然界的事实，从而按其本来面目获取它们的影像。在认识世界的图景时，上帝不允许我们放任幻想之梦。
>
> 人是自然的奴仆与阐释者，而只有在事实或思想中观察自然的变化过程，才能真正地阐释自然，为自然服务：如果超越

了事实或思想的范围，即没有在事实或思想中观察自然的变化过程，那么人就既不能了解也不能做任何事。

真理易于从谬误中产生，难于从混乱中产生。

科学真正的、合法的目标说来不外是这样：把新的发现和新的力量惠赠给人类生活。

1626 年，在他死后出版了他最具想象力的作品———一部名为《新大西岛》（*New Atlantis*）的小说，描写的是一个生活在南太平洋海岛上、由一个叫基地（Foundation）的组织管理的乌托邦社会。基地是一群专门从事科学研究和改善人类状况的哲学家：

> 我们基地的目的是获知关于因果的知识和事物的秘密运动，以及扩大人类帝国的疆域，直至涵盖所有可能的事物。

培根去世时，留下了一个烂摊子———一大堆未偿还的债务和未完成的手稿。他从来不知道他播下的许多种子，哪些会开花结果。最后证明，《新大西岛》是最为硕果累累的一种。在他死后30 年，皇家学会的创始人借用了他用来称呼基地成员的"会士"（Fellows），来称呼他们的成员。300 年后，作家艾萨克·阿西莫夫（Isaac Asimov）借用了他的"基地"（Foundation），作为那套有史以来最畅销的科幻小说的书名。

下一位英国先驱是威廉·哈维（William Harvey），他是一位内科医生，发现了血液循环，从而对行医者产生了革命性的影响。他出版于 1628 年的巨著所选用的书名是《动物心脏和血液运动的解剖研究》(*Anatomical Exercises on the Motion of the Heart and Blood in Animals*)。他在帕多瓦(Padua)接受医学训练时,师从的是著名的解剖学家法布里修斯(Fabricius)——他对动物进行过仔细的解剖,并确认了静脉血管中存在瓣膜。法布里修斯不明白这些瓣膜的作用,因为他信奉的是当时流行的一种学说——静脉和动脉血管都是将血液从心脏运送出去的管道。哈维在返回英国后,进行了仔细的实验;他用绷带将病人的胳膊绑起来,观察静脉中血液的流动会发生怎样的变化。他发现瓣膜的功能是,阻止血液离开心脏,但允许血液流向心脏。这些简单的观察证明,血液在身体里循环,通过动脉离开心脏,又通过静脉流回心脏。哈维还发现了另一种循环,会将血液从心脏送往肺,再从肺送回心脏。

在哈维之后到来的是"伟大的一代",这群人有20来个,他们在1660年共同创建了皇家学会。格里宾这本书的主要目的是,解释这一切是如何发生的,以及为什么会发生。这么多资财丰厚、受过良好教育的人,怎么会对科学产生浓厚的兴趣呢?为什么他们会将注意力集中在实验和对大自然的观察方面,而不是在创建哲学理论方面呢?格里宾通过对这群人产生的历史环境进行审视,给出了这些问题的答案。

关于皇家学会创立的核心事实是,它恰逢英国恢复国王查理二世的王权统治之时。英国曾经因为1642年到1651年这9年间的内战,闹得分崩离析。奥利弗·克伦威尔(Oliver Cromwell)领导的议会军队,击败了查理一世领导的国王军队。查理一世在1649年被送上断头台,英国成了一个共和制的国家,由"护国公"(lord protector)克伦威尔统治。查理二世度过了9年忍辱含羞的流放生活，在法国、荷兰和西班牙之间流亡。克伦威尔在 1658 年去世后，他的副手乔治·蒙克（George Monck）将军，开始跟被击败的保皇党领导交涉，很快就达成了一项协议。他们将邀请查理二世回来当国王，同时只惩罚几个杀害他父亲的暴徒头目。大多数英国民众都对宗教争端感到厌烦了，他们不愿意再打内战。因此，查理二世回到了英国，并成功地将这个国家统一在一起；他小心而宽厚地治理国家，在有必要妥协时统统妥协，以保住自己的王位。他在位 25 年，总体说来是平安无事的；在他去世前，有人为他写了一首诗，作为墓志铭：

> 这里躺着我们的国君查理二世，
>
> 谁都没有将他的圣谕当一回事，
>
> 愚蠢的话他从来没说过一个字，
>
> 聪明的事他也从来没干过一次。

查理二世从他父亲的错误中认识到：不要将自己和自己的工作太当一回事。皇家学会就是在这样的背景下诞生的。

在 9 年内战及随后克伦威尔掌权的时期，上层的英国人发现自己被分化、受到孤立且岌岌可危。他们都是一些土地拥有者、商人和活跃于社交场所的人（men-about-town），他们习惯了经营自己的庄园、生意，也习惯了对国家的掌控。他们中许多人都是国王的朋友，还有一些人是克伦威尔的朋友。格里宾向我们讲述了哈维的一段小花絮。1642 年，在战争开始时，哈维是查理一世的朋友。查理一世忙于在边山（Edgehill）调兵遣将，指挥这场战争

的第一次正式战斗——最后双方打成了平手。他将两个儿子交给
哈维照管。于是，哈维就和两位未来的国王坐在战场上的一个篱
笆脚下，他们一个是时年 12 岁的查理，另一个是 9 岁的詹姆斯。
他和两个孩子都在战斗中活了下来；也许是因为年轻的查理受过哈
维的影响，他对科学产生了一些兴趣，并在 18 年后登上王位时，
让这种兴趣派上了正当的用场。而哈维却不得不为他给王室提供
的服务付出高昂的代价。当查理一世战败被囚时，由议会主导的
政府剥夺了哈维一切的荣誉和特权。

除了哈维之外，科学也为其他人提供了一种逃离混乱与不安
的庇护所。它为拥有财富的人提供了一种将休闲时光派上好用场
的方式。它也为他们提供了一条忘掉彼此分歧的途径，让他们重
新聚在一起，谈论与政治和神学毫不相干的东西。最终催生了皇
家学会的这群人，1648 年在约翰·威尔金斯（John Wilkins）的领
导下，开始在牛津大学聚会。作为牛津大学沃德姆学院（Wadham
College）的学监，威尔金斯是一个有稳固基础的业余天文学家、
工程师。他跟克伦威尔有私交，后来还娶了克伦威尔的妹妹。

他在 1641 年出版了一本书，书名是《墨丘利，秘密而迅疾的
信使：阐明一个人如何以保密而快速的方式将自己的思想传递给远
方的朋友》（*Mercury, or the Secret and Swift Messenger: Shewing,
how a Man may with Privacy and Speed communicate his Thoughts
to a Friend at any Distance*）。这本书描述了一种基于钟声的快速
远距离通信系统。使用一系列的接力站，每个站配备一个敲钟人
和两口音调不同的钟，就可以对消息进行加密，并以音速进行远
距离的消息传输。他在牛津大学发起了一个"实验哲学俱乐部"

(experimental philosophical club)，强调实际动手做实验，而不只是空口论道或纸上谈兵。他用自己建造的透明蜂巢做了实验，以便详细观察蜜蜂如何组织它们的各项活动。俱乐部的两位重要成员是罗伯特·波义耳（Robert Boyle）和罗伯特·胡克（Robert Hooke）。波义耳在牛津大学建立了一个化学实验室，努力在炼金术士钻研过的各种过程中，将真理的内核从神话的硬壳中剥离出来。他在《怀疑的化学家》（*The Sceptical Chymist*）一书中描述了他的各项实验；这本书第一次以现代的观点，对化学进行了讲解。胡克以波义耳雇佣助手的身份，进入了牛津大学；他对这个小组帮助巨大，因为他有制造好用的实验器材的天赋。他改进了气泵、摆钟和显微镜的性能和可靠性，而这些工具也让实验科学成为可能。

当威尔金斯俱乐部的成员们在牛津积极参与科学实验时，另一群绅士在伦敦的格雷沙姆学院（Gresham College）谈论科学。牛津的小组大多是立宪派，而伦敦的小组大多是保皇党。伦敦的小组里没有波义耳和胡克这种水准的科学家，但是其中一些严肃的业余爱好者跟查理二世私交甚笃。罗伯特·莫里爵士（Sir Robert Moray）就是这样一个人，他是一位化学专家；国王在流亡期间，跟他在一起待过一段时间。在国王返回英国后，莫里帮助他在位于怀特霍尔（Whitehall）的王宫里，建立了一个化学实验室，他们两人在里面一起做实验。日记作家塞缪尔·佩皮斯（Samuel Pepys）记录说，他曾经和莫里一起"进入国王位于橱柜下的实验室；那是一个非常漂亮的地方；那里摆放着许许多多的化学器皿和物品，可是一样都搞不懂"。可惜，对于这位国王都喜欢摆弄哪些化学实验器材，历史上没有留下记录。

1660 年 11 月，医治内战创伤的时机成熟了，是时候利用国王对科学发自内心的兴趣，让立宪派和保皇党坐到一起了。有人号召在伦敦的格雷沙姆学院召开一次会议，成立一个新的学会，将伦敦小组和牛津小组合在一起，并推举威尔金斯当主席。学会如期建立，"以推进实验哲学"。在一周后召开的第二次会议上，莫里带来了国王的旨意，正式批准皇家学会的成立。一年后，国王同意当选为学会的一名会士。1663 年，学会收到了国王颁发的特许状，将它命名为"促进自然知识的伦敦皇家学会"。与特许状同时收到的还有一条拉丁文会训"Nullius in Verba"；不幸的是，格里宾将它错误地翻译成"什么都不用文字表示"（Nothing in Words）。每一位在 17 世纪受过教育的人都知道，"Nullius"这个词不是"没有什么"的意思。它是一种所有格形式，意思是"不属于任何人"。这个会训是拉丁诗人贺拉斯（Horace）一行著名的诗"Nullius addictus iurare in verba magistri"的缩写，翻译出来就是"誓不轻信任何人的话"。这是一个激进的宣言，宣示的是智识上的独立性。它的意思是，皇家学会只认事实，而不认学术方面、政治方面或宗教方面的权威。国王在个人生活中是个自由意志论者，也认同会训所表达的这种具有颠覆性的精神。

皇家学会在国王的支持下刚成立，很快就受到了巨大的压力——要接纳在科学方面修为不高的贵族和富人。这些创始人尽力顶住了压力。他们决定维持一个由实验科学家组成的活跃小组，作为学会的核心；同时广泛接纳外围的非活跃会士，这些人只是来听听演讲和提供经济援助。学会的核心能维持下去，在很大程度上得益于胡克的努力，他在学会中当了 20 多年的实验主任（the curator of experiments）。在胡克之后，爱德蒙·哈雷和艾萨克·牛顿依次负责保持了学会的活跃性。牛顿担任皇家学会主席 20 多年，只缺席过 3 次周会。格里宾的记述结束于 1759 年，当时一位名叫查尔斯·梅西尔（Charles Messier）的天文学家，在巴黎天文台观察到了哈雷彗星的归来，一如哈雷在 54 年前预言的那样。这一事件在整个欧洲都被视为牛顿物理学的最终胜利。

皇家学会的成立是世界科学史上一个意义重大的转折点，抑或只不过是区域性的英国历史上的一个本地事件呢？格里宾这本书对这个问题没有做出回答。他提到，法国科学院比皇家学会晚 4 年成立，它们完成的功能在许多方面是相同的。但是，法国科学院在许多方面又与皇家学会不同。法国科学院是一个政府机构，由国家提供资金，受国家控制。隶属于法国科学院的科学家都是拿工资的公务员。"誓不轻信任何人的话"是不适用于他们的。后来在柏林和圣彼得堡建立的科学院，参照的都是法国的模式，而不是英国的模式。皇家学会独具特色，它试图发扬光大的是 17 世纪哲学俱乐部的传统，接受国王的支持，但是保持了不受他控制的自由。皇家学会的目标是将科学保留在私人手里，期望总是会有足够多有钱有闲的人才，愿意将时间精力和财力物力投入实验哲学之中。

科学可以在乐善好施的探索者中，永远保持培根式的兄弟情谊——这样的美梦不可避免地失败了。在英国，也和在法国和其他国家一样，科学发展迅猛，所需的资源很快就超出了富有的业余爱好者所能支撑的范围。在英国，也跟在其他地方一样，大多数科学家都成了专业人士，在大学和政府实验室里工作。但是，皇家学会仍然留存下来，并保持了它的独立性，而且独立的业余爱好者为人类知识做出重要贡献的传统也保留了下来。在 19 世纪，罗斯勋爵（Lord Rosse）在他位于爱尔兰的私人天文台，发现了旋涡星系；瑞利勋爵（Lord Rayleigh）在他位于埃塞克斯（Essex）的私人实验室里，发现了惰性气体氩——这两人都是业余爱好者，查尔斯·达尔文也是。

皇家学会形成的传统在美国也留存了下来。当本杰明·富兰克林于 1743 年在费城创立美国哲学学会时，他没有申请国王特许状，但是他在其他一些方面遵循了皇家学会设定的模式。作为该学会的主要任务，他提倡"各种哲学实验，以揭示自然事物的奥秘，或倾向于提高人类驾驭事物的能力，或增加生活的便利性与舒适性"。他的成员，也和皇家学会的早期会士一样，会捐献现金来分摊实验的费用。美国国家科学院在 1863 年成立时，被赋予的法定职责是，向联邦政府提供有关科学问题的建议；但是它也保持了独立机构的身份，有自己的经济来源和自己的行政管理。

最后，在 21 世纪初，美国一批新型的技术专家亿万富翁，又让早期皇家学会的精神得以重放异彩。培根的新追随者中最著名的要算克雷格·温特（Craig Venter），他是一位生物技术企业家，建立了自己的私人资助项目，对人类基因组进行测序，与政府的人类基因组项目展开竞争，并在其专业领域里战胜了政府团队。此后，他又在私人游艇上装备了器械，可以从海洋中收集微生物，并批量地对它们进行基因组测序；这样一来，他就能环球旅行，开始对地球的整个生物圈进行基因组测序。温特测算，如果收集和测序的技术继续按预期的那样提高，应该有可能在30年内获得所有现存生物的数字蓝图。亿万富翁俱乐部的其他成员，还包括谷歌的创始人拉里·佩奇（Larry Page）和谢尔盖·布林（Sergey Brin），他们已经开始对人类的所有知识进行重新组织，以方便每个人的使用。他们做得非常成功，以至于我们都很难记起，在若干年前没有谷歌来回答我们的问题时，我们都是怎么生活的。

另外还有一些年轻的亿万富翁在创立私人企业，去探索和开发太空，他们的目标是在其专业领域里战胜美国航空航天局，就像温特战胜美国国立卫生研究院（National Institutes of Health）一样。这些私人太空冒险项目也许会一败涂地。他们需要克服巨大的障碍，也无法就明确的目标达成共识。但是，他们中的一个或几个仍然有可能取得成功。届时，将开启一个新的探险时代，与16世纪让欧洲航船驶往世界各地的探险时代类似。提高航海技术是皇家学会那些创始人关心的主要问题之一。他们的领导约翰·威尔金斯，在1638年写过一本题为《在月球上发现世界》（*The Discovery of a World in the Moone*）的书，提出了这样一个问题：去月球上旅行，在未来某个时候是否有可能变得可行。要是我们新一代的太空冒险家成功地建立起一个私有的月球基地，皇家学会那些创始人的精神将与他们同在，与他们共享这一份荣耀。

2014年添加的补注：

在我发表的书评里，我说培根从来没有做过一次实验。这种说法是不对的，我要感谢提摩西·比克罗夫特（Timothy Beecroft）帮我指出这个错误。格里宾在第85页引用培根在去世前不久写的一封信说:"我曾经很想尝试一两个实验,探讨一下尸体的保存和硬结(conservation and induration)。至于实验本身,做得极为成功。"培根没有描述这次实验,但是格里宾猜想,它涉及蒸汽吸入。格里宾引用了培根早些时候的文章,他在里面表示有兴趣吸入硝石气(niter)。气体吸入实验是为了医疗疾病,而不是为了科学研究。格里宾得出结论说:这次"做得极为成功"的实验,也许导致培根在几天之后命丧黄泉。

5. 为革命而工作

约翰内斯·浮士德博士（Dr. Johannes Faust）是一个真实的人物，《德国名人辞典》[1] 中还有他的一个条目。他是一位专业星相学家兼魔术师；16 世纪时，他从一个德国小镇游荡到另一个小镇，向主教、王子和普通民众提供星座与星象方面的建议。他名气很大，引起了马丁·路德（Martin Luther）的注意，后者谴责他与魔鬼订立了协议。不清楚浮士德本人有没有宣称过与魔鬼有往来。他在死后不久就变成了一个传奇人物——德国出版了他的生平纪事，里面添加了许多借自其他地方的荒诞故事。

在不到一个世纪之后，克里斯托弗·马洛（Christopher Marlowe）写了一部戏剧《浮士德博士的生死悲剧》（*The Tragicall History of the Life and Death of Doctor Faustus*），将这个传奇故事改编成了戏剧形式。马洛笔下的浮士德有几句不朽的台词——当魔鬼将他介绍给特洛伊的海伦时，他问道："这就是那张使无数船舶沉没，

---

[1] 《德国名人辞典》（*Neue Deutsche Biographie*），柏林：邓克尔与洪堡出版社（Duncker und Humblot），1961 年，第 5 卷，第 34—35 页。

使高耸云端的巨塔焚毁的脸蛋吗？"当他欠魔鬼的债到期，并被带往地狱接受永劫的折磨时，他说："看啊，看基督的血在天空中流淌。"马洛之后200年，歌德（Johann Wolfgang von Goethe）也写了一部《浮士德》，这是一部名气更大的戏剧；在欧洲讲德语的国家，它是每个学生的必读书。歌德笔下的浮士德比马洛笔下的浮士德更复杂。在歌德戏剧的剧终，浮士德得到了救赎，他与魔鬼的协议也被解除。20世纪初，《浮士德》是德国文学中知名度最高的作品。在英国，莎士比亚让马洛相形见绌，但是在德语国家里，歌德却一直独占鳌头。

于是就发生了这样的事：1932年，一群聪明绝顶的年轻物理学家，聚集在哥本哈根的理论物理研究所，参加一年一度的复活节大会，他们决定上演一出恶搞版的歌德戏剧《浮士德》，来戏弄一下前辈们。当时，德语是物理学界的国际语言，也是哥本哈根的主要工作语言。与会的人都能讲流利的德语，也很熟悉《浮士德》。在1931年的复活节大会期间，也有类似的演出——他们对不久前在哥本哈根上演的一部间谍片《失窃的细菌》(*The Stolen Bacteria*)，进行了滑稽模仿。1931年那次演出的编剧和导演是乔治·伽莫夫（George Gamow），他爱开玩笑的名声，跟他作为物理学家的名声一样响亮。1931年下半年，伽莫夫不明智地回到了他的祖国俄罗斯，遭到苏联政府扣留，不得离开。1932年这次演出的编剧和导演工作，就由伽莫夫的密友马克斯·德尔布吕克（Max Delbrück）接手。德尔布吕克当时25岁，即将去柏林担任莉萨·迈特纳（Lise Meitner）的助手。迈特纳是一位实验物理学家，她注定会在1939年作为核裂变发现者之一而闻名于世。伽莫夫1931

年的演出取得了巨大的成功。1932 年，德尔布吕克当仁不让，为大家献上了一场更精彩的表演。

哥本哈根研究所的创始人和灵魂人物是丹麦物理学家尼尔斯·玻尔（Niels Bohr），他在 1913 年最早提出了原子的量子理论。玻尔是个成功的募资者，有杰出的管理才能，智慧超群，人品出众；这一切让他得以将研究所，建成了理论物理的世界中心。哥本哈根是量子革命的领导者们在 20 世纪 20 年代聚会、争论并将它打造成形的地方。玻尔孜孜不倦地对各种新理论的每个细节进行探索和澄清。在德尔布吕克这个版本的《浮士德》中，上帝的角色由菲利克斯·布洛克（Felix Bloch）扮演，模仿的是玻尔；魔鬼梅菲斯特（Mephistopheles）的角色由里昂·罗森菲尔德（Léon Rosenfeld）扮演，模仿的是沃尔夫冈·泡利（Wolfgang Pauli）。年轻的布洛克和罗森菲尔德都是德尔布吕克的同龄人。

泡利较年长。31 岁的他被不恭不敬的年轻一代当成了元老，觉得他作为有原创精神的思想家已经过气了，但仍不失为一个令人生畏的批评者。泡利之所以被选为梅菲斯特的原型，是因为他以伶牙俐齿而著称。他在批评那些头脑不清晰或表达不清楚的人时，一点都不留情面。他甚至敢批评玻尔。他经常对胡说八道的人进行严词谴责，于是为自己赢得了"上帝之鞭"的称号——对此他引以为傲。现实生活中，玻尔和泡利在交往时，彼此保持着带有几分戒备心的敬意，就像歌德戏剧中的上帝和梅菲斯特。

浮士德的原型是保罗·埃伦费斯特（Paul Ehrenfest）；他是一位非常有魅力的老师，已定居荷兰的莱顿（Leiden），并且已陆续将一批才华出众的荷兰学生，培养成了伟大的物理学家。埃伦费斯特是个内心纠结的人物，他在经典物理学这个令人舒心的旧世界里感到得心应手，而在量子力学那个古怪的新世界中却感觉很不自在。他已经41岁了，比玻尔还大5岁，已经无法像玻尔那样成功地跃入量子领域。因为浮士德的内心也很纠结，选定埃伦费斯特作为这个角色的原型，是非常合适的。但是德尔布吕克在创作剧本时，并不知道埃伦费斯特的痛苦有多深。德尔布吕克为他写了这样几行台词：

> 因此，我是个悲伤而可鄙的批判者。
>
> 各种怀疑笼罩着我；各种顾忌困扰着我；
>
> 我畏惧泡利，就像畏惧魔鬼本身。

这几行台词虽然不是故意这样写的，却很残忍。它们恰如其分地道出了埃伦费斯特内心的痛苦，而这种痛苦是他精心隐藏、不愿让朋友们看到的。要是德尔布吕克知道埃伦费斯特已经到了绝望的边缘，他会设法为浮士德这个角色另找原型的。

在现实生活中，泡利和埃伦费斯特是亲密的朋友，泡利鼓励埃伦费斯特对量子理论持质疑态度。但是埃伦费斯特仍然感到很不够，觉得自己被年轻一代的物理学家甩在了身后——他们发表论文的速度太快了，他根本看不过来。他给玻尔和爱因斯坦写信说，他想自杀，但是这些信从来没有寄出去过。在《浮士德》演出结束一年半后，他在阿姆斯特丹的一个公园里自杀了。

1932年，在德尔布吕克改编的《浮士德》上演时，没有一点迹象表明会发生悲剧。观众和表演者们一样，都觉得这场演出是巨大的享受。剧本中充满了让知情者心领神会的机智玩笑，只有那些熟悉歌德戏剧和现代物理学人物的人才能完全听懂。观众们是这两方面的专家。前排就座的有玻尔、埃伦费斯特、迈特纳、沃纳·海森堡、保罗·狄拉克和德尔布吕克，他们都是著名的物理学家，除了迈特纳之外，其他人都在剧中得到了模仿。他们（也许埃伦费斯特除外）听了戏中的笑话之后全都开怀大笑，都很开心地看到自己和同事们被涮。这个夜晚作为哥本哈根研究所和 20 世纪物理学的最高潮，深深地刻在了每个人的脑海里。

德尔布吕克保留了这次演出的剧本，但是没有公开发表。德文版的剧本至今也没有出版。演出结束 30 年之后，伽莫夫从德尔布吕克那里借来了剧本，并在他妻子芭芭拉的帮助下，将它译成了英文。英文版的剧本，最终发表在伽莫夫的《震撼物理学的 30 年》（*Thirty Years That Shook Physics*）[1] 一书中，还配上了他亲自设计的插图。此时，伽莫夫作为科普作家和大爆炸宇宙学的奠基人，已经在美国确立了牢固的地位。

爱因斯坦在这场戏中，扮演的是一个次要角色—— 一位驯养着一群跳蚤的国王，他这些训练有素的随从给其他角色带来了不小的烦恼。这些跳蚤就是爱因斯坦的各种统一场论，在 1932 年时，他已经沉溺其中。他对量子力学持怀疑态度，并执迷于统一场论，因此而产生的效果，就跟他与老朋友们断绝了关系差不多。德尔布吕克给爱因斯坦竖起了一面镜子，想让他看看他在年轻一代眼里都是怎样的形象。但是爱因斯坦没有朝镜子里看。他没有坐在

---

[1]　道布尔迪出版社（Doubleday），1966 年；多佛出版社（Dover），1985 年。

观众席里。

宾夕法尼亚大学的物理学与天文学教授吉诺·塞格雷（Gino Segrè），在他的《哥本哈根的浮士德：为物理学的灵魂而斗争》[1]这本书中，以1932年哥本哈根这场演出，作为核心场景。此书描绘的是量子革命的历史，它始于马克斯·普朗克（Max Planck）在1900年的一个大胆提议。普朗克认为，光和热的辐射都是以被他称作量子（quanta）的小包形式发射出去的，每个量子的能量与辐射的频率成正比。1905年，这场革命的力量逐渐增强，因为当时爱因斯坦将光描述为由小的量子粒子组成，它们不仅在辐射时，而且还在从一个地方传到另一个地方时，都保持独立的存在。接下来，在1913年出现了一个大跨越——玻尔将原子描述为一个微小的太阳系，电子围绕原子核在轨道上运行，就像行星围绕太阳作轨道运行，轨道上能量的大小是由量子状态约束的离散值。从1900年到1923年这些年里，物理学家们都像是患了精神分裂症。他们受的教育让他们相信，经典物理学的定律可以解释一切；但是，新的量子效应却为实验所证实，而且显然跟经典的定律不一致。

1923年，法国物理学家德布罗意（Louis de Broglie）提出，应该完全抛弃经典的定律，并用波来表示一切实际的物体，于是真正的量子革命就爆发了。奥地利人薛定谔（Erwin Schrödinger）找到了一种波方程，将德布罗意关于物质波的思想，变成了一种能自圆其说的理论。从1925年到1928年的这几年，是"男孩物

---

[1] 《哥本哈根的浮士德：为物理学的灵魂而斗争》（*Faust in Copenhagen: A Struggle for the Soul of Physics*），维京出版社（Viking），2007年。

理学"(Knabenphysik)时期。量子力学方面的极端新思想，从一些 25 岁男孩的头脑中层出不穷地涌现出来，海森堡、泡利和狄拉克表现尤其突出；而老一辈的人，包括玻尔、爱因斯坦、薛定谔和埃伦费斯特，都努力想跟上他们的步伐。

到 1932 年恶搞版《浮士德》上演时，这场革命已经结束。量子力学牢固地建立了起来。一向毫不含糊的狄拉克，在 1929 年宣告了革命的终结："如此一来，大部分物理学和整个化学的数学理论，所必需的底层物理定律，就完全为人类所知了。"德尔布吕克这个剧本的主题之一，就是这样一个事实：在 1925 年发明了量子力学的天才男孩们，到 1932 年时已经老朽了。在这个戏剧的末尾，狄拉克发出了另一通毫不含糊的宣告：

……年华老去恰似感冒发烧

每位物理学家都在劫难逃！

一旦哪位年过三十

干脆就当他已经死翘翘！

海森堡在狄拉克的哀叹上又加了更激烈的一句："最好让他们早死早超生。"最后，在现实生活中从来不输人半句的泡利，以一句悲伤的自白结束了全剧："泡利已无话可说！"

戏演完了，泡利客串梅菲斯特的任务也结束了。德尔布吕克对他 25 岁的观众朋友们宣布：坐在前排的那些已年届 30 的少年得志者正在退出历史舞台，现在轮到 25 岁的年轻人接过革命领导权的时候了。到剧终时，很清楚的一点是，德尔布吕克最尖锐的讽刺不是针对埃伦费斯特，而是针对那些年过 30 的天才人物，因为他们已经过早地变成了元老。

塞格雷那本书的副标题将哥本哈根这场演出，叫作"为物理学的灵魂而斗争"。但是不管是对这场演出，还是对这本书，这个副标题都概括得不够准确。这场表演与物理学几乎没什么关系。它表现的是一群合作多年并取得了惊人成功的杰出人士。这场表演庆祝他们成功的方式是，将它改编成一场喜剧，使用歌德式的浮华语言，拿他们个人的癖性开涮。这是通过德尔布吕克的诙谐，以哈哈镜的形式映照出的群生相。它对量子革命进行了生动的描述，其中点缀着来自歌德和德尔布吕克的提炼，为这种描述增添了一些个人色彩。只是在剧终时出现了一段简短的剧情，描述了 10 年后开始为物理学的灵魂而进行的斗争，但那与量子革命已没什么关系。

为物理学的灵魂所进行的斗争有两场。一场始于"二战"时，人们将物理学应用于规模巨大的核武器研制。另一场始于战后，由大群科学家和工程师操纵的大型粒子加速器，在物理学中日益占据主导地位。德尔布吕克和其他人，在 1932 年时都没有预见到这两场斗争。1932 年时，物理学家们的主要忧虑是，他们也许会有无法产生新思想的危险。他们没有担心会被军方或重工业接管。他们没有担心会失去灵魂。德尔布吕克将浮士德视作方便进行文学引用的一个源泉，而不是物理学家们的一个道德困境。物理学家研究原子能，是在与魔鬼进行浮士德式的交易，这种想法后来才出现，那是在 1938 年发现原子核裂变之后。1939 年，海森堡在柏林最早进行了这种交易，后来在 1943 年，玻尔和许多其他人在洛斯·阿拉莫斯（Los Alamos）也进行了这种交易。海森堡和玻尔都没有为他们所做的交易表示过后悔。他们两人都坚信，核能有望为全人类谋福利。

这本书提出的一个主要问题是，20 世纪 20 年代的量子革命在科学史上，是一个独特的事件，还是有可能会在以后重复出现的事件。经历过那个年代的物理学家大多相信，他们在有生之年会看到它重现。他们亲历的危机对他们产生了刻骨铭心的影响，以至于他们都不容易回归没那么有冒险精神的思考方式。在他们眼中，量子革命还没有完成，还有许多重要的未解之谜。他们无法放弃希望，以为有可能通过新思想的第二轮大爆发，解决余下的谜团。

第一次革命的许多领袖人物，比如爱因斯坦，纷纷将余生投入各种极端思想的追求，却毫无结果。他们人人都设想，自己的个人见解有可能成为开启第二次革命大门的钥匙。他们的极端思想互不相同，但是都有一个共同点——缺乏实验支持。第一次革命受到原子物理学中大量实验的指引和检验。后来的极端思想不仅没有经过检验，而且是无法检验的。他们做出的预测都不够精确，无法证明是对是错。爱因斯坦的思想是统一场论，想将经典电磁理论的方程和引力方程结合在一起。海森堡的思想是非线性量子场论，他引起了广泛的关注，但是也没有取得多大的成功。甚至是这群人中最稳健的狄拉克，也花了数年时间，研究一种有些疯狂的量子力学——它允许概率大于 1 或小于 0。所有这些努力最终都归于失败，第二次革命并没有出现。

老一辈的"革命家"中，唯一没有耽于二次革命幻想的是玻尔。他直到生命终止时，仍在积极支持和鼓励后来的几代年轻科学家。他没有像爱因斯坦一样，回到象牙塔中按自己的想法闭门造车。当我还是普林斯顿高等研究院的青年科学家时，我有机会亲眼看到了玻尔和爱因斯坦的不同风格。20 世纪 50 年代初，玻尔和一群年轻的客座科学家一起，来到了高等研究院。他出席我们的研讨会，并参加了我们的辩论。他对我们所做的一切都兴趣盎然。他很高兴看到粒子物理学，随着出人意料的粒子和相互作用力的不断发现，而日益展露真容。他坚信，20 世纪 20 年代的量子革命，为理解这些新发现，打下了坚实的基础。他不觉得有必要进行第二次革命。

与此同时，爱因斯坦在附近一间办公室里孤军奋战，尝试一组又一组的统一场论方程。他从来不出席我们的研讨会，对我们的活动也从来没有表现出丝毫兴趣。对我们和玻尔而言，物理学的核心问题是理解和解释新粒子。对爱因斯坦而言，这些新粒子一点意思都没有。他不允许它们分散自己的注意力，让自己偏离既定的轨道。在他的方程之中，它们一次都没有出现过。

爱因斯坦和玻尔继续沿着不同的道路前进。爱因斯坦为一种神圣的不满足感驱动，这让他拒不接受第一次量子革命，并努力从纯思维中开创第二次革命。玻尔受到第一次革命成功的自豪感驱动，这让他继续探索原子核与粒子物理学的细节，并享受着与共事的几代年轻物理学家的友谊。年轻的几代人面临着两种选择。他们是应该追随玻尔，并满足于终生在已确立的物理学领域里，开展坚实而无革命性的研究呢？还是应该追随爱因斯坦，将生命投入一次孤独的尝试，去发起一次没有实验指导的新革命呢？他们陷入了两难的境地，被迫在两条道路中选择一条，其中一条通往保守的平庸，另一条通往激进的不相干。那时的物理学就像一个陷阱，因为第一次革命已经发生，尝试另一次革命的唯一途径是，跃进纯属推测的多维空间。

德尔布吕克和伽莫夫——哥本哈根版《浮士德》的两个先驱——找到了逃出陷阱的办法。他们逃脱的方式是，从物理学领域转到其他还没有发生革命性变化的领域。在其他一些领域，革命是早该发生了，因此有可能引发一场革命，同时又不失去与现实的接触。完全有可能同时是激进的，又是与现实密切相关的。伽莫夫从物理学转入了宇宙学，德尔布吕克从物理学转入了生物学，二者都引发了革命。

伽莫夫通过引入大爆炸理论——它认为宇宙的膨胀始于一次火热的大爆炸——引发了宇宙学的一场革命。他提出，早期的宇宙是由粒子和辐射组成的一个炽热浓稠的混合体，极具爆炸性；他的理论是可以验证的，因为现在还能检测到早期高温辐射的残留物。他预测，一个均匀的微波辐射之海，至今仍然遍布宇宙；从宇宙还是个不透明的原始火球算起，波长的增加和温度的降低已达千倍这个量级。按照他的理论，微波背景辐射的强度，应该刚刚够灵敏的射电望远镜能检测到的水平。在伽莫夫去世前三年，亚诺·彭齐亚斯（Arno Penzias）和罗伯特·威尔逊（Robert Wilson）发现了宇宙微波辐射；于是热大爆炸宇宙学，作为早期宇宙的真实图景，得到了广泛接受。

德尔布吕克通过选择噬菌体（bacteriophage）——一种感染细菌的简单病毒——作为深入研究的对象，引发了生物学的一场革命。他注意到，物理学中的革命之所以取得成功，很大程度上是因为选择了氢原子作为研究对象。氢原子是最简单的原子——由一个质子和一个电子组成，具有最简单的行为规则。它的行为特性足够简单，可以在理论出现时，用来精确地对比理论与实验结果。于是，德尔布吕克就选择噬菌体作为生物学中的"氢原子"。它是最简单的已知生命形态，因而也最可能被弄明白。

详细研究噬菌体，是最有希望理解生命的方式。先是在柏林，然后是在美国的范德比尔特大学（Vanderbilt University）和加州理工学院，德尔布吕克组织了一群年轻的科学家——他称之为噬菌体小组。他们同时用物理学工具和生物学工具，对噬菌体开展研究。结果证明，噬菌体是个明智的选择，成了解开部分（而非全部）生命之谜的关键。生命有两大主要功能：新陈代谢和复制。新陈代谢是一组相互关联的复杂化学过程，可以让活细胞在一个可变的环境中保持完好。复制是一个简单得多的化学拷贝过程，可以让母细胞自我复制，并产生两个子细胞。噬菌体是最简单的生物，因为它只有复制机制，而没有新陈代谢机制。它是一种纯粹的寄生虫，在细菌体内进行自我复制，并借用细菌的代谢装置完成本身缺失的新陈代谢功能。噬菌体让德尔布吕克可以阐明复制的基本规则，而不需要牵涉代谢的复杂过程。事实上，噬菌体正如他刚开始假设的那样，可以很好地替代氢原子。

玻尔理解的量子力学，是基于一种被他称作互补性（complementarity）的哲学原理。对自然界的两种描述，如果都是正确的，却又不能同时出现在一个实验中，就可以说它们是互补的。在量子力学中，电子或光子的波描述和粒子描述是互补的。

当你用衍射光栅反射的电子或光做试验，观察衍射波时，你看到的是波描述图景。当你用电子计数器对电子或光子一个个地进行计数时，你看到的是粒子描述图景。如今，量子力学的互补性已是一个确定无疑的事实。但是，在1932年，玻尔提出将互补性的思想拓展到生物学领域，认为将生物描述为有机体，与将它描述成一个分子集合也是互补的。在这个场景下，互补性意味着任何试图对生物体中每个分子进行精确观察和局部化的做法，都会导致有机体的死亡。将生物看作一个有机体的整体性观点（holistic view），以及将它看作一个分子集合的还原论观点（reductionist view），都是正确的，但相互排斥。玻尔强烈地相信互补性原则适用于对生命的理解。德尔布吕克在决定转入生物学领域时，也对此深信不疑。

历史具有反讽意味的一个方面是，德尔布吕克选择了研究噬菌体，这也许是唯一一种足够简单的有机体，可以在不牵涉互补性的情况下进行描述。噬菌体的生命是纯粹的复制，而没有新陈代谢。复制这个化学过程，可以完全用弗朗西斯·克里克（Francis Crick）和詹姆斯·沃森（James Watson）在1953年发现的DNA分子双螺旋结构来解释。当克里克和沃森发现了双螺旋时，他们大声宣布，发现了生命的根本秘密。这项发现让德尔布吕克感到失望。它似乎让互补性变得没有必要了。德尔布吕克说，这好比是氢原子的行为特性，在不用量子力学的前提下，就被完全解释了。他认识到了这项发现的重要性，但是伤心地得出结论说：它证明玻尔错了。毕竟，通过仔细观察一个分子模型，就可以简单而廉价地解释生命了。互补性这个更高深的思想，在生物学中没有了立足之地。

塞格雷赞同这种判断。他教条地说："玻尔的假设具有挑衅性——他原本就想这样，但是最终被证明是错误的。解释了生命的是 DNA 和 RNA，而不是互补性。"在 20 世纪中叶，大多数科学家都这样认定。玻尔与爱因斯坦之间关于互补性的历史性辩论结束了。玻尔在物理学领域获胜了。爱因斯坦在生物学领域获胜了。

如今，在 50 年后，塞格雷的观点得到了物理学家们的广泛认同，但是在生物学家中却没有那么大的市场。我强烈反对这种观点。在我看来，双螺旋太过于简单，不可能是生命的秘密所在。如果 DNA 是生命的秘密，那我们早就能治愈癌症了。双螺旋解释了复制，但是没有解释新陈代谢。德尔布吕克选择研究噬菌体，是因为它体现了没有代谢的复制；克里克和沃森选择 DNA 也是出于同样的理由。复制过程很明晰，而代谢过程很模糊。通过将模糊排除在外，他们也将生命的本质排除在外了。人类和其他生物的基因组图谱已经被完全绘制出来，复制的过程已经得到了完全的探索，但是新陈代谢过程的神秘之处却依然神秘。

噬菌体仍然是唯一一种行为特性足够简单、可以被完全理解和预测的生物。为了理解从果蝇到人类的其他类型的生物，我们还需要对新陈代谢过程有深入的了解。理解新陈代谢过程也许是下个世纪生物学的主题。我已经讨论过生物学家卡尔·沃斯（Carl Woese）写的一篇有创意的论文《新世纪的一种新生物学》[1]，它指出了下一次革命的方向。沃斯的新生物学基于如下思想：生物是一

[1] 参看本书第一章。

种动态的组织模式，置身于流经它的化学物质与能量的溪流之中。组织模式不断地形成，和自我改进。如果我们试图对流经一个有机体的每个分子进行观察和局部化，我们可能会破坏构成代谢性生命的模式。在沃斯的生命图景中，互补性扮演着核心角色，正如玻尔认为它应该的那样。

与此同时，当沃斯和其他人在辩论生物学的未来时，就物理学的未来所开展的大辩论还在继续。争论仍然是围绕导致玻尔与爱因斯坦发生分歧的那些问题。20世纪20年代的量子理论，以及由此产生的粒子与相互作用力标准模型，有没有给我们提供一个理解自然界的坚实基础？还是说，我们需要另一场革命，来获致更深刻的理解？

理论物理学家现在分成了两大阵营。那些盼望发生另一场革命的人，大多相信它会从一种被称作弦论的宏大数学架构中产生出来。那些满足于上次革命结果的人，大多在研究一些更平庸的课题，比如高温超导和量子计算机。也许可以认为弦论是在1932年哥本哈根物理学互补性辩论中失败的那些人所发起的反击。它是爱因斯坦的继承者对玻尔的继承者进行的复仇。系统生物学的新原理——将生物描述为涌现的动态组织，而不是一个分子集合——是在1953年生物学互补性辩论中失败的那些人所发起的反击。它是玻尔的继承者对爱因斯坦的继承者进行的复仇。

6. 全球变暖问题

在这篇书评的开头，我先来描述一组测量结果，因为它让全球变暖从一个模糊的理论推测，转变成了一门精确观测的科学。

有一张著名的图，显示了大气中二氧化碳含量每一年每一个月的变化情况（见下图）。它给我们提供了最坚实也最准确的证据，表明了人类活动对全球变暖的影响。这张图通常被称作基林图（Keeling graph），因为它反映了查尔斯·戴维·基林（Charles David Keeling）的毕生工作。基林是位于美国加州拉霍亚（La Jolla）的斯克里普斯海洋学研究所（Scripps Institution of Oceanography）的一位教授，对大气中的二氧化碳浓度进行了长达 47 年的测量——从 1958 年一直测到他去世的 2005 年。他设计并制造了可精确进行测量的仪器，在夏威夷主岛上莫纳罗亚（Mauna Loa）活火山靠近顶峰的地方，开始进行他的测量工作。

他之所以选择在这个地方建立观测站，是因为周围的空气远离所有的大陆，没有受到当地的人类活动或植被的污染。在基林去世后，测量仍在继续，显示出二氧化碳浓度连续 50 年都保持了持续增长的势头。这幅图有两个明显而醒目的特征。首先，随

大气中二氧化碳的浓度

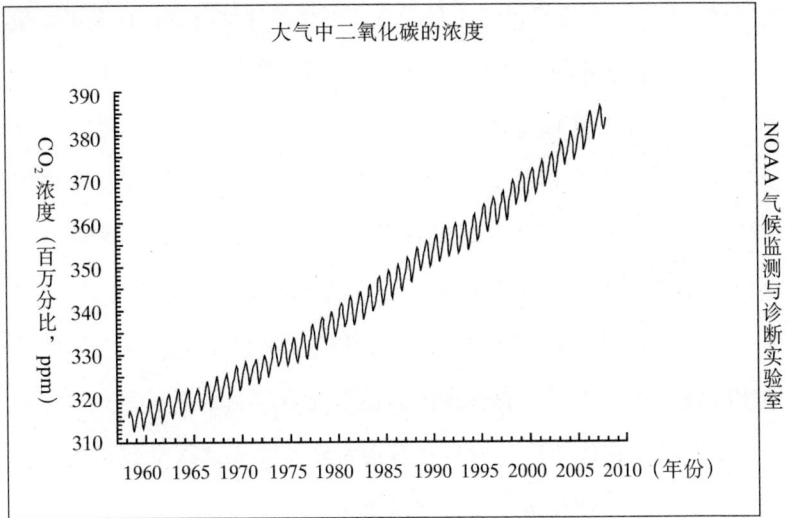

着时间的流逝保持了持续的增长，从 1959 年的 315ppm 增长到了 2008 年的 385ppm。其次，一种有规律的波动表明，二氧化碳浓度以年为单位周期性地变化。每年的最大值出现在北半球的春季，最小值出现在北半球的秋季。最大值和最小值之间的差值约为 6ppm。

基林是一位一丝不苟的观测者。从来没有人对他测量数据的准确性提出过异议，而且许多其他观测者都证实过他的观测结果。在20 世纪 70 年代，他将自己的观测从位于北纬 20° 的莫纳罗亚山，拓展到了不同纬度上的其他八个观测站——从位于南纬 90° 的南极，到北纬 71° 上位于阿拉斯加北极圈内的巴罗角（Point Barrow）。在每一个纬度上，二氧化碳浓度都同样呈现出稳步增长的势头，但是每年波动的幅度随纬度的不同而大不相同。最大的波动出现在巴罗角，此处最大值和最小值之差约为 15ppm。凯尔盖朗岛（Kerguelen）——

太平洋上位于南纬 29° 的一个岛屿 [1]，不存在这种波动。在南极，最大值与最小值之差约为 2ppm，南半球的最大值也出现在春季。

对于这种年度性的波动以及随纬度而发生的变化，唯一说得通的解释是，每年植被的季节性生长与凋零，尤其是南北半球温带地区的落叶林。南北半球的波动不对称，是由于北半球拥有大部分的陆地和大部分的落叶林。这种波动提供了直接的测量，让我们知道，南北半球每年夏季大气中有多少二氧化碳被生长中的植物吸收，每年冬季又有多少因为植被死亡和腐败而返回大气。

正如我们在巴罗角的测量中直接看到的那样，这个数量是巨大的。巴罗角的波动显示，北半球植物净生长每年夏天吸收的二氧化碳，约为高纬度大气中二氧化碳总量的 4%。总吸收肯定比净生长要大，因为植物在夏天还在继续呼吸，而净生长等于总吸收减去呼吸作用的排出。低纬度的热带丛林，也会吸收和呼出大量的二氧化碳，但不会随季节变化太大，因而对每年的波动贡献不大。

当我们将来自波动的证据和地球上植被的分布数据合在一起分析，结果证明大气中的二氧化碳每年约有 8% 被植物吸收，然后返回到大气中。这意味着，大气中二氧化碳分子的平均寿命——在它被植物捕获并在后来释放之前的时间，约为 12 年。二氧化碳在大气和植物间交换迅速这一事实，对于全球变暖的长远未来具有根本性的重要意义，这一点在本文后续内容中会看得很清楚。我评论的这两本书都没有提到这一点。

---

[1] 凯尔盖朗群岛位于南印度洋上，在南纬 49° 左右，面积将近 1 万平方千米，属于法国最远的领地。作者此处也许弄错了。——译注

威廉·诺德豪斯（William Nordhaus）是一位专业经济学家，他的这本《一个平衡的问题：权衡全球变暖政策的几种选项》[1]，讲述了经济学家眼中的全球变暖问题。他关心的不是全球变暖的科学理论，也不是对它可能造成的破坏进行详细的估计。他假设这些科学理论和估计都已经给定，并比较不同对策中经济资源分配的有效性。他的结论大体上是与科学细节无关的。他计算的是总支出、总代价和总收益。所有的计算都是通过运行一个被他称作DICE 的计算机模型得出来的，DICE 是气候与经济动态集成模型（Dynamic Integrated Model of Climate and the Economy）的缩写。

DICE 每次运行的输入，都是关于支出分配的某项特定政策按年的数据。分配的资源被用来补贴一些用于降低二氧化碳排放的昂贵技术——比如，对电厂产生的二氧化碳进行深层的地下封存——或者被用来对产生二氧化碳排放的活动进行征税。DICE 的气候模型部分，计算降低排放在减小破坏方面的作用。DICE 的输出告诉我们世界经济每一年由此获得的收益和蒙受的损失。以2005 年为起始年的每次运行，都会以 2105 年或 2205 年为终止年，给出一幅图，说明某项特定政策在今后 100 年或 200 年中的影响。

经济资源的实际单位是经过通货膨胀调整之后的万亿美元。经过通货膨胀调整之后的 1 美元，是指在未来任何时候，与 2005年时 1 美元的购买力相同的一笔钱。在随后的讨论中，"美元"这个词都是指经过通货膨胀调整之后的美元，也就是说购买力不随

---

[1] 《一个平衡的问题：权衡全球变暖政策的几种选项》（*A Question of Balance: Weighing the Options on Global Warming Policies*），耶鲁大学出版社，2008 年。

时间变化。一项政策与另一项政策之间的输出差通常为几万亿美元，与伊拉克战争的费用相当。这是一场赌注很大的博弈。

诺德豪斯这本书不是写给漫不经心的读者看的。书中到处都是图表，偶尔还会有表明数据间如何关联的方程。图表显示世界经济对不同政策选项做出的反应。要理解这些图表，读者得熟悉财务报表和复利，但是他们不一定要是经济理论方面的专家。会结算支票或填退税表的人，应该都掌握了足够多的数学，能看懂这些数据。

为了方便数学盲和对数值细节不感兴趣的人，诺德豪斯在书前安排了一章不包含数学的内容，其标题是"为关心此事的公民所做的总结"。这个第一章包含了关于他的结论及其实际影响的小结，非常明晰，令人敬佩；这个摘要言简意赅，非常适合忙碌的政客，以及将这些政客选上台的普通民众。他相信对任何旨在应对气候变化的政策而言，最重要的关切应该是设定最有效的"碳排放价格"，他对此的定义是"任何使用化石燃料从而产生二氧化碳排放的人所要支付的市场价或罚款"。他这样写道：

> 要判定一个人是不是真的想解决全球变暖问题很容易，只需看看他或她对"碳排放价格"持什么观点。假设有一位公众人物，在口若悬河地谈论全球变暖的危险，并提议这个国家紧急行动起来，以减缓气候变化。假设这个人提出，要管制汽车的燃烧效率，要求使用节能灯泡，补贴酒精，支持太阳能研究项目——但是一点都没提到要提高碳排放价格。你就应该得出这样的结论：这个提案并不严肃，它没有认识到减缓气候变化的核心经济信息。粗略地说，提高碳排放价格是处理全球变暖

问题的一个充分必要举措。其他一切充其量都是些漂亮话，实际上还有可能有害，会导致经济效率低下。

如果这个章节被广泛传阅，公众对全球变暖问题的理解以及可能对它做出的应对，都会大为改善。

诺德豪斯对 5 种全球变暖政策进行了考察，对每一种都运行了多轮的 DICE。第一种是"通常做法"，不对二氧化碳排放进行限制——在这种情况下，他估计截至 2100 年，对环境的破坏会高达 23 万亿美元左右（按当前的美元算）。第二种是"最优政策"，即诺德豪斯判定为性价比最优的方案——在全球范围内对碳排放进行征税，而且按年进行调整，以便用 DICE 计算出来的总经济收益最大。第三种是京都协议，它从 2005 年开始生效，有 175 个国家参与其中，只对经济发达国家的碳排放设定一个固定的门限。诺德豪斯对不同版本的京都协议进行了测试——有些版本的协议是美国参与其中的，有些是美国没有参与的。

第四种政策被贴上"野心勃勃的"提案的标签，它有两个版本，诺德豪斯分别称之为"斯特恩版"和"戈尔版"。"斯特恩版"是尼古拉斯·斯特恩爵士（Sir Nicholas Stern）在《斯特恩报告》中支持的政策，这是一份由英国政府资助、对全球变暖政策进行经济分析的报告。[1] "斯特恩版"对排放施加了严格的控制，与京都协议的限制类似，但是要强得多。"戈尔版"是阿尔·戈尔

---

[1] 参看尼古拉斯·斯特恩：《气候变化的经济学：斯特恩报告》（*Stern Review: The Economics of Climate Change*），剑桥大学出版社，2007 年。

（Al Gore）支持的政策，它要求大幅度地减少排放，不过是逐渐减少——在 2050 年前减少的量达到当前水平的 90%。第五种也是最后一种政策被称作"低成本逆阻技术"（low-cost backstop），这种政策的基础是假设存在一种低成本的技术，可以从大气中消除二氧化碳，或者以没有二氧化碳排放的方式产生能量，并假定可以在未来某个特定的日子用上这样一种技术。按诺德豪斯的说法，这种技术也许包括"低成本的太阳能、地热、某种非侵入式的气候工程，或以基因工程制造出来的能消耗碳的树木"。

因为输入 DICE 的每项政策都只能运行 100 年或 200 年，其经济效率必须用整个运行期间的累积收益或损失总量来度量。于是，政策制定者面临的最关键问题是，如何将当前的收益与损失跟未来 100 年的收益与损失进行比较。正因为这个缘故，诺德豪斯才选择了"一个平衡的问题"来作为他的书名。如果我们在 2010 年投入 1 美元用于降低排放，2110 年可以在气候变化所造成的破坏方面节省 M 美元，那么 M 必须有多大，投入才是划算的呢？或者，按经济学家的说法，目前在减少排放方面投入资金，未来气候变化所造成的破坏，会在多大程度上减少或"折扣"呢。

经济学家对这个问题给出的常规答案是，M 必须大于这样一个数值——在 2010 年将 1 美元投入世界经济 100 年，按平均复利的利率计算，在 2110 年期望获得的回报。比如说，将 1 美元投入平均利率为 4% 的市场，投资期为 100 年，最后的价值为 54 美元——这就是 1 美元在 100 年之后的未来价值。因此，对于抗击全球变暖问题的任何一个特定策略，花在它上面的每 1 美元，都必须在 100 年时间里，减少由变暖造成的破坏达 54 美元以上，才算对社会产生了正面的经济效益。如果某项对碳排放的征税策略，每投入 1 美元获得的回报只有 44 美元，那么采取这项策略的收益就抵不上开销的成本。如果每投入 1 美元，这项策略可获得 64 美元的回报，那么优势就很明显。接下来的问题是，在产生超过当前成本的长期收益方面，处理全球变暖问题的不同策略有多成功。计算累计收益和成本时，对遥远未来的数据应该大打折扣。

对于任何制订长期规划的人而言，最重要的决定是选择未来的折扣率。折扣率是指，随着时间前推，未来 1 美元按当前的价值所遭受的假想年损失百分比。DICE 程序允许你任意设置折扣率，但是诺德豪斯显示的结果只考虑了 4% 的折扣率。此处，他遵照的是经济学家的常规做法。4% 是个保守的数字，其依据是过去经济形势时好时坏的经验。诺德豪斯将他的判断建立在如下假设的基础之上：在接下来的 100 年中，世界经济也会经历停滞与繁荣的交替，总的平均增长率会继续保持我们在 20 世纪所经历的同样增速。未来的成本要打折扣，因为未来的世界会更富有，支付能力会更强。未来的收益要打折扣，因为它们在未来财富中所占比重会日益减小。

当未来的成本和收益都以每年 4% 的速率进行折扣，一项气候政策在整个未来的累积成本和收益就是有限的。100 年之后的成本和收益对计算累计值就不会有多大的影响。于是，诺德豪斯就将收益减去成本在整个未来的累积值，作为一项政策净价值的度量。他使用由 DICE 世界经济模型计算出的单个数字，作为在政策之间进行优劣比较的标准。用单个数字来表示一项政策的价值，对现实世界是太过于简化了，但是它有助于我们将注意力集中在政策间最重要的差别之上。

不同政策用 DICE 模型计算出来的净价值如下。这些价值都是跟没有排放控制的"通常做法"模型进行比较之后的差值。正数值意味着这项政策比"通常做法"好，即气候变化破坏的减少程度，超过了控制的成本。负数值意味着这项政策比"通常做法"差，即成本超过了破坏的减少。价值的单位都是万亿美元，并且四舍五入到了最近的整数值。最优方案的净价值是 +3，即全球碳征税随时间逐渐提高时，收益约为 3 万亿美元。京都协议，在有美国参与的情况下，价值为 +1；在没有美国参与的情况下，价值为 0。"斯特恩版"政策的价值是 −15，"戈尔版"政策的价值是 −21，而"低成本逆阻技术"政策的价值是 +17。

这些数值意味着什么？1 万亿美元是个很难设想的单位。可将它设想为美国人口中每个男人、女人和孩子各获得 3000 美元，这样更容易理解一些。它相当于印度或巴西一年的国民生产总值。对世界经济而言，增加或减少 1 万亿美元，会产生显著的影响，但是不会产生压倒性的影响。增加或减少 10 万亿美元，才会产生后果难以预料的重大影响。

诺德豪斯分析的主要结论是野心勃勃的提案——"斯特恩版"和"戈尔版"政策代价高昂，近乎灾难；"低成本逆阻技术"政策如果能够实现，有巨大的优势；而其他一些政策，包括"通常做法"和京都协议，都只比最优政策差一点点。全球变暖政策的实际效果是，按优先次序排列，我们应该追求以下目标：(1) 避免野心勃勃的提案；(2) 开发低成本逆阻的科学技术；(3) 在低成本逆阻方案失败时，进行国际协议的谈判，要尽可能接近最优政策；(4) 避免达成让京都协议政策永久化的国际协议。从经济方面来看，这些目标都是有效的，而与全球变暖的科学细节无关。

诺德豪斯和斯特恩在哲学方面存在着根本的差别。诺德豪斯在该书的第 9 章解释了这种差别，并解释了为何斯特恩会支持一项被诺德豪斯认为是灾难性的政策。斯特恩拒绝在与当前成本和收益对比时，对未来的成本和收益进行折扣。诺德豪斯遵循经济学家和商业执行官们的惯例，认为要在当下与未来之间达成任何合理的平衡，就必须考虑折扣。在斯特恩看来，折扣是不道德的，因为它在现在这一代和未来世代之间分出了彼此。也就是说，斯特恩相信折扣会对未来世代施加过重的负担。在诺德豪斯看来，折扣是公平的，因为这一代省下 1 美元，到 100 年之后的子孙后代手里就变成了 54 美元。

斯特恩政策的实际效果是，减缓中国当前的经济增速，以减少 100 年后气候变化所产生的破坏。几代中国人都得受贫困之苦，换来他们的后代略微富有一点。据诺德豪斯说，减缓增速最终让中国付出的代价会远远高于气候变化的破坏。针对引发了众多讨论的一种说法——到 21 世纪末之前，海平面上升可能造成灾难性的影响——他只是说："在近期之内，气候变化不太可能是灾难性的，但是从长远来看，它有造成严重破坏的潜力。"中国政府坚决反对斯特恩哲学，而英国政府则热烈地支持它。据诺德豪斯说，斯特恩报告"占据着世界社会规划者的制高点，也许是想要为风光不再的大英帝国招魂"。

诺德豪斯这本书的主要不足之处在于，他没有讨论"低成本逆阻技术"的细节，而它有可能提供一种比他的最优政策还要有利可图得多的气候政策。他之所以避免这个主题，是因为他是一位经济学家，而不是科学家。他不想质疑政府间气候变化专门委员会（Intergovernmental Panel on Climate Change，IPCC）——联合国官方指派的一个百人科学家小组，专事为各国政府提供科学建议——所做的声明。IPCC 认为气候变化的科学问题已经解决，他们不相信低成本逆阻技术。关于低成本逆阻技术的候选方案，诺德豪斯在我前面引用的句子中提到了——比如，"低成本太阳能"——但是他没有多说。他写道："目前还不存在这种技术，我们只能推测它的存在。"在他的图表中，"低成本逆阻技术"政策被显示为一个没有任何细节的抽象可能性。没有在任何地方将它作为气候变化问题的实用解决方案，予以强调。

这里，我要回过头来再说说基林图，它显示出大气和植物之间具有很强的关联性。图中的波动表明大气中的每个二氧化碳分子，都会在一个量级为 12 年的时间里，进入植物体内。因此，如果我们能够控制植物对碳的处置方法，大气中碳的命运就会在我们的掌握之中。诺德豪斯在提到"以基因工程制造出来的能消耗碳的树木"，作为全球变暖的一种低成本逆阻技术时，就是要表达这样一个意思。基因工程的科技还不够成熟，无法大规模应用。对于基因的语言，我们还没有理解得特别好，不能流利地进行读写。但是科学发展迅猛，读写基因的技术发展更快。我认为，我们在 20 年之内有可能会拥有"以基因工程制造出来的能消耗碳的树木"，在 50 年之内几乎可以肯定会拥有。

能消耗碳的树木可以将它们从大气中吸收来的碳，转化成某种在化学上比较稳定的形式，并将其埋入地下。它们还有可能将碳转化成液体燃料或其他有用的化学物质。生物技术极其强大，能够将它捕获的二氧化碳进行填埋或转化。基林图中的波动证明，大气中很大一部分的二氧化碳每过 10 年就会被生物技术捕获。如果全世界的森林有四分之一能得到重新种植，改为同品种树木的能消耗碳的变种，那么既可保护作为生态资源和野生动物栖息地的森林，又可以在 50 年内将大气中二氧化碳的浓度降低一半。

在 21 世纪下半叶，生物技术有可能在我们的生活与经济活动中占据主导地位，就像计算机技术在 20 世纪下半叶主导了我们的生活与经济一样。生物技术可以成为一种伟大的均衡机制，让财富分布到全世界范围里有土地、空气和阳光的所有地方。这与当前进行的某些误导性工作无关，这些工作降低碳排放的方式是，种植玉米并将它转化成乙醇燃料。乙醇项目没能降低排放，却无意中伤害到了全世界的穷人，因为它抬高了粮食的价格。在我们掌握了生物技术之后，气候游戏的规则将会发生根本性变化。在一个基于生物技术的世界经济中，某种低成本的、对环境有益的碳排放逆阻技术是有可能变成现实的。

《全球变暖：京都协议以外的视角》[1] 记录的是耶鲁全球化研究中心在 2005 年召开的一次会议。该书的编辑者是耶鲁中心主任欧内斯托·塞迪略（Ernesto Zedillo），他在 1994 年至 2000 年担任墨西哥总统，也是本次会议的主席。此书包括塞迪略写的一篇导论，以及大会演讲者撰写的 14 个章节。诺德豪斯是演讲者之一，他撰写的是《京都协议的经济分析：在京都协议实施之后还存在生

---

[1] 耶鲁全球化研究中心、布鲁金斯研究所出版，2008 年。

命吗？》，对京都协议提出了比他那本书更尖锐的批评。

与诺德豪斯那本书相比，塞迪略这本书涵盖了广泛得多的主题和观点，面向的读者群体也更大。书中包括了 MIT 环境科学系教授理查德·林德森（Richard Lindzen）写的《全球变暖警报是建立在事实基础上的吗？》，它给出的答案是一个响当当的"不"。林德森并不否认存在全球变暖问题，但是认为那些对其有害影响所进行的预测是被严重夸大了的。他这样写道：

> 实际观测表明，真实气候的敏感度比计算机模型得出来的要低得多，因为这些模型的敏感度取决于一些明显歪曲了的过程。

德国波茨坦大学物理学与海洋学教授斯蒂芬·拉姆斯多夫（Stefan Rahmstorf），在接下来的一章——《人类活动引发的气候变化：对事实的再审视》，对林德森的问题进行了答复。拉姆斯多夫用一句话概括了自己对林德森论证的看法："所有这一切似乎与我所知道的气候科学共同体完全不沾边，坦率地讲，它根本就是荒唐可笑的。"这两章内容让气候科学在读者心目中留下了可悲的印象。拉姆斯多夫代表了大多数的科学家，他们狂热地相信，全球变暖会产生巨大的危险。林德森代表了持怀疑态度的少数人。他们之间的对话是自说自话。多数派对少数派表示了公开的鄙视。

科学史上经常出现的情况是，多数派是错误的，并且不肯听后来被证明正确的少数派所发表的意见。现在出现的有可能是这样的情况，也有可能不是。诺德豪斯的经济分析的价值在于，不管多数派观点正确与否，它都是有效的。诺德豪斯的最优政策将两种可能性都考虑在内了。塞迪略的导论依次对各位撰稿人的观点进行了概括。他保持了大会主席所应保持的中立立场，为拉姆斯多夫和林德森留出了同样大的篇幅。他只在一个放在括号中的简短句子中透露出了自己的观点："气候变化也许不是世界上最紧迫的问题（我确信它不是），但仍然有可能证明它是世界有史以来所面临的最复杂的挑战。"

塞迪略这本书最后 5 章的作者来自 5 个最关心全球变暖政治的国家：俄罗斯、英国、加拿大、印度和中国。这 5 位作者都是负责对各自所在国的政府提出技术建议的专家，他们分别对我们重申了各自政府的政策。英国政府的发言人霍华德·道尔顿（Howard Dalton）是最教条的。他最后一段话是这样开头的：

> 英国坚定地认为，气候变化对环境和人类社会构成了巨大的威胁；现在需要在世界范围内采取紧急行动，来防止这种威胁；发达国家在处理气候变化方面，应该发挥领导作用。

英国已经下定决心，准备采取的方法是，对任何不同意政府政策的人将不予理会。英国皇家学会（在英国的地位相当于美国的国家科学院）也采用了这种教条的论调。英国皇家学会最近发行了一本面向普通大众的小册子，标题是《关于气候变化的争论：一份简单的指南》。这个小册子说：

> 对于那些意图扭曲和损害气候变化科学，并否认全球变暖

> 潜在后果之严重性的人，所提出的每一个有争议性的问题，本
> 书无意一一做出答复。

换句话说，如果你不同意多数派关于全球变暖问题的观点，你就是科学的敌人。这本小册子的作者们看来是忘记了英国皇家学会的古老院训——"Nullius in Verba"，它的意思是"谁的话都不是盖棺定论，别照单全收"。

我看到过的关于全球变暖的科学与经济学著作，包括本文评论的这两本，都不得要领。这个要领是宗教方面的，而不是科学方面的。现在有一种我们可称之为环保主义的世俗宗教，主张我们是地球的管家婆，用我们的奢侈生活所产生的废物去污损地球是一种罪过，正确的道路是尽可能生活得俭朴。环保主义的道德观通过全世界范围的幼儿园、学校和大学，正在灌输给孩子们。

环保主义已经取代社会主义，成了主要的世俗宗教。环保主义的道德观在本质上是好的。科学家和经济学家都赞同佛教僧侣与基督教活动家：对自然栖息地进行野蛮的破坏是罪恶的，用心保护鸟类和蝴蝶是好事。世界范围的环保主义者共同体——他们中多数不是科学家——占据着道德高地，正在将人类社会导向一个充满希望的未来。作为一种宣扬希望、尊重大自然的宗教，环保主义将长存。这是一种我们都信奉的宗教，与是否相信全球变暖有害无关。

不幸的是，某些环保运动的成员，已经将"全球变暖是我们地球生态最大的威胁"当成了一种不容置疑的信条。关于全球变暖的争论之所以变得越发火爆和尖刻，唯一的原因就在于此。许

多民众已经相信，任何怀疑全球变暖威胁性的人，都是环境的敌人。怀疑人士目前面临的艰巨任务是，说服民众其反面才是正确的。许多怀疑人士都是充满激情的环保主义者。他们大惊失色地发现，执迷于全球变暖问题，已经将民众的注意力转移，不再关注他们觉得更严重更急迫的危险，包括核武器、环境恶化和社会不公正等问题。不管这些怀疑人士是否正确，他们的观点都值得我们听听。

2014 年添加的补注：

这篇书评激发了一大批来信和回信，其数量过于巨大，难以在此进行概述。其中最有帮助的是与梅勋爵（Lord May）的书信往来；他是英国最有影响力的科学家之一，曾担任过英国政府的首席科学顾问（1995—2000 年）和英国皇家学会会长（2000—2005 年）。下面的内容摘自他的来信与我的回信：

梅勋爵：这篇文章开始时以一贯明晰而优雅的笔调，解说了植物每年吸入的二氧化碳，以及后来由呼吸或腐败而重新排出的二氧化碳。戴森由此得出结论说："大气中二氧化碳分子的平均寿命……约为 12 年。"戴森正确地强调了这样一个时间尺度，对全球变暖问题的讨论具有根本性的意义。但是，不幸的是，对大气中二氧化碳分子典型"驻留时间"的估计，涉及多种复杂因素的交互作用，由此导致的结果是，尽管新加入的二氧化碳几乎有一半只在大气中停留一二十年，大约三分之一会停留一个世纪以上，整整五分之一会停留上千年……因此，这样一个分子的驻留时间通常要以一个世纪来刻画。

12 年与 100 年之间的差别，可不是为了卖弄学问的小差别。要证明尽管全球变暖真正严重的后果也许会出现在几十年以后，但是现在就得采取紧急措施的一个重要依据是：我们现在排放到大气中的二氧化碳，将在那里待上很长一段时间，持续增厚温室气体的包裹。

戴森：梅勋爵和我在好几方面的看法存在分歧，但仍然保持着友好的关系。不过，我们的分歧之一不是观点方面的，而是计算方面的。他认为，大气中二氧化碳分子的驻留时间是一个世纪左右，我认为是 12 年左右。

这种不一致很容易解决。我们谈论的是驻留时间的不同含义。我谈论的是无替换的驻留时间。我的驻留时间是大气中一个二氧化碳分子被一棵植物吸收前停留的平均时间。他谈论的是有替换的驻留。他的驻留时间是像通常出现的那样，当一个被吸收的二氧化碳分子，被另一棵植物排出的另一个分子替代时，这个分子及其替代者在大气中停留的平均时间……在我的书评中，我讨论的是使用能消耗碳的植物，从大气中吸走二氧化碳……因为我讨论的是这些能消耗碳的植物所产生的作用，我所使用的这种无替换的短驻留时间是正确的，而在这种情况下，他所使用的有替换的长驻留时间是错误的。

7. 为加拉帕戈斯群岛而抗争

在我们 2008 年 5 月这次加拉帕戈斯群岛之旅中，最具戏剧性的时刻出现在最后那天。我和妻子在"正义"号游轮的甲板上，正倚着围栏，观看一头虎鲸——它游近我们的游轮，几乎跑到了我们的船底下。这时，就在虎鲸的前方，出现了一只大海龟。这不是加拉帕戈斯群岛上那种著名的巨龟，但同样巨大。这种海龟的雌性会爬到群岛上，在海滩的沙子里产卵。

那天早些时候，我妻子带着水下呼吸管，在海里游泳时，也碰到过这只海龟。我们从船上看到这只海龟之后不到片刻，那头虎鲸就猛冲过去，咬碎了龟壳，好像那不过是馅饼脆皮一样。海水顿时变得通红，不知从哪飞来了 50 来只军舰鸟，啄食较大块的海龟碎片。在军舰鸟享用完之后，又飞来了成群的小鸟，啄食较小块的龟肉。海水中的血色很快变淡了。不到一分钟，战斗就宣告结束了。这一幕跟电视上的国家地理节目很像，只不过是实实在在发生在我们眼前的。

也许我们也是造成这只海龟被捕食的原因之一，因为这只海龟和那头虎鲸都是我们的游轮吸引过来的。要是我们没有前来扰乱这只海龟的正常生活节奏，它现在也许还完好无损，并已成为一窝新孵化小海龟的母亲。但是，就算没有游轮和游客，在未受干扰的大自然中，这种死亡也不罕见。我们都见识过大自然在日常运作中，会如何公正无私地保持着捕食者和被捕食者之间的平衡。只有在我们眼里，大自然才显得美丽而残酷。

《加拉帕戈斯：一座改变世界的群岛》[1]是一本"四合一"的书。它首先是一本图画书，其次是一本导游书，再次是一本历史书，最后还是一个政治宣言。我将依次描述该书的四个方面，然后对它们所传达的消息进行一番反思。作为一本图画书，它展示了许多关于这座群岛及其非人类居民的壮丽照片，都是途易·德·罗伊（Tui De Roy）和其他摄影师历时多年拍摄而成的。德·罗伊是一位专业摄影师，她两岁时就随家人来到了这座群岛，并在这里度过了大部分的人生。书中大约有 50 幅照片是她拍摄的，包括一幅达尔文地雀（Darwin's finch）的合影和一幅蓝脚鲣鸟（blue-footed booby）的合影。

达尔文地雀是一种貌不惊人的小鸟；达尔文在 1835 年访问这座群岛时，对它们进行了观察。它们后来为他的物种起源理论提供了关键证据。蓝脚鲣鸟是一种大型的海鸟，它们长着亮蓝色的脚蹼，在群岛上四处走动。关于历史古迹，世界各地都存在两种相互竞争的文化：一种文化主张保护，一种文化主张开发；而这两幅照片为此提供了具体的实例。学者和科学家试图保护古迹，而当地的企业家试图对它们进行开发利用。对专业生物学家和科学

---

[1] 保罗·斯图尔特（Paul Stewart）等著，耶鲁大学出版社，2007 年。

史家，加拉帕戈斯群岛上最有吸引的东西是达尔文地雀；而对旅游品商店卖家，最有吸引的东西是蓝脚鲣鸟。

　　书中的其他照片是丹尼尔·菲特（Daniel Fitter）——我们在圣克鲁兹岛上的导游——拍摄的。所有进入这座国家公园的游客，都必须由一位有资质的导游陪同。他和我们一起走进农田，寻找巨龟——它们选择舒舒服服地生活在人类定居者看得到的这一小片经过灌溉的土地上，而不是在环境更严峻的国家公园里。菲特的照片中有一张展示的是，一座名叫大达芙妮岛（Daphne Major）的小岛，在巨大的天空背景映衬下的剪影。大达芙妮岛之所以出名，是因为它是彼得和罗斯玛丽·格兰特夫妇（Peter and Rosemary Grant）的工作场所；在长达 20 年的时间里，他们每年都要在那露营几个月，不辞劳苦地研究鸟类，同时抚养两个女儿。

　　这个岛很小，鸟类也足够驯服，因此他们可以逮到生活在那里的每一只地雀，给它们系上标签，并记录它们各自的生活历程——从孵化到求偶到生养下一代再到死亡。他们测量了每一只地雀的大小和鸟喙，并将之一一归入本地特有的 13 个品种之中。"本地特有"的意思是，这个物种只生活在加拉帕戈斯群岛之上，在其他地方没有。他们发现了一个达尔文没留意到的惊人事实：自然选择的进化有时发展得很快。达尔文设想的是，进化过程必定要比人能观察到的缓慢，需要几千年乃至几百万年才能形成新的物种。格兰特夫妇观察到了在几年时间里就能完成的杂交和物种分离，其速度非常快，人完全可以亲眼见到并进行精确的测量。

　　加拉帕戈斯群岛的进化之所以迅速，是因为那里的天气和植被每年都发生急剧的变化，而且自然选择非常残酷。多雨的年份和干旱的年份难以预料地导致繁茂和稀疏的植被。在植被繁茂的年份，岛上会有大量又小又软的种子，长着小喙、繁殖迅速的鸟就有优势。而在干旱的年份，较软的种子稀少，那些长着大喙、专门啄食异常坚固的大颗种子的鸟就显示出了优势。选择非常迅速，因为如果一个鸟群长的喙不对，无法剥开刚好大量存在的那种种子，那它们就有可能在一个季节的时间里全军覆没。

乔纳生·威诺（Jonathan Weiner）1994 年出版的优秀作品《与鸟为伴：加拉帕格斯群岛考察记》（*The Beak of the Finch*）[1]，对格兰特夫妇的生平和工作进行了描述，此书的插图是由塔利亚·格兰特（Thalia Grant）和查尔斯·达尔文手绘而成。[2] 塔利亚是格兰特夫妇两位在大达芙妮岛长大的女儿中的一位。我们在 2008 年前往加拉帕格斯群岛之前，在普林斯顿的一次午餐会上偶遇过格兰特夫妇。他们告诉我们，处于雨季向干燥季节转变期的五月，是最好的到访时间。他们显然知道，我们是以游客的身份而不是科学家的身份，前往参观，而且也不会去大达芙妮岛。

《加拉帕戈斯：一座改变世界的群岛》的第二个方面是一本带插图的旅游手册，描述了漫步、游泳和潜水的最佳地点和时间，标明了游客会看到的鸟类、爬行类和鱼类的品种。手册部分占据了该书最后 50 页的篇幅。它不是写给专家看的。它对 13 种达尔

---

[1] 中译本有江西教育出版社 1999 年 10 月出的《与鸟为伴：加拉帕格斯群岛考察记》，以及人民邮电出版社 2013 年 7 月出的新版《鸟喙：加拉帕格斯群岛考察记》。——译注

[2] 也可参见彼得和罗斯玛丽·格兰特夫妇写的《物种如何繁殖以及为何繁殖：达尔文地雀的辐射作用》（*How and Why Species Multiply: The Radiation of Darwin's Finches*），普林斯顿大学出版社，2007 年。

文地雀只做了简要的介绍，而且只给出了其中一种的图片。它描述了 3 种鲨鱼，但也只画出了一种。一位专业的鸟类观察者或带水肺的潜水员，会需要一本包含更多技术内容、更专业的手册。这本书是写给普通游客看的，他们对物种上非常接近的鸟类、鱼类的细微差别不感兴趣。对普通游客而言，加拉帕戈斯群岛之旅是一次独特的体验，因为那里有几个物种异常繁荣，占据了主导地位。群岛上的物种数不算多，但是其中有几种异常兴旺。占主导地位的物种看起来比实际的还要兴旺，因为这些野生动物不怕人，游客在它们中间走动时也不会躲开。

我们有幸在信天翁的繁育季节到达伊斯帕尼奥拉岛（Island of Española）。旅游手册告诉我们，这种鸟重达 10 磅[1]，翼展长达 8 英尺[2]。它们能活三四十年，一般可以终身交配。它们是了不起的飞行类动物，但是起飞和降落都有点困难。全世界的这种鸟几乎全部都会来伊斯帕尼奥拉岛繁育。我们在这座岛上走了好几英里，小心地下脚，以免踩到这种鸟或它们产的卵。遍地都是这种壮观的鸟，每一对守卫着一颗蛋，雄鸟和雌鸟轮流孵卵，非常公平。在远处的海洋上空，密密麻麻都是还未轮到孵卵的信天翁在捕鱼。这座岛向我们表明，当食物充足且不存在捕食者时，一个物种可以达到何等繁荣的程度。这些鸟进化出了在海洋上远距离飞行的本领。当近处的鱼类稀少时，它们可以在更远的海洋里找到充足的鱼类。在伊斯帕尼奥拉岛上我们走过的那片地区，信天翁就像

---

[1]　1 磅约等于 0.45 千克。——译注
[2]　1 英尺约等于 0.3 米。——译注

曼哈顿的人口一样稠密。

德·罗伊拍摄的另一幅动人心魄的照片，展示了一只不会飞的鸬鹚；它在游水之后伸长翅膀，正抖落身上的水滴。这种鸬鹚朝着与信天翁相反的方向进化，它们的翅膀越变越小，最后彻底丧失了飞行能力。鸬鹚与信天翁能和平共处，因为它们占据着不同的生态位（ecological niche）：鸬鹚在靠近海岸的地方捕鱼，信天翁在更远的海上捕鱼，鸬鹚是游泳高手，信天翁是飞行专家。在伊斯帕尼奥拉岛上，鸬鹚的数量远少于信天翁。鸬鹚的数量受限于在海岸可潜水的范围里鱼群的数量。我们在走动时不用担心踩到鸬鹚，因为它们只会在高高的岩石上栖息，俯瞰着海面。

《加拉帕戈斯：一座改变世界的群岛》的第三、四方面——历史书和政治宣言，一道构成了本书其他部分的文字，由六位作者写成。除了主要作者保罗·斯图尔特一人写了4章外，其他每位作者各写了一章。撰写了单个章节的作者包括，写加拉帕戈斯群岛地质史的帕特里克·莫里斯（Patrick Morris）；安德鲁·默里（Andrew Murray）——他写的是达尔文访问群岛并慢慢理解他在这里所发现动物的历史；写群岛海岸线上生态多样性的乔·史蒂文斯（Joe Stevens）；写群岛海洋环境的理查德·沃罗康（Richard Wollocombe）；以及写生态保护成功与失败的戈弗雷·马仑（Godfrey Merlen）。斯图尔特写了序章、关于人类发现与定居的一章、关于植物与动物群落的一章，以及最后一章，其标题是《加拉帕戈斯——世界的尽头》。这些作者在群岛上共同生活和工作，摄制了BBC电视系列片《加拉帕戈斯群岛》，本书就是这个系列片的一个小结。大体而言，莫里斯、默里、史蒂文斯和沃罗康写的几章是历史书，而马仑和斯图尔特写的是政治宣言。

历史方面的核心章节是写达尔文的那一章。达尔文搭乘"小猎犬号"来到这里时，他主要感兴趣的是这个群岛的地质，而不是生物学。这个群岛是一组火山的顶部。它们还特别年轻，有些火山口还很热，因为不久前刚喷发过；有一些还带着由新近凝固的熔岩所形成的扭绳，沿着海滩伸展。达尔文在到达之后，还没有开始寻找生物珍宝，就碰到了一大堆黑鬣蜥，挤在一起，在海滩上晒太阳、嚼海藻。他在笔记本上毫无热情地写道：

> 在海滩的黑色火山石上，经常有非常恶心、又大又笨的蜥蜴（2~3英尺长）。它们跟身子底下带气孔的岩石一样黝黑。

但是他很快就意识到，这些动物比岩石更有意思。他对动物学了解不少，看出来在这些与世隔绝的岛上，生活着一群独特的动物。它们肯定是在这个群岛从海里露出来之后，最近才出现在这些岛上的。

在见到鬣蜥之后，达尔文又见到了海龟，在海龟之后，又见到了鸟类。他带着手枪，追击鸟类，收集它们的皮毛，这些皮毛不占多少地方，可以很方便地运回英国。他观察到，那里有三种非常相似的知更鸟，但是在每个岛上，都只有一种。这促使他产生了这样一种想法：它们到达这些岛上时是同一个品种，然后在定居到不同的岛上之后，分化成了三种。他在自己的笔记本上写道："这些事实会挖物种稳定性理论的墙角。"他在地雀方面做得没这么出色。他收集了大量的地雀标本，但是将不同品种的地雀标为乌鸫、鹪鹩和啄木鸟。一年后，他抵达伦敦，并将这些标本展示给鸟类专家约翰·古尔德（John Gould）看。正是古尔德发现了，现在被称为达尔文地雀的这些鸟，是由 13 个物种组成的一个密切相关的种群。于是，达尔文看出来，和知更鸟相比，这些地雀能提供更加强有力的证据，证明单个的古代物种，能分化成专门适应不同环境和不同生活方式的许多子物种。

本书第四方面是政治宣言。这本书跟对应的电视系列片一样，也有其政治意图，这一点在斯图尔特写的那几章中看得最清楚。这种政治意图就是一种可以被称为"前景暗淡的环境主义"的世界观，或者可以更精确地称之为"黑白环境主义"。世界被看作判然分开的黑白两部分，不存在灰色地带。白色的是旷野，是遭到人类入侵和破坏之前的自然环境。小块白色区域幸存在受保护的地区，比如加拉帕戈斯群岛和亚马孙丛林的部分地区。黑色的是城市、道路、购物中心和停车场，在这些地区，大自然被击退，人类建筑占了主导地位。因为世界人口和工业还在增长，黑色区域也在扩张，而白色区域则在萎缩。地球在不可救药地变黑，我们唯一的希望是彻底改变我们的生活方式。因为任何极端的改变都不大可能，开明人士的正常反应就只能是前景暗淡了。

按照黑白环境主义的观点，这个群岛唯一可能的未来只能是全白——变成保护起来不受人类打扰的自然荒野，或者全黑——变成丝毫不敬重大自然的人类掠夺者的社区。它只能作为一座永远的伊甸园，而被永久性地保护起来；或者作为一个由房地产投机分子"黑手党"运营的赢利性业务，而被永久性地破坏掉。作为这种态度的一个实例，我从斯图亚特关于群岛发现的那一章，引用几句总结性的文字：

> 加拉帕戈斯群岛似乎不会有好的结局。在第7章，我们将
> 发现群岛在我们这个时代的结局也许会被证明是其中最悲哀的
> 结局。

在第7章——戈弗雷·马仑撰写的关于保护的章节，我们看到了同样的消息：

> 实际的情况是，全世界的生态平衡已经从根本上被彻底改
> 变，因而导致了当前的灾难。

如果全世界人类的活动，都被当成一场灾难，那么我们这个物种的历史，正如麦克白所说，确实是痴人说梦，充满着喧哗与骚动，却毫无意义。我更赞同哈姆雷特的观点——他说："人是造物主多么令人惊叹的一项杰作！"

以游客的身份在加拉帕戈斯群岛访问了一个星期之后，我是不能自诩为专家的。但是我所学到的东西，却足以让我确信，关于这个群岛的黑白观点是错误的。我学到的东西大多来自我们的专业导游，法律规定他们必须每过几年就通过一些考试，以保证他们了解这个国家公园的法规，以及本地动植物的名称和生态关系。没有谁要求他们在群岛的人类问题方面通过什么考试，但是他们对人类问题的认识，与他们对动植物群落的认识同样准确。对我而言，人类问题是最有趣的。加拉帕戈斯国家公园是由厄瓜

多尔政府在 1959 年设立的，涵盖了这个群岛 97% 的土地。在公园辖区内，严格限制进入，并禁止私人拥有。

余下 3% 的地区，包括这个小岛上已经存在的人类定居点，则保持开放，可以由私人拥有和开发。1959 年的这种划分，在接下来的 40 年里一直管用。以前居民不多，3% 的土地是足够了的，而且这些人大多受雇于公园的管理机构，或满足游客需要的商业机构。1986 年，加拉帕戈斯海洋资源保护局成立，将一大片海洋区域划归了国家公园。在海洋保护区内，渔船和游船受到限制，并禁止能搭乘数百人以上游客的大型游轮入内。

在过去 10 年，随着厄瓜多尔大陆和毗邻圣克鲁兹岛的巴尔特拉（Baltra）机场之间航班的大幅度增加，人类问题变得尖锐了。随着游轮和旅馆变得越来越豪华，游客也越来越多，越来越富有。加拉帕戈斯省——其省会是位于圣克里斯托弗岛（San Cristóbal island）上的黑巴克里索港（Puerto Baquerizo Moreno）——迅速变成了厄瓜多尔最富有的省份，定居者蜂拥而至，前来分享财富，或寻找发家致富的机会。圣克鲁兹岛上最靠近机场的阿约拉港村（Puerto Ayora）迅速发展成了一座城市。房地产价格也随之攀升。

政府发现，为游客的数量和活动设定严格的限制容易，而为定居者的数量和活动设定严格的限制，在政治上是不可能的。政府不能禁止自己的公民从一个省搬到另一个省。在来到群岛上，并发现他们的房地产开发受到生态法规的限制之后，定居者组织了反对当地政府的抗议和罢工。公园管理部门认为，群岛生态最严重的威胁，来自定居者而不是游客。

我们的导游描述了这场持久的战斗，一方是自由主义的定居者，另一方是环保主义的公园管理员和政府官员。只要双方都希望大获全胜，这个问题就不可能有满意的解决方案。对这种状况的黑白观只看到了此方或彼方的全胜，要么是定居者摧毁生态，要么是公园管理员将定居者驱逐出去。我们的这些导游不相信任何一方会大获全胜。他们同时置身于两大阵营之中。他们的职业生涯是为公园服务，教导游客，保护群岛的美景，但是他们盼望在退休后加入私营企业。他们获得了投资群岛房地产的机会，房地产市场的发展让他们可以更早退休，并享受更好的退休待遇。作为个体的公民，他们将尽全力在定居者中散播环保意识，并以一种对生态负责的方式，来开发他们的房地产。

我们的导游将群岛的未来视作一场正在进行的妥协，一方面是公园管理员继续为生态抗争，另一方面是定居者继续为他们的自由抗争。定居者知道，他们的繁荣有赖于公园吸引来的游客；公园管理员也知道，没有定居者选出来的省政府的配合，他们的法规是不可能得到有效实施的。位于基多（Quito）的厄瓜多尔政府，对维护公园和制定有关法规负总责。中央政府通常支持对这些法规进行严格的阐释，但是它还必须对定居者的诉求做出回应。随着定居者的数量和财富增长，他们在政治上有可能会变得更强大。持续的妥协也许会要求，定居者将经济发展权部分让渡给公园，公园则将部分土地出让给定居者。

过去，定居者对生态最严重的破坏是，放养一些引入的物种，比如羊和猪，致使它们快速繁殖，变野，吞噬当地的植被。在当地植被被羊群破坏的地方，巨龟的数量也快速减少。公园管理机构最大的成功，是在几座岛屿上消灭了野羊和野猪。在消灭之后，当地的植物迅速地恢复了过来。

最大的一次灭害运动已接近尾声，它在最大的那座岛——伊莎贝拉岛上，消灭了 6 万头野羊。击败野羊的武器是"头羊"（Judas goat），那是携带无线信号发射器的阉公羊，可以很容易确定其所处的位置。头羊将野羊吸引过去，让它们遭到猎人捕杀。引入的一些较小的物种，比如老鼠和昆虫，无法以合理的代价消灭。它们至今还留在群岛上。群岛无法完全恢复原始状态，但是消灭野猪野羊，可以消除最严重的破坏。禁止大型的野生物种，包括人类，涉足公园，是在完全保护生态和定居者完全自由之间的一种合理折中。

为了在未来几个世纪里，在公园方面和定居者之间达成稳定的平衡状态，消除单个小岛内的划分边界是有利的。可以重新划分边界，让一座小岛或者完全位于公园内，或者完全在公园外。比如说，居民众多的两个岛——圣克鲁兹岛和圣克里斯托弗岛，可以完全放开，而人烟稀少的两个岛——伊莎贝拉岛和弗雷里安纳岛可以对定居者关闭。如果现在进行这种土地置换，只需要动迁全部 4 万名定居者中的 4000 人。

对公园方面而言，这笔交易的优点是，可以获得对最大的那座岛——伊莎贝拉岛的完整控制权，而这座岛也是生态上和地质上最具多样性的。公园与定居者的土地面积划分比例，也由现在的 97 : 3，变成 85 : 15 左右。这样一种居民重新安置计划是否能谈成，不管是在现在还是在将来，都还有待观察。不利的方面也像有利方面一样显而易见：对于定居者而言，有些人要背井离乡；对于公园方面，辖区变小了。很有可能的是，当前对群岛的划分还会持续很长一段时间，直到公园方面和定居者之间的争端，引发严重的危机，迫使中央政府做出更稳妥的安排。

因为我是在英国长大的，我倾向于依照英国的类似情况来考虑所有的环境问题。近在 1.5 万年前，英国才从最后一次冰河世纪中显现出来——甚至比加拉帕戈斯从海洋中显露出来的时间还要晚，殖民那里的物种，都是从欧洲大陆移民过去的。紧随新到达的物种之后，人类定居者也来到了英国。在他们到来时，英国还是一片原始的荒野，我们也许可以想象在那时成立一个国际公园管理机构，来保护生态。这个公园管理机构会怎样做呢？多大比例的土地会被辟为永久性荒野，多大比例又会对定居者开放呢？我们可以设想公园管理机构和定居者会在英国，就这些问题发生争执，就像如今的加拉帕戈斯一样。

在现实世界中，当定居者在 1 万年前到达英国时，不存在管理机构，也没有定居限制。英国遭受了定居者的蹂躏，他们随心所欲地改造荒野：先是在山顶建造城堡；然后是砍伐树木，将森林变成农田；然后在山谷里建乡村，在河畔建城市；再后来是让高炉、工厂、铁路和公路遍布全国，用烟灰污染空气，用污水污染河流。定居者们在破坏荒野、改变生态的同时，也建造了大教堂和花园，写作了剧本和诗歌，发明了机器，发现了自然规律。最后，在 19 世纪，此时已达 5000 多万的定居者们，开始清理环境，关心野生动植物。如今，英国的乡村完全是人造的，跟原来未受扰动的原始森林很不相同，但它仍然是美丽的，栖息地和物种都很丰富。英国的历史引发了另一个问题。在过去 1 万年里，如果英国是由公园管理机构管理，最终的结果会更好吗？

　　在考察了英国的例子之后，我不知道，从长远看，一个专事野生环境保护的国际公园管理机构给出的结果，是否会比拥有土地、不受任何限制的定居者高明。从长远来看，我对加拉帕戈斯群岛的未来同样不确定。也许从长远来看，定居者会比公园方面更高明。人类定居和荒野同样是大自然的一部分，作为地球的托管者，我们的任务是让它们和平共存。从长远来看，为了照顾好这个群岛，我们同时需要公园管理机构和定居者。我们不知道他们将面对什么样的问题。人类置身于这个群岛上，不仅对加拉帕戈斯的未来很重要，而且对整个厄瓜多尔的未来也很重要。

　　我们在群岛上玩了一个星期之后，又在位于安第斯山脉以东、亚马孙丛林中的厄瓜多尔待了一个星期。我们住在萨沙小屋（Sacha Lodge）——建在丛林深处的一家旅馆。沿大河前往旅馆的漫长旅途，令我们想起康拉德（Conrad）的小说《黑暗的心》（*Heart of Darkness*）。我们丛林之旅的专业导游是一些亚马孙土著，他们就生活在厄瓜多尔的那片地区。其中一个导游是由祖父养大的，他祖父是个萨满教道士，会用丛林中的药草治病疗伤。这个导游会流利地说五种语言：西班牙语、英语、德语以及两种土著语言。跟在加拉帕戈斯时一样，我们的导游也是很有激情的环保主义者，是丛林生态方面的专家，对亚马孙地区的人类问题也很熟悉。他们打算在赚够钱之后就退休，去私营企业就职。他们将亚马孙地区视作一片充满机会的土地，就像加拉帕戈斯一样。对他们而言，生态保护与人类生活也是携手共进的。

2014 年添加的补注：

　　我很失望这篇书评没有得到多少回应。我收到的来信大多来自准备前往加拉帕戈斯旅游的人，他们向我讨教具体的建议。对我提出的关于加拉帕戈斯群岛生态未来的问题，没有人给出回复。我仍然相信这次访问给了我一个重要的教训；对生活在地球其他地区、需要解决人类定居危及自然美景问题的人，这个教训同样具有重要的意义。

8. 跃入浩瀚的未知世界

弗兰克·维里茨克（Frank Wilczek）是粒子物理学领域最有才华的研究人员之一。粒子物理学这门学科试图弄明白的是天地最小的构建模块，正如生物学试图弄明白的是生物一样。粒子物理学的发展落后于生物学 200 年左右。18 世纪时，卡尔·林奈（Carl Linnaeus）创立了系统生物学，以拉丁语给动植物物种命名，称人类为 Homo sapiens（智人），称大猩猩为 Pan troglodytes（类人猿）。19 世纪时，达尔文通过对物种的起源进行阐释，为生物学创立了一套统一理论。20 世纪时，欧内斯特·卢瑟福（Ernest Rutherford）发现每个原子都有一个比它自身小得多的原子核，而原子核又由更小的粒子构成，由此奠定了粒子物理学的基础。21 世纪的粒子物理学家们，都期盼能再出个达尔文式的人物，将粒子的起源阐释清楚。

预言维里茨克是否会成为新时代的达尔文，还为时尚早。他的大作《存在之轻》（*The Lightness of Being*）不是新时代的《物种起源》。它更像达尔文的《乘小猎犬号环球航行》（*Voyage of the Beagle*），那是关于一次探险航行的通俗读物，描述了山川风貌和有待解释的新发现动物。维里茨克是一个理论物理学家，不是实验物理学家。他的强项在于想象力的跳跃，而不在于操纵庞大的机器或进行繁重的计算。他因为提出了被他称作"渐近自由"（asymptotic freedom）的概念，而与人分享了 2004 年的诺贝尔物理学奖。

他的写作和他的思考一样，带着领域顶尖高手才有的举重若轻。他这个书名借自捷克作家米兰·昆德拉，昆德拉的小说《不能承受的生命之轻》对"轻"所持的观点较悲观。在维里茨克看来，存在之轻不仅仅是可以承受的，而且是令人振奋的。他说：

> 这里头还有个笑话。这本书的一大主题是天光与地物之间古老的对比已经被超越。在现代物理学中，只有一种东西，它更像传统思想中的光，而不是传统思想中的物质。因此，就给这本书取名为《存在之轻》了。[1]

维里茨克承担的是一项艰巨的任务：不怎么借助方程，基本上用大白话，向不懂数学的读者，讲述了粒子物理学的核心问题。他那些奇特的专业术语，比如核心（Core）、网格（Grid）和耶稣会信条（Jesuit Credo），都在书末的一个词汇表里，给出了详尽的解释。这些术语是维里茨克发明的，用以表达他对大自然如何运作的个人观点。"核心"就像是物理专业本科生都应该学的核心

---

[1] 此处，维里茨克玩了个文字游戏，在英文中 light 既有"光"的意思，又有"轻"的意思。——译注

课。它是一种已经确立的理论，经过了实验的验证，但是显然还不完整。它之所以是不完整的，是因为它能描述大自然如何运作，但是解释不了其中的缘由。词汇表里说："核心理论有审美缺陷，因此我们希望它不是大自然的终结理论。"

维里茨克用"网格"这个词，来描述在看上去空无一物的空间中所存在的东西。根据他的宇宙观，空白的空间并不是一种毫无特征的虚空。它是一种高度结构化的、强有力的介质，其行为塑造了这个世界。他说："在我们的眼睛看不到任何东西的地方，我们的大脑却能通过对精密实验所给出的启示，进行深入思考，并发现为物理现实提供能量的'网格'。"

"耶稣会信条"不是指一种宇宙理论，而是指进行研究的一条途径："祈求原谅者比祈求许可者有福气。"这是耶稣会会士倡导的一条规则，目的是让圣徒和有罪之人找到正确的生活方式。如果你祈求得到许可，当局可能拒绝。如果你祈求得到原谅，得到许可的可能性反而更大。维里茨克出身于一个信奉天主教的家庭，对耶稣会会士充满敬意。对于试图找到正确思维方式的科学家而言，"耶稣会信条"特别有用。在一位科学家看来，在黑暗中纵身一跃却发现跳错了地方，也强过谨小慎微地待在有限的已知领域之内。

维里茨克这本书的主体部分——其标题为《质量的起源》——讲述的是核心理论；粒子物理学中这一部分内容，建立在我们在大自然中所观察到的弱相互作用力和强相互作用力之上，基础牢固。原子以及原子核之所以结合在一起，都是因为在它们所包含的所有粒子对之间，存在着相互作用力。每一种力都作用于两个粒子之间，其强度取决于这两个粒子间的距离。弱相互作用力将原子结合在一起，在距离较远时变弱。强相互作用力将原子核结合在一起，在距离较远时变强。距离远的意思是距离比原子核大，距离近的意思是距离比原子核小。维里茨克所发现的渐近自由学说认为，这些力在距离近时的特性，与距离远时的特性相反。在距离远时，强相互作用力变强，弱相互作用力变弱；而在距离近时，情况刚好相反：弱相互作用力变强，强相互作用力变弱。

他之所以将这种学说称作"渐近自由"，是因为它表明，在高能量之下，相互作用强烈的粒子会变得近乎自由。相互作用强烈的粒子又叫强子（hadron），它来自希腊词 hadros，其含义是肥大。碰撞的能量越高，发生碰撞的粒子之间的距离越短。在能量非常高的强子对撞时，强相互作用力却反常地变弱，于是发生碰撞的概率会变小。

渐近自由的另一个结果是，我们可以在已知强相互作用力大小的情况下，计算出强子的质量。以这种方式计算出来的质量，与已知粒子的观测质量吻合。这就是维里茨克所谓的"质量的起源"。对于我们熟悉的对象，比如原子，其质量来自于强相互作用力的特殊对称性。粒子物理学的现代理论有个奇特的性质——最早是由美籍华裔物理学家杨振宁提出来的：粒子相互作用力是由该理论的对称性决定的。维里茨克发现质量取决于力，杨振宁发现力由对称性决定，于是最终的结果是：仅由对称性可以得出质量。

该书最后一部分——其标题是《美即是真？》——较为简短，

而且属于推测性的。它描述了粒子物理学的一种大统一理论，远远超出了核心理论的范畴，引入了一大堆假想的粒子，作为已知粒子的"姊妹"，提出了一种被称作"超对称"（supersymmetry）的对称原理，让每一种已知粒子都可以和它的"姊妹"进行互换。此处，"互换"一词的意思，并不是指用一种粒子对另一种粒子进行物理替换。它的意思是整个已知粒子的全体与其假想"姊妹"的全体进行数学互换。超对称的假说认为，当所有已知粒子与它们的未知"姊妹"进行互换之后，描述宇宙的方程保持不变。这种互换是一种数学抽象，而不是一种物理实现。

这种大统一理论是向未知领域发起的一次大胆冒险行动。它是一种壮丽的数学构造，但没有得到任何实验证据的支持。我们只能肯定地说，这种理论有可能是正确的，而且无疑是可以测试的。维里茨克相信，大自然的基本定律必须是美的，因此一种漂亮的理论为真的可能性相当大。他相信这种大统一理论是正确的，因为它在美学意义上令人感到愉悦。他指出物理学发展史上有好几个著名的例子，表明设计得很漂亮的理论，结果都被证明是正确的。最著名的实例是，狄拉克关于电子的波动方程和爱因斯坦关于引力的广义相对论。如果这种大统一理论是正确的，它将成为由美照亮通向真理之路的又一例证。

本书最后一章的标题是"期待一个新的黄金时代"，它描述了维里茨克对粒子物理学的未来所抱持的希望。他觉得黄金时代很快就要到来了。他的种种希望都是基于大型强子对撞机（LHC）——位于日内瓦的欧洲核研究中心（CERN）所建造的一个最大、最新的粒子加速器。LHC是一台了不起的机器，可以环

绕着一个周长为 27 英里[1] 的圆形真空管，在相反的方向加速两束粒子流。在粒子碰撞处，围绕粒子束四周安放了粒子探测器，这样就能探测到碰撞的产物。每个加速粒子的能量都比其他加速器中的粒子能量高 7 倍以上。维里茨克信心满满地预测，将在 LHC 碰撞的碎片中，找到已知粒子的超对称"姊妹"。通过仔细观察新粒子和相互作用，他希望很快就能填补这种大统一理论中的那些鸿沟。

顺便提一下，维里茨克期待 LHC 可以通过识别遍布整个宇宙的暗物质，来解决天文学中的核心奥秘之一。我们知道，宇宙中充满了暗物质，其重量大约 5 倍于我们所能观察到的物质——后者表现为星系和恒星之类的形式。我们通过观察暗物质对可见物质的引力效应，来探测它们的存在，但是我们不知道暗物质是什么东西。如果一切进展顺利，LHC 将一举两得——在粒子碰撞中观察到暗物质的产生，同时对超对称理论进行验证。维里茨克相信一切都会进展顺利。他将即将到来的黄金时代视作科学史上最辉煌的一刻：

> 透过片片乌云，我们似乎瞥见远处有一个数学天堂，构建现实世界的元素可以在那里面清除糟粕，得到净化。在对我们日常视觉的扭曲进行纠正之后，我们将在头脑中构建事物本来面目的一个图景：纯粹、理想、对称、平等且完美。

---

[1] 约合 43.45 千米。——译注

　　维里茨克跟大多数积极进行探索的科学家一样，对自己所在学科的历史没怎么留意。他生活在粒子加速器的时代，假定未来有关粒子的实验信息，将主要来源于粒子加速器，尤其是LHC。我因为年纪较大，而且多年前就离开了粒子物理学领域，我会以较长远的眼光来看待这个领域。我发现，看看过去的情形，会有助于解释我为何不同意维里茨克关于未来的观点。

　　在第二次世界大战之前，粒子物理学还不存在。我们有原子物理学——研究原子和电子的科学，以及核物理学——研究原子核的科学。在这些基础牢固的知识领域之外，有一个晦暗不明的领域，研究一种叫作宇宙射线的特殊现象。宇宙射线是从外太空落到地球上的高能粒子"毛毛雨"。没有人知道它们是些什么东西，从何而来，以及为何存在。它们看上去分布大致均匀，从四面八方袭来，日夜不停，不分寒暑。它们一直是一个谜，但还算不上是一门科学。

　　粒子物理学在20世纪40年代横空出世，那时"二战"刚结束不久，士兵们还在从战场或俘虏营陆续回家的过程中。粒子物理学起始于用战争中抢救出来的临时设备，来探索一个新的宇宙。这个新领域象征着备受战争煎熬一代的希望。它证明了以前的敌人可以在许多和平的问题上开展富有成效的合作。它让我们有理由梦想：友好的合作可以从科学领域，拓展到更有争议的权力与政治领域。

　　1947年，塞西尔·鲍威尔（Cecil Powell）在布里斯托尔（Bristol）进行了一项历史性的实验。他是个摄影方面的专家，知道怎样处理照相底片，让它们对宇宙射线敏感。停留在他的底片上的宇宙射线会留下踪迹。如果一个物体在已知的时间停留在已知的地方，它就不再是未知物体留下的一道模糊痕迹。它就是一个独特而具体的物体了。鲍威尔在探测到停留下来的宇宙射线后，就知道了它曾经在什么地方，也看到了它接下来是如何动作的。它接下来的动作往往是产生一个以接近光速的速度运动的次级粒子。当他开始研究次级粒子时，宇宙射线的奥秘就转变成了粒子物理学科的问题了。

鲍威尔训练了一组图像扫描员，用显微镜查看停留在他的照相底片上的宇宙射线轨迹。作为一位实验人员，他的特长在于激励员工，而不是制造仪器设备。他的扫描员需要长时间工作，在杂乱的照片堆中大海捞针。他们组成了一个协同合作的团队。找到一些新东西的扫描员会得到所有的功劳，但其他同样辛勤工作却一无所获的扫描员也会得到认可。他的一位扫描员玛丽埃塔·库尔茨（Marietta Kurz）发现一种宇宙射线在上面停留了两次。它停在一张底片上，然后产生了一个次级粒子；这个粒子运动了一小段距离后又停了下来，产生一个再次级粒子；这个再次级粒子运动较快，并逃离了照相底片。鲍威尔将这个初级粒子称作 π 介子，将次级粒子称作 μ 介子。这个 π 介子变成了一个 μ 介子，这个 μ 介子又变成了其他东西。这一实验揭示并命名了粒子家族中最早的两个品种。

在鲍威尔之后，粒子物理学的先驱们继续对宇宙射线进行了 5 年的研究，并发现了几种新粒子。他们没能发现的粒子之一是反质子。根据理论，每一种带电荷的粒子，都应该有一种带相反电荷的反粒子。质子——带正电荷的氢原子核，是每种其他原子的一个组成部分——应该有一个名叫反质子、带负电荷的孪生粒子。宇宙射线实验没能发现反质子，原因在于没法让它停留在物质上。每一个停留在物质上的反质子，马上就会找到一个质子，并和它一道湮灭。宇宙射线专家对反质子的搜寻是徒劳无功的。同时，粒子加速器的建造者们在研制一组新的工具。欧内斯特·劳伦斯（Ernest Lawrence）——回旋加速器最早的发明人，制造了一台被他称作高能质子同步稳相加速器（Bevatron）的大型加速器。1955 年，加州大学伯克利分校的两位物理学家埃米利奥·塞格雷（Emilio Segrè）和欧文·张伯伦（Owen Chamberlain），使用这台新加速器，批量地产生出了反质子，并检测到了它们的湮灭。他们因为发现反质子而获得了 1959 年的诺贝尔物理学奖。

在 1955 年之后，有几个粒子物理学家还在继续用被动式探测器，研究宇宙射线和其他自然辐射，但是新的实验工具——高能加速器，很快就主导了这个领域。相对于被动式探测器，粒子加速器有许多优势。粒子加速器能提供的粒子数量要大得多，而且都在实验者控制之下，具有精确已知的能量。加速器实验更定量化，更精确。但是加速器也有一些严重的不足。它们比被动式探测器昂贵得多，它们的运行需要工程师团队的支持，它们产生出来的粒子所具有的能量都落在有限的范围之内。

大自然在宇宙射线中提供了少量的高能粒子，其能量比最强大的加速器所能达到的水平，还要高上几百万倍。要是合理地规划加速器和被动式探测器之间的资源分配——也许可以将四分之三的经费用于加速器，四分之一用于被动式探测器——粒子物理学家是能够保持这两种仪器间的平衡的。可是，加速器却成了流

行的时尚。加速器物理学的时代开始了，对于为科学掌门地位展开竞争的那些国家而言，大型加速器成了政治地位的象征。在1955年之后的40年里，美国制造了一系列大型的加速器，而被动式探测器只建造了两个。苏联和CERN也纷纷效仿，将几乎所有的资源都投入了加速器方面。同时，加拿大和日本等具有高科学水平和有限资源的国家，继续使用被动式探测器开展严肃研究。

在美国，小雷蒙德·戴维斯（Raymond Davis Jr.）是一个孤独的先驱，他找到了一条用自然辐射进行实验的新路子。他表明，他可以在一个装有600吨普通工业清洗液的水缸中，探测出单个氩原子的出现。这种清洗液很便宜，而且可以大量获得。它包含了13%的碳和87%的氯。氩是一种与氯性质完全不同的气体。戴维斯将他装满清洗液的水缸，放置在挖进去1英里深的地洞里——这个地洞原来属于南达科塔州的霍姆斯特克金矿（Homestake gold mine）——这样就不会跟宇宙射线产生的影响混在一起了。他感兴趣的是，观察来自太阳中心的自然辐射。根据太阳的标准核能生成模型，太阳产生出被称作中微子的粒子，它达到地球，并在很罕见的情况下会将氯原子变成氩原子。在戴维斯的水缸里出现氩原子的预计速率是，每个月产生三个。戴维斯宣称，他可以可靠地对氩原子进行计数。他对它们进行了多年的计数，发现每个月只产生一个，而不是三个。氩原子不足的问题被称作"太阳中微子问题"。

太阳中微子问题可以从三个方面进行解释。要么是戴维斯的实验出了错，要么是太阳的标准模型不对，要么是中微子的标准模型有问题。许多年来，大多数专家都相信：是实验出了错，戴维斯漏掉了三分之二的氩原子，因为它们逃过了他的计数器。戴维斯进行了一些仔细的测试，让专家们确信他的计数器没问题，于是他们大多转而相信太阳的标准模型不对。通过对穿行太阳的地震波进行精确的测量，太阳的标准模型经受了检验，结果证明是正确的。因此，专家们最终不得不承认，他们的中微子理论有问题。

我们现在知道，有三种中微子。太阳里面只会产生出一种，而戴维斯的水缸也只能探测出这一种，但是许多中微子在从太阳飞往地球的过程中，会顺畅地转变成另一种类型。这些中微子在到达戴维斯的水缸时，三分之二的类型不对，无法探测到，这很好地解释了戴维斯的实验结果。这一发现是首例证据，表明有些过程没有被包含在维里茨克所谓的核心方案之中。戴维斯在2002年被授予早该获得的诺贝尔奖。在戴维斯独自用水缸进行实验的那些年里，由物理学家和工程师组成的更大团队，在用加速器加紧做出科学发现。加速器时代正处于全盛期。我们现在所知的粒子物理学，大体上还是加速器做出的成果。

历史就回顾到这里。下面我将从过去转向未来。维里茨克的期待——LHC的出现会带来粒子物理学的黄金时代——在物理学家中得到了广泛的认同，电视与新闻媒体也做了广泛的宣传。公众受此诱导，以为LHC是通向荣耀的唯一道路。这种信念是危险的，因为它承诺得太多。要是LHC失败了，公众也许会觉得粒子物理学不再值得支持。公众需要听到一些坏消息和一些好消息。坏消息是LHC有可能失败。好消息是如果LHC失败了，还有其他的途径去探索粒子世界，并开创一个黄金时代。LHC的失败会是一个严重的挫折，但是它不会是粒子物理学的终结。

对 LHC 的重要性表示怀疑，有两方面的理由：一个是技术方面的，另一个是历史方面的。技术方面的弱点，来自于它所研究的碰撞的性质。这些碰撞都是质子碰质子，不幸的是它们会习惯性地撞得一塌糊涂。以 LHC 的能量相互碰撞的两个质子，就像两个裂开口的沙袋，将沙子洒向四面八方。LHC 中的一次典型碰撞，会产生一个很大的次级粒子泡沫，而碰撞会以每秒几百万次的速率发生。机器必须自动地抛弃绝大多数的碰撞，这样少数可能会有科学价值的碰撞才能得到精确记录和分析。抛弃事件的准则必须写进控制信息处理的软件程序中。这个软件告诉探测器忽略掉哪些碰撞。因此存在这种严重的危险：LHC 只能发现编制这个软件的程序员预计会发生的事件；最重大的发现也许是谁也没有料到的事件，也许会被漏掉。

粒子物理学另一条前进的道路是，追随戴维斯，去建造更大的被动式探测器，观察自然辐射。在过去 20 年，加拿大和日本建造了两套最具雄心的被动式探测器。这两套探测器都做出了重大的发现，验证并完善了戴维斯的工作。在一个设计合理、深埋地底的被动式探测器中，任何类型的事件都很稀有，每一个事件都会得到详细的记录；如果出现了什么出乎意料的事件，你就会看到。

不对 LHC 寄予过高的期望，也有历史方面的理由。我对粒子物理学领域过去 60 年的重要发现史做了一番调查。为了避免对重要性做出个人判断，我将重要发现定义为给发现者赢得诺贝尔奖的发现。这是一个客观的准则，而且通常跟我的主观判断相符。在我看来，诺贝尔委员会在选定获奖人时很少犯错，非常了不起。

在 1945 年到 2008 年，有 16 项重要的实验发现。

　　每一项实验发现都来自于已知和未知领域之间的 3 个前沿方向之一。如果它达到了粒子的一个新的能量范围，它就出在能量前沿方向。如果它达到了事件的一个新的稀有程度，它就出在稀有度前沿方向。如果它达到了测量的一个新的精确范围，它就出在精确度前沿方向。我将这 16 项重要发现一一归入这 3 个前沿方向之中。在大多数情况下，这种分类是不存在争议的。比如，我前面提到的 3 项发现，鲍威尔发现的两次停留介子和戴维斯发现的太阳中微子缺失，属于稀有度前沿方向；只有塞格雷和张伯伦发现的反质子，属于能量前沿方向。

　　我调查的结果如下：4 项发现属于能量前沿方向，4 项属于稀有度前沿方向，8 项属于精确度前沿方向。只有四分之一的发现是在能量前沿方向做出的，却有一半的发现是在精确度前沿方向做出的。为了做出重要发现，高的精确度比高的能量更重要。历史记录跟流行的观点——LHC 是做出新发现不可或缺的工具，因为它的能量最高——发生了抵触。

　　如今，大多数年轻的粒子物理学家都相信，大型加速器是他们这个行当里必不可少的工具。像拿破仑一样，他们相信上帝站在大军团这一边。他们将自然辐射的被动式探测器，视作古代遗存下来的怪物。当我说被动式探测器也许仍然可以在做出发现的竞赛中击败加速器时，他们认为这是一位留恋过去的老人一厢情愿的看法。我大可承认，有些一厢情愿。我对被动式探测器有感情，对花费数百亿美元建造起来并不可避免地深陷政治旋涡的机器有些反感。但是，从被动式探测器最近所取得的胜利，以及加速器成果日益贫瘠的现状中，我看到有证据表明，大自然也许认同我的偏见。我将决定权交给大自然，由它来裁决在发现其奥秘的竞赛中，是被动式探测器还是 LHC 会胜出。

幸运的是，被动式探测器比 LHC 便宜得多。现存的最佳被动式探测器是由加拿大和日本建造的，它们是建不起巨型加速器的国家。在最重要发现的竞赛中，胜利不总是属于最高的能量和最昂贵的机器。更经常出现的情况是，胜利属于最聪明的头脑。毕竟，那是维里茨克获得诺贝尔奖的原因。

2014 年添加的补注：

为了对维里茨克公平，我在这里附上他对这篇书评做出的回应。

我知道，如果我对你说的一切表示赞同，你会感到失望，因此我将在向我征求回应者的后面附上我的回应：尽管我很喜欢戴森的这篇书评，但是他的几个观点我不敢苟同。比如，我不觉得将当今的粒子物理学跟达尔文之前的生物学相比是合理的。在基础物理学中，我们有非常复杂、具体而成功的数学理论，那是连当今的生物学家都不大敢奢望的。至于"主动式对阵被动式"，我不认为这是一个非此即彼的命题。不同的问题需要不同的研究方法。在不涉及过多技术细节的情况下，我就在这里列出几个适合非加速器物理和加速器物理的核心开放问题吧。非加速器：质子衰变，固有电偶极矩（intrinsic electric dipole moments），暗物质湮没签名（dark matter annihilation signatures），对轴子（axion）或其他超轻粒子（ultra-light particle）的搜寻。加速器：希格斯区（Higgs sector），超对称性，暗物质候选粒子的产生，高能交互中出现的惊喜发现。

致以最良好的祝愿！

弗兰克·维里茨克

9. 当科学与诗歌还是朋友时

　　"奇迹时代"指的是 1770 年到 1830 年这段长达 60 年的时间，通常被称作"浪漫主义时代"，可以最清楚地将它定义为诗歌时代。正如我们那一代英国学童人人都会学到的那样，浪漫主义时代初期有三大诗人——布莱克、华兹华斯和柯勒律治，末期又出了三大诗人——雪莱、济慈和拜伦。在文学风格上，它跟此前的经典时代（德莱顿和蒲柏）和此后的维多利亚时代（丁尼生和布朗宁）都截然不同。在观察大自然时，布莱克看到的是狂野的景象：

　　　　老虎！老虎！黑夜的森林中

　　　　燃烧着的煌煌的火光，

　　　　是怎样的神手或天眼

　　　　造出了你这样的威武堂堂？

拜伦看到的是一幅黑暗的景象：

　　　　光明的太阳熄灭了，星辰们也在

　　　　无尽的天空中黯淡，

　　　　昏暗、无路而又冰冻的大地

　　　　盲目地摇摆在昏黑无月的空中……

在同一时期，其他国家也出现了伟大的浪漫主义诗人，比如德国的歌德和席勒，以及俄罗斯的普希金，但是理查德·霍姆斯（Richard Holmes）在他这本《奇迹时代》[1]中，只写到了英国国内的状况。

　　霍姆斯以传记作家而知名。他出版过柯勒律治、雪莱和其他一些文学巨匠的传记。但是这本书谈论的主要是科学家，而不是诗人。这个故事的中心人物是植物学家约瑟夫·班克斯（Joseph Banks）、化学家汉弗莱·戴维（Humphry Davy）与迈克尔·法拉第（Michael Faraday）、天文学家威廉·赫舍尔（William Herschel）与其妹妹卡洛琳以及儿子约翰；医学博士伊拉斯谟·达尔文（Erasmus Darwin）与威廉·劳伦斯（William Lawrence）；还有探险家詹姆斯·库克（James Cook）与门戈·帕克（Mungo Park）。那个时代的科学家跟诗人一样，也具有浪漫主义情怀。科学发现也像诗歌一样出人意料、令人陶醉。许多诗人对科学兴趣浓厚，许多科学家也对诗歌兴趣浓厚。

　　当时的科学家和诗人同属一种文化，而且在许多情况下还有私交。伊拉斯谟·达尔文——他是查尔斯·达尔文的祖父，同时也

---

[1] 《奇迹时代：浪漫主义一代如何发现科学的美丽与恐怖》（*The Age of Wonder: How the Romantic Generation Discovered the Beauty and Terror of Science*），万神殿出版社（Pantheon），2008 年。

是达尔文许多思想的先驱——在 1791 年，以长篇诗歌《植物园》（*The Botanic Garden*）的形式，发表了他关于进化思想的推测。戴维终生都在创作诗歌，并发表了不少作品。他是柯勒律治的亲密朋友，雪莱则是劳伦斯的亲密朋友。大自然的无限丰富性在科学家和诗人的头脑中，激发出了同样的神奇感。《奇迹时代》是一本绝佳的通俗历史读物，写得生动活泼，极具可读性，而且言之有据。副标题"浪漫主义一代如何发现科学的美丽与恐怖"，准确地概括了书中所发生的事件。

霍姆斯分十幕来演绎这个故事，每一幕都由一到两个中心人物来唱主角。第一幕的主演是约瑟夫·班克斯，他跟詹姆斯·库克船长一起搭乘"奋进号"（Endeavour）远航。这是库克的首次环球航行。此行的目的是在南太平洋的塔希提岛上，观看 1769 年 6 月 3 日发生的金星凌日现象。从南半球看到的金星凌日轨迹，与欧洲进行的类似观测合在一起，可以让天文学家更精确地获知地球到太阳的距离。班克斯的官方身份是这次探险的首席植物学家，但是他对海岛居民的兴趣，很快就超过了对植物的兴趣。"奋进号"在塔希提停留了三个月，他大部分的时间（包括夜晚）都是在岸上度过的。在夜里，他也没有观察植物。

班克斯是一位富有的年轻人，习惯了英国的贵族特权；他很快就成了塔希提女王欧泊热阿（Oborea）的朋友，女王还指派自己的侍女欧赛欧莎（Otheothea）去照顾他的生活。在欧赛欧莎和其他好朋友的帮助下，他较好地熟悉了塔希提的语言和习俗。他的日记中包含了一份塔希提词汇表，以及对他结识的人所做的详细描述。在架设天文仪器观察金星凌日时，他不辞辛劳地向塔希提朋友解释，将发生什么事情。"我们向他们展示了行星出现在太阳上的情景，还让他们明白，我们不远万里就是专门来看这个的。"

离开塔希提后，在海上航行的漫长岁月里，班克斯将他的日记条目改写成了一份正式的记录——《论南海诸岛上的行为与习惯》（*On the Manners and Customs of the South Sea Islands*），这是人类学领域的奠基性论文之一。他回到英国之后，在一篇不那么正式的文章中写道：

> 在塔希提岛上，爱是居民的主业，是他们的专宠，几乎还算得上是他们唯一的奢华；那里的女性的身体和灵魂，都围绕这一人文科学得到了最完美的塑造。

他描绘的塔希提岛真是人间天堂，还没有遭受欧洲人的贪婪和疾病蹂躏；威廉·布莱（William Bligh）和"邦迪号"（the Bounty）叛乱船员们骚扰此岛是在 20 年之后；查尔斯·达尔文和"小猎犬号"（the Beagle）则是在 66 年之后才到访此处。

在对南海进行了探索之后，库克沿着澳大利亚东海岸向下航行，并在博特尼湾（Botany Bay）登陆。班克斯没能和澳大利亚土著建立社交关系，转而履行了他作为植物学家的本职，将一大批珍奇的植物带回了英国，如今它们中许多都是以他的名字命名的。班克斯在返回英国之后，发现自己和库克船长都成了民众心目中的英雄。他受邀觐见了英国国王乔治三世，国王当时年纪还轻，身心健康，也和他一样对植物很痴迷。他跟国王成了终生的朋友，国王积极支持他在科尤（Kew）创建了国家植物园。

班克斯在 1778 年担任皇家学会的会长，并在这个位子上干了 42 年；在"奇迹时代"一大半的时间里，都是由他正式掌管着英国科学事业的发展。他的管理比较宽松，从未试图将皇家学会变成巴黎科学院和柏林科学院那种专业机构。他相信，最好是由他自己这种业余人士来从事科学工作。对于缺乏个人资金的人而言，如果需要某种经济支持，最好也是由贵族赞助人来提供。

由班克斯帮忙拉到赞助的一位，是那个时代最伟大的天文学家——威廉·赫舍尔。赫舍尔出生于汉诺威，在 17 岁时应征参加了汉诺威抗击法国的七年战争。在汉诺威战败的一次战役中，他幸存了下来，并逃到了英国，以职业音乐家的身份重新开始了生活。他从一文不名的难民开始起步，在英国音乐界迅速崛起。在年近而立时，他已成为巴斯泵房（the Pump Room at Bath）乐团的团长；巴斯是疗养胜地，富人们喜欢聚集到那里享受水疗，并欣赏音乐。他在巴斯待了 16 年，白天负责这座城市的音乐表演，晚上则对天空进行巡视。作为一位天文学家，他完全是个业余人士，没人给他发工资，一切都靠自己摸索。

在赫舍尔刚开始观察天体时，他相信这些星球上居住着有智能的外星动物。他以为在月球上看到的圆形物体，是外星人建造的城市。他在余生中继续发表着大胆的猜想，其中许多后来都被证明是正确的。作为观察者，他有两大优势。首先，他自己制作仪器，他用灵巧的音乐家之手，制作了极为精致的镜头，看到的图像比当时其他望远镜都要清晰。其次，他从汉诺威将他妹妹卡洛琳接了过来，担任他的助手；她成了一位天文观察专家，本人也做出了许多独立的发现。他的业余天文生涯在 1781 年结束了，因为他在卡洛琳的帮助下，发现了天王星。

　　班克斯一听说这项发现，就邀请赫舍尔共进晚餐，并将他介绍给国王，还巧做安排，让他当上了国王的私人天文学家，年薪200英镑，后来又单独给卡洛琳补发了每年50英镑的薪水。赫舍尔的音乐生涯就此结束，接下来的岁月，他都是以专业天文学家的身份度过的。他从国王那里获得经费，来制造更大的望远镜，他还开始进行系统的巡视，对天空中每一颗恒星和星云状天体进行观察，从而将他的搜寻范围向外拓展，将比其他人观察到的天体更黯淡更遥远的天体也纳入了观察之中。

　　赫舍尔明白，当他观察遥远的天体时，他不仅是望向浩瀚的太空，也是在望向时间的深处。他正确地辨认出许多星云状天体，那是与我们的银河系类似的河外星系，并计算出他所看到的，往少里说也是200万年前出现的场景。他证明宇宙不仅极其巨大，而且极其古老。他发表的论文开始背离亚里士多德古老的天体观——将宇宙视为一个永远太平与和谐的静态空域，并倾向于将宇宙视作一个动态演进系统的现代宇宙观。他写到"一个逐渐解体的银河系"，可以作为"某种计时器，用来测量它过去与未来存在的时间。"这种星系计时器的思想，是一种新的宇宙学的开端。

　　正如霍姆斯的记述所表明的那样，"浪漫主义时代"的所有顶级科学家，都像班克斯和赫舍尔一样，是以才华横溢、不合常规、轻信他人而又充满冒险精神的业余爱好者身份，开始其科学生涯的。他们追求的理念往往是荒谬的，却误打误撞，闯进了科学或文学的殿堂。他们在取得成功之后，才变成冷静的专业人士。

　　另一个例子是汉弗莱·戴维，他原本是打算成为一位内科医生的，他接受的医学训练中有一部分是，在布里斯托尔气体医学研究所（Pneumatic Institution in Bristol）担任助理。这家研究所是通过吸入气体为病人治疗疾病的医疗机构。可用于吸入的气体包括一氧化二氮。戴维热衷于用一氧化二氮进行试验，拿自己和包括柯勒律治在内的朋友们当试验对象。在一次吸入试验之后，他这样写道：

> 从呼吸一氧化二氮中获得愉悦的程度，比我从任何其他事物上得到的都要高——我浑身上下感到一种令人战栗的快感，我对自己说，天生我才就是为了造福这个世界啊。

戴维在布里斯托尔大受欢迎，23 岁时就成了伦敦皇家学会的化学助理讲师。皇家学会是一家新成立的机构，旨在为时尚的伦敦听众提供"定期的哲学讲座和实验"。为了方便准备让民众感到震惊和受教益的实验演示，给每位讲师都配备了一间实验室，可以让他们在里面开展原创性的研究。

戴维的研究工作很快就从生理学转入了化学。他成了第一位电化学家，使用巨大的电池来分解化合物，并发现了元素钠和钾。后来，他发明的戴维安全灯，让煤矿工人得以在地下工作时，不至于引发瓦斯爆炸而丧生。他因为这种灯而变得更加出名。柯勒律治邀请他搬到北方，在柯勒律治和华兹华斯居住的湖区建立一个化学实验室。柯勒律治给他写信说："我要像鲨鱼一样对化学发起进攻。"戴维明智地留在了伦敦，并在这里接班克斯的位，成了皇家学会的会长以及英国科学界的泰斗。拜伦在他的诗作《唐璜》中为他写了两行：

在这专利的年代，一切新发明……

不管是拯救灵魂，或者杀死肉体，

都被宣传得那么尽善尽美！

戴维爵士的安全灯真能规避

采煤的危险，只要依法操作。

两极的探险，汤勃克图的游历

于人类都是有益的，一点也不错；

类似的也许还有：滑铁卢的扫射。

对于拜伦所提出的问题：科学进步和发明对人类是否真的有益，"奇迹时代"所创造的一个最持久的角色——维克多·弗兰肯斯坦（Victor Frankenstein），戏剧性地给出了否定性的回答。诗人雪莱的妻子玛丽在 1817 年，即她 19 岁时，写了一本小说《弗兰肯斯坦：现代普罗米修斯的故事》（*Frankenstein, or the Modern Prometheus*）。就在那一年，她丈夫以病人和密友的身份，经常拜访内科医生威廉·劳伦斯。劳伦斯写过一本畅销书——《人的自然史讲义》（*Lectures on the Natural History of Man*），这本书基于外科医生们在解剖室里的最新发现，对人的解剖结构和生理进行了科学的阐述。劳伦斯对当时盛行的活力论（vitalism）学说进行了猛烈的抨击。按照活力论的说法，有一种生命力让动物具有活力，因而与死的物体存在着根本性的不同。劳伦斯是一个唯物论者，不相信存在这种力量。霍姆斯讨论了玛丽写作这本小说的灵感，是来自活力论者与唯物论者之间的理论交锋，还是来自一些臭名昭著的骗子——英国的乔凡尼·阿迪尼（Giovanni Aldini）和德国的约翰·里特尔（Johann Ritter）——试图用电流让已死动物复活的实践活动。阿迪尼有一次在公开场合，试图让一位杀人犯的尸体复活。

这部小说讲述的是弗兰肯斯坦使用精巧的外科解剖工具，在烛光映照下创造出了一个怪物，并将这个怪物描绘成一个能说会道的哲学家，以辛辣的诗性语言哀叹自己的孤独。六年后，这部小说被改编成一幕戏剧《普罗米修斯：弗兰肯斯坦的命运》，在伦敦、布里斯托、巴黎和纽约上演时，取得了巨大的成功。这幕戏剧将玛丽·雪莱的知识分子戏剧（intellectual drama）完全颠倒了过来。它成了一幕将黑色喜剧与恐怖故事相结合的戏剧，而且从此以后，无论是在舞台上还是在荧屏上，它就一直保持了这种特色。在剧本中，用巨型电机产生出来的电火花，让死人的肉体恢复了活力，从而创造出这个怪物；作为人类的仿制品，它是一个愚笨而不幸的动物，是野蛮狠毒的化身。接下来写到的事令人惊诧。玛丽去看了这幕戏，而且很喜欢它。她在给一位朋友的信中写道：

> 看啦！我发现自己出名了！……库克先生扮演的"空白"一角非常好……他所做的一切都富有想象而且表演到位……它似乎在观众中激发出了令人屏息凝神的兴奋……在早先的演出中，所有的女士都晕倒了，接着就是一片喧腾！

她称这个怪物为"空白"，因为在剧院排演的节目中，它的名字是空白的。她在 1823 年受到了演艺业的诱惑，就像如今的年轻作家挣不脱娱乐圈的魅惑一样。

1831 年，玛丽·雪莱为这书的新版本写了一篇前言。在这篇前言中，她回忆了 14 年前写作这本书的缘起：

> 我看到那位亵渎神明的学生，脸色苍白地跪在他装配出的东西旁边。我看到一个人形的丑陋形体四仰八叉，然后，在某种强力引擎的作用下，表现出了生命的迹象，以一种令人不安、半死不活的方式动了一下。那肯定是很吓人的，因为任何模仿造物主那惊人之举的努力都是极其吓人的。

她的回忆更接近剧本而不是小说。在玛丽最初的构想中，怪物是一个能体验幸福和无私之爱的角色，只是在弗兰肯斯坦拒绝给它造一个可以疼爱的雌性伙伴之后，它才变得邪恶。但是，在搬上舞台时（以及打那以后），它就只有纯粹的邪恶了，成了一场十足的灾难。科学不仅在道德伦理方面变得暧昧不清、亦正亦邪，而且还成了厄运之媒。

按照霍姆斯的说法：1831 年，英国科学促进协会（British Association for the Advancement of Science，BAAS）在约克郡召开了第一次大会，"浪漫时代"随之结束。此时，班克斯、赫舍尔和戴维这三大巨头或已经老朽不堪或寿终正寝了。取而代之的是三个年轻的领军人物——数学家查尔斯·巴贝奇（Charles Babbage）、天文学家约翰·赫舍尔和物理学家戴维·布鲁斯特（David Brewster）。1830 年，巴贝奇凭借着《关于英国科学衰落的思考》（*Reflections on Decline of Science in England*）一书，率先向旧的统治者发起了攻击。他攻击了伦敦皇家学会的大佬们，说他们是一群无所事事、昏庸无能的势利小人，与现代科学技术完全脱节。法国和德国的职业科学家正在将英国的业余科学家们远远甩在身后。英国需要一个新的科学家组织，应该将总部设立在蓬勃发展的北方工业城市而不是伦敦，应该由活跃的专业人士而不是业余的绅士们来掌控。英国科学促进协会就是根据巴贝奇的具体要求设立的，它的年会放在不同的省级城市召开，但从来不在伦敦举行。会员人数增长迅猛。1833 年，在剑桥举行第三次大会时，首次使用了"科学家"一词，代替"自然哲学家"，以强调与过去划清界限。维多利亚那时还没有当上女王，但是维多利亚时代开始了。

霍姆斯这段"奇迹时代"的历史，不禁让我们对当前的时代产生一个耐人寻味的疑问。我们有没有可能正在进入一个新的"浪漫时代"，横跨 21 世纪的上半叶，由如今的技术亿万富翁们，来扮演与 18 世纪的开明贵族类似的角色？现在回答这个问题还为时过早，但是开始审查其证据已不嫌早。新奇迹时代出现的证据，会是科学文化的一种回退，从组织化向个人回退，从专业人士向业余人士回退，从研究计划向艺术作品回退。

如果新奇迹时代真的来临，它将围绕着生物学和计算机展开，就像旧奇迹时代以化学和诗歌为核心一样。现代浪漫主义时代的候选领导人，包括生物学怪杰克雷格·文特尔（Craig Venter）、凯利·穆理斯（Kary Mullis）和迪安·卡门（Dean Kamen），以及计算机奇才拉里·佩奇（Larry Page）、谢尔盖·布林（Sergey Brin）和查尔斯·西蒙伊（Charles Simonyi）。文特尔是教世人如何快速阅读基因组的企业家；穆理斯是教世人如何快速复制基因组的冲浪手；卡门是教世人如何制造真正管用的人造手的生物医学工程师。

我们现代先驱们的每一项成就，都跟过去的回响发生共鸣。文特尔一边驾着他的快艇环游世界，一边采集海洋微生物的基因组，并对它们进行批量的测序——就像班克斯环游世界去采集植物一样。穆理斯发明了聚合酶链反应，让生物学家可以在几小时之内，将一个 DNA 分子复制成满满一桶同样的分子；此后，他大部分的时间都在加州海滩边冲浪——就像戴维在发明了矿工头灯之后，许多时间都花在苏格兰的河边飞蝇钓鱼一样。卡门在活人的大脑和机械手指之间建立了联系——就像维克多·弗兰肯斯坦将死人的大脑和手缝合在一起，再让它们复活。

佩奇和布林建立的巨大的谷歌搜索引擎，直抵人类知识最遥远的极限——就像威廉·赫舍尔制造了他那台口径 40 英尺的巨型望远镜，望向宇宙的边际。西蒙伊曾经是微软软件系统的总设计师，后来又以宇航员的身份，两次飞往国际太空站——就像大无畏的气球驾驶员皮埃尔·布兰查德（Pierre Blanchard）和约翰·杰弗里斯（John Jeffries），在 1785 年乘坐热气球，进行了从英国到法国的首次空中旅行。

现时代和"奇迹时代"显然存在着差别。如今，我们有数千专职科学家的"常备军"。过去我们只有很少的几个。如今，科学已成为有组织的职业活动，有巨额的预算和丰厚的薪酬。过去，科学是将个人业余爱好和大众娱乐糅合在一起的混合体。尽管有这些差别，但也有许多的相似之处。霍姆斯说，在 1812 年，"便携式化学实验箱"在皮卡迪利大街（Piccadilly）开始发售，售价为 6 到 20 畿尼。[1] 其中包含了正儿八经的业余化学家所需要的设备和药品。

它们的存在证明了，踊跃参加戴维公开演讲的时尚先生和女士们，要么是亲自在家里做真正的化学实验，要么是鼓励他们的孩子做这种实验。去年，我收到的一件圣诞礼物是一个"便携式基因组实验箱"，那是一张保存着大量关于我的基因组信息的 CD。我的子女、孙子孙女以及他们的配偶，也都收到了他们自己的 CD。通过比对我们的基因组，我们可以定量地测定每一位孙子辈从每一位祖父辈那里得到了多少遗传。

这些 CD 告诉我们，我们个人的 DNA 在哪些地方跟标准的人类基因组相差基因代码中的一个基因符号。其他更复杂的差别，比如一串基因符号的缺失或重复，则没有包含在内。这些 CD 是由一家名叫 23andMe 的公司准备和出售的，23 是人类生殖细胞中所包含的染色体数量。公司的创始人是安妮·沃西基（Anne Wojcicki）——布林的妻子。

基因组所使用的语言仍然是一种未破解的文字，就像在克里特发现的古代黏土板上的线性文字 B（Linear B script）。专业考古学家和语言学家花了 50 年时间，也没能破解线性文字 B。业余爱好者迈克尔·文特里斯（Michael Ventris）却做成了专家们没有做成的事——他证明了线性文字 B 是荷马时代之前使用的一种希腊文字。当然，我不是文特里斯。我无法破解自己的基因组，也无

---

[1] 1 畿尼 =1.05 英镑 =21 先令，最初是用几内亚的黄金铸造的，因此得名。英国于 1813 年停止发行畿尼，但生活中人们仍用来做货币单位，尤其是在表示奢侈品的价格的时候。——译注

法从中提取关于我的解剖结构与生理的有用信息。但是，我认为还是有理由庆祝，因为如今可以用普通民众支付得起的价格，广泛发布个人基因信息。不久之后，广大民众还将可以获得完整的人类基因组。届时，我们将看到，到底是职业专家赢得理解基因组微妙结构的竞赛，还是另一位文特里斯会在这些人的地盘里击败他们。

朝理解基因组迈出的重要一步，是戴维·郝斯勒（David Haussler）和他在加州大学圣克鲁兹分校的同事们做出的一项成果，发表在在线版的《自然》杂志上。[1]郝斯勒是一个专职的计算机专家，他的兴趣已转到了生物领域。他从来没有解剖过人或老鼠的尸体。他的实验工具就是一台普通的计算机，他和他的学生们用它来对不同物种的基因组进行精确的比对。他们发现在脊椎动物的基因组中有一小段DNA，在鸡、田鼠、家鼠和大猩猩的基因组中是严格保留起来的，但是在人的基因组中则修改得很厉害。这一段DNA叫作HAR1，是第一号人类加速区（human accelerated region 1）的缩写。在3000万年的时间里，从鸡与田鼠的共同祖先，一直到大猩猩与人的共同祖先，它基本上没有进化；然后在从大猩猩和人的共同祖先到现代人的这600万年里，它进化得非常快。

在这600万年里，人类种系的这段DNA已有18次改变固定了下来。由这段DNA帮助控制的发育过程，肯定出现了重大的重

[1]《一种在大脑皮层发育中表现出来的RNA基因在人类中迅速进化》（An RNA Gene Expressed During Cortical Development Evolved Rapidly in Humans），《自然》杂志（在线版），2006年8月16日。

组。关于 HAR1，我们还获知了一个关键的事实。在母体的孕中期，即胚胎大脑的详细结构得到构建的时期，它在大脑皮层的发育过程中是活化的。郝斯勒的团队在脊椎动物的基因组中发现了另一段类似的 DNA，他们称之为 HAR2。它在人类胚胎手腕的发育过程中是活化的。大脑和手是最能将人与我们的脊椎动物近亲区分开来的两个器官。

HAR1 和 HAR2 的发现，有可能具有开创性的意义，可媲美卢瑟福在 1909 年发现的原子核，或者弗兰西斯·克里克和詹姆斯·沃森 1953 年在细胞核中发现的双螺旋结构。它打开了通向一门新科学的大门——在分子层面上可以对人性进行研究。这门新科学将深刻地改变生物学知识在正义或邪恶事业中可能的应用。它也许会给我们提供控制我们这个物种进化的关键技术。

旧奇迹时代中的一个特色，在新时代中明显缺位。诗歌——在从荷马到拜伦的众多人类文化中占主导地位的艺术形式——如今已风光不再了。没有哪位现代诗人具有柯勒律治或雪莱那种地位。在大众文化中，诗歌已经部分地被绘画艺术取代。2008 年，我参加了欧迪福雷德（Piergiorgio Odifreddi）在罗马组织的"数学节"，他是与现时代合拍的一位数学企业家。欧迪福雷德租借了罗马最大的礼堂——那是 1960 年奥运会遗留下来的场馆；还在三天的时间里，让所有的座位上都坐满了欢庆数学发展的年轻人。他是怎么做到的？他通过将数学与艺术糅合在一起。担任主持的天才人物，是已故的艺术家埃舍尔（Maurits Escher）和数学家曼德尔布罗特（Benoit Mandelbrot），他们的追随者展示了由人和计算机创作的新艺术作品。约翰·纳什（John Nash）也出席了，并受到了学生们的热烈拥戴，因为电影《美丽心灵》让他成了一位国际巨星。还有一个人在表演杂耍——他恰好还是一位数学教授。他站在舞台上，一边耍着 5 个球，一边证明关于杂耍组合数学的优雅定理。他的定理解释了为何正儿八经的杂耍演员总是耍单数个球，通常是 5 个或 7 个，而不是 4 个或 6 个。

如果新奇迹时代的优势学科是生物学，那么占优势的艺术形式应该是创造出动植物新变种的基因组设计。这种艺术形式，将创造性地使用新的生物技术，以增强动植物育种专家古老的技能——不过它还在为其诞生而奋斗。它必须同时跟技术难关和文化障碍抗争，既要对抗弗兰肯斯坦的神话，又要对抗基因缺陷和畸形的现实。

如果这一梦想成真，让这种新的艺术形式得以成功面世，那么新一代的艺术家——他们改写基因组就像布莱克和拜伦写诗一样得心应手——也许会创造出大量新品种的鲜花、果实、树木和鸟类，让我们地球的生态变得更加丰富。这些艺术家大多是业余爱好者，但是他们会跟科学保持亲密接触，就像原来浪漫时代的诗人一样。新浪漫时代也许会将文特尔和卡门之类富有的企业家、郝斯勒之类的学术界专家以及全世界范围的园丁、农民和育种专家团结在一起，让他们协同合作，将地球改造得既美丽又富饶，既适合人类生活，又适合蜂鸟生存。

2014 年添加的补注：

在这篇书评写成之后，几家私营企业已将火箭送入了既定轨道，成功地与政府的项目展开了竞争。SpaceX 公司的创始人、亿万富翁埃隆·马斯克（Elon Musk），正在带领新一波的业余太空先驱开展活动。他们的梦想是打造一个新的太空行业，让太空对私人探索者和定居者开放。他们与认同其理念的专业太空科学家和工程师保持着良好的关系。

10. 荣誉价值几何？

史蒂文·温伯格（Steven Weinberg）是世界知名的科学家，但是他对科学之外的许多事物也进行过深入的思考，并写成了优美的文章。《湖景：世界与宇宙》（*Lake Views: This World and the Universe*）就是他的一个作品集，其中有关历史、政治与科学的内容所占比重大致相当。[1] 这本书护封上的图片，画着幽深湖水上的黑色波涛和远处郊区的湖岸。图片中的水面是得克萨斯州的奥斯汀湖，这幅照片是从温伯格日常思考和写作的书房，透过窗户拍摄的。他是个土生土长的纽约人，却在得克萨斯州落地生根，并大显身手。他在理解大自然的奥秘方面，起到了引领方向的作用，这是他对人类文明的主要贡献。粒子物理学 20 年的实验结果，曾展现出一幅盘根错节的景象——粒子与粒子之间以难以理解的方式交互作用；在这种状况下，温伯格凭着其高超的数学技能，一举廓清了混乱的局面，揭示出了一种内在的统一性。

他的卓越之处，不仅仅体现在数学物理学家的本职工作方面。

---

[1] 贝尔纳普出版社（Belknap Press）、哈佛大学出版社，2009 年。

他在历史与政治问题的探讨方面，也做出了重大贡献。他是忧思科学家联盟（Union of Concerned Scientists）的一位创始人，这个联盟的成员们四十年如一日，通过不懈努力，将科学智慧引入了有关政治与军事问题的大众辩论之中。他曾应召前往华盛顿，在国会一些委员会的听证会上，就战略性问题作证。他还是军事史方面的专家，其专业水准几乎赶得上他在数学物理方面的修为。

那些只有时间阅读其中一篇文章的读者，应该选择第 12 章——《荣誉价值几何？》（*What Price Glory?*）。这一章深入军事技术的历史之中，从 21 世纪一直回溯至 11 世纪。温伯格在多个不同的时间和地点，发现了一个共同的主题：军事首领和军事机构，一直倾向于将荣耀归于光彩照人、万众瞩目的技术；他们甚至在不断被它引向失败与灾难时仍然如此。

获得荣誉时间最长的技术是，中世纪供全副披挂的骑士驱策的战马。骑士的武器是枪尖向前的重型骑枪。按照设想，骑士取胜的战术是策马冲锋，让战马和骑枪以步兵无法招架的力量横扫之。温伯格对历史证据进行了审查，发现策马冲锋取得成功的情况非常罕见。更常出现的情况是，步兵会跑出战马前进路线之外，或者占据坚固的防御阵地，让对手的策马冲锋策略落空。骑士们在冲锋过后，四下里分散开来；步兵就可以靠人海战术，对他们各个击破了。

温伯格从学术角度，饶有兴趣地描述了历史上几次步兵战胜骑兵的战役。尽管反复出现了这种惨败，在整个漫长的中世纪，坐骑上的骑士仍然是军人美德的典范。国王和皇帝们不惜血本，将土地封赏给领主，让他们供养骑士和战马。在和平时期，骑士和战马通过精彩的锦标赛，彼此竞争，来锻炼军事技能。展示漂亮的盔甲和马术，本身也成了骑士和军械匠追求的一个目标，因而不会太考虑其军事有效性。在锦标赛上大出风头，比在战场上击败手持弓箭的泥腿子还要重要。按照中世纪时的惯例，一位骑士在被农夫们击败后，通常只需支付一笔与其在封建等级制度中的地位相称的赎金，就可以不失脸面地回家。这笔赎金也许会影响他领地的大小，却无损于他的军事生涯。

温伯格发现，在中世纪对马背上的骑士的崇拜，与驾驭无敌机械的现代英雄之间，存在一种历史的延续性。他讲述了无畏舰（Dreadnought）的悲惨故事：这种舰艇最早在 1905 年下水，是约翰·费希尔爵士（Sir John Fisher）的创举。费希尔在皇家海军中算是个异数，他从技术专家起步，步步高升为第一海军大臣。与其他海军大臣不同，他了解火炮与鱼雷技术。他梦想建造一艘技术上无比优越的舰船，比世上任何现役的军舰都要快，装备的武器也要更强大，从而能在速度和火力方面压倒任何可能的对手；无畏舰的建成让他美梦成真了。

1905 年时，英国还是海上的霸王。我父亲当时在位于奥斯本（Osborne）的皇家海军学院，给海军学员们上音乐课。英国贵族们的儿子都在奥斯本接受训练，为担任海军军官做准备；就像他们在过去几个世纪里，受训成为马背上的武士一样。在我父亲的男子合唱团里，后来出了两位国王——爱德华八世和乔治六世。我父亲很喜欢学院主校门所悬横幅上的标语："皇家海军无所不能"。他认同当时的风尚，对皇家海军和约翰·费希尔勋爵充满仰慕之情。当时任何两个国家的海军加在一起，都不及皇家海军那么强、那么大。要是没有装备无畏舰，英国也许还会领先其他国家的海军很长一段时间。

但是，无畏舰引起了全世界民众的强烈关注。突然之间，它让皇家海军的其他部分显得毫无价值。1905 年之后，唯一能在政治上起到举足轻重作用的舰艇就是无畏舰。德国皇帝决定建造无畏舰，英国只得建造更多的无畏舰，以免被德国赶超；于是就出现了激烈的军备竞赛，而且愈演愈烈，直到 1914 年第一次世界大战爆发。无畏舰摧毁了英国海军的优势地位。它们致使英国海军与德国海军在实力上显得旗鼓相当。它们对打破欧洲的均势，也许起了相当大的作用，加速了 1914 年那场悲剧的进程。

在第一次世界大战爆发后，英国和德国的无畏舰并没有发挥重要的作用。它们只是在 1916 年那一场无足轻重的日德兰海战 (Battle of Jutland) 中狭路相逢。这两支海军的决定性战役要到 1917 年才开打，当时德国的潜艇通过摧毁大量的商船，几乎切断了英国所有重要战争物资的供应，而担任护航任务的英国驱逐舰，差点就没能成功击沉足够多的德国潜艇，好让商船得以幸免于难。假如德国国王建造了更多的潜艇，而不是无畏舰，他也许就赢得了这场战争；要是英国人建造了更多的驱逐舰，他们也许可以更快地取得战争的胜利。而无敌战舰的神话，在整个"一战"以及随后的一段时期内都在延续，直到"二战"时的航空母舰取得胜利后，才最终破灭。

早在"一战"时，战舰的神话就已逐渐被空中力量的新神话所取代。第一个飞行英雄是"红色男爵"——德国的曼弗雷德·冯·李希霍芬 (Manfred von Richthofen)，他在西线驾着他那红色三翼机招摇地飞行。在出色地完成了一年半的空战之后，他被击毙了，但是在很长的时间里，他始终被当作一位英雄。同时，英国方面也出了一位飞行英雄——休·特伦查德（Hugh Trenchard），他虽然没有那么招摇，却更为重要。特伦查德是皇家飞行大队的大队长，当时隶属陆军，参与了在法国的战术性军事行动。特伦查德在西线进行过低空飞行，目睹了将士们在战壕里的悲惨状况。他梦想打一场不同的战争，以避免西线的煎熬。他梦想可以驾机飞临德国，而不是法国。这样，他就可以将战火引向德国本土，并在那里取得胜利。他的飞行员可以在无须陆军协助的情况下，摧毁德国的兵工厂。他们可以直接攻击德国的军事首领，并拯救战壕中数百万年轻人的生命。

"一战"结束后，特伦查德将他的梦想变成了现实。皇家飞行大队变成了英国皇家空军，有权独自作战。特伦查德仍然是负责人。当希特勒在德国得势之后，英国不得不重整军备，严阵以待，为第二次世界大战做准备。此时，特伦查德已经从皇家空军司令的位子上退了下来，但是他的观点已深入人心。1936 年，英国做出了决定：在下次战争中，英国的主力战斗部门是皇家空军轰炸机司令部。轰炸机总部包括大量的重型轰炸机，是专为对德国进行战略轰炸而设计的，而不是对陆军进行战术支持。英国将永远不再待在战壕里作战。希特勒将在柏林的上空被击败。同时，就在英国执行这些决策时，美国也做出了类似的决定，由飞行员比利·米切尔（Billy Mitchell）来扮演与特伦查德类似的角色。美国也相信通过空中力量取得胜利，并制造了大批战略轰炸机。

希特勒不迷信战略轰炸机。日本和苏联的领导人也不迷信。

因此，战略轰炸机在决定"二战"的结局时，只扮演了一个次要的角色。1943—1944年那个冬天，我在轰炸机司令总部工作，当时我们对柏林发动了16次大规模的袭击，意图在无须经受入侵法国之痛的情况下，"将希特勒轰出战局"。轰炸机司令部最终发展到了策划者在1936年时计划的规模。机组人员和飞行机械都准备就绪了。这是我们在柏林上空赢得战争胜利的机会——就像特伦查德在1917年设想的那样。但是我们却以惨败告终。柏林市上空密布的冬云，使得精确轰炸根本不可能得到实施。在这些攻击中，我们牺牲了3000名年轻的飞行员。随着德国战斗机战斗技能与战术的提高，我们轰炸机的损失变得更为严重。

柏林市民继续维持着这座城市的正常运转，德国兵工厂还在继续提高产量。到1944年1月，我们这些待在轰战机司令总部的人都明白了，柏林之战失败了。在"二战"的最后一年，在我们成功地侵入法国和马里亚纳群岛（Mariana Islands）之后，我们的轰炸机终于能够摧毁德国和日本的城市了，但是决定性的战役已打完，它们是由陆军和海军承担的。结果证明，"通过空中力量取得胜利"只是一个幻想。如果我们为陆军和海军主战做过更充分的准备，我们也许可以更早赢得战争的胜利。

在对由军事荣耀之幻想主导的世界史，进行了这样一番总结之后，温伯格开始讨论当今的政治问题。他发现，如今仍然受到军事幻想的主导。此处，我特别推荐他书中以政治为主题的几个章节：《核危险的增长》《通往世界末日的漫步》以及《错误的东西》。1945年以来，占主导地位的幻想是核武器。如今，拥有核武器给民众和政府一种武力上的幻想，就像中世纪马背上的骑士、

1905 年时的无畏舰以及 1936 年时的战略轰炸给人以幻想一样。美国不断陷入代价高昂的战争，旷日持久，难分胜负，可是我们始终没有找到一条可以有效使用核武器的途径。貌似核武器是无法用于任何有理性的军事目的的。因为它们只能用来有效地摧毁城市、不加区分地杀死大量人员，除此之外就没有什么作用了。

在温伯格看来，保有数十枚核武器，才是美国在当今世界中的主要危险。只要这些武器还存在，技术事故和政治失算就可以轻易地升级为核屠杀，毁灭我们人类的文明。没有哪种灾难像这种一样彻底而持久。对我们的生存而言，销毁这些核武器，比我们外交政策的其他目标都要重要。

除核武器之外，另一个最危险的军事幻想是导弹防御系统——由防御火箭或其他高科技武器组成的一个系统，可以击落飞过来的核导弹。对于许多了解核武器的危险性和无效性的人而言，导弹防御系统似乎是一个更受欢迎的替代品。如果一个基于核武器的策略既不安全也不道德，那么基于对核武器进行积极防御的策略，对我们的安全和道德也许会好一些。40 年来，美国一直在徒劳地为研制核导弹防御系统而努力；40 年来，温伯格一直在竭力反对这种努力。他认为，基于导弹防御的国家安全，与基于核武器的国家安全相比，只会更加虚无缥缈。只要将真正的核弹头，隐藏在一堆看上去像核弹头的廉价虚假弹头之中，就可以让导弹防御系统落空。在攻击型导弹与导弹防御的军备竞赛中，防御方会永远处于下风，因为防御方永远无法提前知道攻击方会如何动作。

对导弹防御系统所抱的幻想，只会降低我们的安全性，因为它鼓励每个拥有核武器的政府，保有更多的核武器，以突破可能的防卫。我过去认为，如果导弹防御是全面防御策略的一部分，它也许会有实际的帮助——在进攻型核武力减少为零时，这种防御会给每个人提供一定的安全保障。如今，我赞同温伯格的观点：在同时维持进攻型核策略的情况下，当前开发导弹防御系统的努力，不仅无益，反而有害。导弹防御将技术失灵与政治愚昧结合在一起，完全符合军事幻想的历史模式。

温伯格抨击的第三种政治愚昧是载人太空探索。他将载人太空任务放在天文学历史的背景中进行审视。天文学是最古老的科学。2500 年以来，天文学引导人类走上了真正理解宇宙运行机制的道路。从一开始，天文仪器就是理解宇宙的关键因素。最早的天文仪器是观测圭表（gnomon），那是一根简单的立杆，其投影让巴比伦人和希腊人可以较精确地测量时间与角度。巴比伦数学的遗产，至今依然存在于我们 60 进制的时间单位之中——小时、分钟和秒钟。在观测圭表之后又出现了日晷、望远镜、航海天文钟、计算机和太空飞船。

如今，我们生活在一个天文学的黄金时期，我们的仪器在历史上，头一次为我们提供了整个宇宙的清晰画面，在空间上向外直达最遥远的星系，在时间上往后一直回溯到宇宙起源的时刻。我们的仪器是安置在山顶上的望远镜和飞行在轨道上的太空飞船；随着我们数据处理能力的提高，它们的观测能力也取得了跨越式的增长。我们只花了 10 年左右的时间，就建造出了新一代的仪器，从根本上让我们对天空中一切物体，有了更清晰、更深刻的认识。

温伯格将科学仪器正在取得的这项胜利，与美国载人航空计划的惨败进行了对比。我们探索行星、恒星和星系的非载人航空计划，已经真真切切地让我们了解了宇宙的实况，而我们的载人航空计划，在登陆月球的阿波罗计划之后，在科学上是一事无成。距离实施阿波罗计划都 40 年了，载人计划仍然被漫无目标地困在围绕地球的低空轨道上，而政客们却在为下一步该进行哪方面的尝试而争论不休。

美国科学家大多抱持与温伯格相同的太空观。他们将非载人太空探索视作成功之举，而将载人探索视为失败。我很幸运地在 2009 年 3 月目睹了一艘俄罗斯太空飞船的发射，从而体验到了一种不同的太空观。这次发射是一场公开的仪式，整个社区都可以参与其中。在俄罗斯，进入太空不是去进行科学研究。他们之所以进入太空，是因为那是人类命运的一部分。成为宇航员是一项使命，而不是一种职业。在 19 世纪时，解决了行星际火箭数学计算问题的康斯坦丁·齐奥尔科夫斯基（Konstantin Tsiolkovsky），曾经说过："地球是人类思想的摇篮，但是我们不能永远生活在摇篮之中。"我们也许要花上几个世纪的时间，才能到达行星，但是我们已踏上了前往那里的征程。我们将一往无前，无论那要花多长的时间。

正如温伯格清晰地表达出来的那样，美国的太空文化不过是事实真相的一面。俄罗斯的太空文化是事实真相的另一面。如果你像美国人那样去思考，将时间尺度定在几十年，那么非载人航空计划是成功的，载人航空计划是失败的。最宏大的非载人航空计划，比如实施探索几颗土卫任务的卡西尼号（Cassini mission），花了 10 年左右的时间建造，又用了 10 年的时间飞行。而最宏大的载人航空计划——阿波罗登月计划，在实施 10 年之后搁浅了，无以为继。以10年为时间尺度来考量,对于非载人航空计划是合适的,但对载人航空计划却不妥当。俄罗斯的太空科学活动没有取得多大的成就,因为他们没有将精力集中在眼前的科学目标上。俄罗斯的载人航空计划——其动力不是来自科学,而是来自对人类命运的信仰——一直在默默地取得进步。在我们的未来,两种文化都有发展空间。太空足够辽阔,可以同时容下这两种文化。

继历史与政治之后,温伯格的另一个主题是科学。他在写作科学内容时,保持了为诗人讲授物理学的教师所具有的敏锐性,他强调的是基本概念,避免了技术细节。在整本书中,没有一道方程。标题为《科学可以解释一切吗?可以解释任何东西吗?》以及《科学的未来与宇宙》的这两章,描述了温伯格的哲学结论,却没怎么介绍他所使用的专业工具。

他的哲学包含一丝好斗的无神论色彩。他对所有的宗教信仰都有强烈的反感,对基督教和伊斯兰教这种有组织的宗教尤其厌恶。他赞同地引用了数学家保罗·爱多士(Paul Erdös)的说法,后者从来不使用"上帝"一词,而是代之以"至高无上的法西斯"(Supreme Fascist)。他认同托马斯·杰弗逊(Thomas Jefferson)的论断:"基督教的上帝是个糟糕的角色——他残酷、报复心重、喜怒无常且不公正。"在对基督教做了这样一番雄辩滔滔的谴责之后,温伯格在《一种致命的坚信》(*A Deadly Certitude*)这一章的结尾部分,对伊斯兰教做了更尖锐的谴责。这一章是为理查德·道金斯(Richard Dawkins)《上帝幻觉》(*The God Delusion*,2006)一书写作的书评。温伯格得出的结论是:

　　道金斯只是将伊斯兰教当作另一种应受谴责的宗教，但实际上还是有一点差别的。差别在于，宗教信仰在伊斯兰世界中散布的范围，以及它所造成的危害……我跟道金斯一样，对所有的宗教都缺乏敬意，但是在我们这个时代，对他们一视同仁地采取不尊敬的态度，同样也是愚蠢的。

　　我发现具有讽刺意味的是，温伯格在宣称自己对宗教信仰怀有很强的敌意之后，却在科学类文章中以有信仰者的姿态出现。他热切地相信有可能存在一种终极理论。他写过一本书——《终极理论之梦》（*Dreams of a Final Theory*），这表明他的思想中弥漫着一种终极理论的观念。终极理论的意思是，存在一组数学规则，以完全的通用性和精确性，描述了物理宇宙运转的方式。完全的通用性意味着，无论何时何地都得遵守这组规则。完全的精确性意味着，规则与实验测量结果之间的任何偏差，都是由有限的测量精度造成的。

　　对温伯格来说，终极理论不只是一个激发其灵感的梦想，让身为数学物理学家的他，在探索宇宙时得以完成出色的工作。对他来说，终极理论是一个业已存在的现实，很快就会为我们人类所发现。它是一种真实的存在，隐藏在原子与星系的运动之中，就等着我们去发现。存在一种决定大自然运行法则的终极理论——这种信念强烈地影响了他关于历史与道德的思考，也影响了他关于科学的思考。

　　我对身为科学家的温伯格深怀敬意。我对他的信仰也深怀敬意，尽管我不敢苟同。我承认有这种可能性：他也许是对的，而我也许是错的。我没有忘记我们在 44 年前, 对一种被称作 W 的假想粒子, 存在着分歧。字母 W 并不是温伯格的缩写, 但是正是温伯格在找到它之前, 就设想到了它的存在。温伯格相信 W 粒子必定存在, 因为他用来统一自然界弱相互作用力的理论, 需要这种粒子作为其中的一个重要组成部分。我相信 W 粒子不会存在, 因为它的存在会跟我深爱的一种数学论证发生抵触。他的信念建立在物理直觉的基础之上, 而我的信念建立在数学计算的基础之上。几年后, W 粒子被直接观察到。结果证明我的数学论证是毫不相干的。我很高兴地祝贺温伯格赢得了胜利, 同时以我最钟爱的诗人威廉·布莱克 (William Blake) 的一句诗自我安慰:"犯错遭弃, 也合乎上帝旨意。"(To be an Error and to be Cast Out is a Part of God's Design.) 布莱克还有一句充满睿智的诗, "反对者才是真朋友"(Opposition is true Friendship), 这让我们毫无芥蒂地继续保持着朋友关系。作为科学共同体的成员, 我们可以对事实与理论产生强烈的分歧, 却仍然是朋友。

既然温伯格在 W 粒子一事上是正确的, 我为何不相信他在终极理论一事上也是正确的呢? 我不信任他对哲学问题所做的判断, 是因为我觉得他过分强调了人类思想对宇宙整体的把握能力。他的职业生涯都是在数学物理这门学科中度过的, 这个狭窄的科学领域在过去一些年里取得了独特的成功。在这个狭窄的科学领域里, 我们的理论以惊人的清晰度, 描绘了大自然很小的一部分。我们的大脑和会制造工具的双手, 对解决这一小类难题极为有效。温伯格预计, 同样的脑子和双手, 会以同样的清晰度, 洞悉一些广大得多的领域。如果大自然这么容易就被驯服, 我会感到失望的。我之所以觉得终极理论的思想令人讨厌，是因为它同时降低了大自然的丰富性和人类命运的多彩性。我更愿意生活在一个充满着无穷奥秘的宇宙之中，更愿意属于一个智力注定会无限增长的物种。

艾萨克·牛顿是朝着理解大自然方向跨出最大一步的科学家，他清楚地看到了自己距离终极理论有多遥远。他在漫长的一生即将接近尾声时，曾经这样写道："我不知道在世人眼里我是怎样的人，但在我自己看来，我就像是一个在海滩上玩耍的小孩，不时为找到一两块比别人更光滑的鹅卵石或更漂亮的贝壳而开心；而我面前，则是一片浩瀚的真理之海，尚待发现。"

在论及人类思想洞悉大自然奥秘的能力时，牛顿的笔调要比温伯格谦虚一些。牛顿是一位虔诚的基督徒，他对神学和科学同样地专注。牛顿可不是傻瓜。

2014 年添加的补注：

温伯格对这篇书评做了回应：

你关于终极理论的远见也许是正确的。我的"信仰"，实际上顶多不过是这样一种判断：它是值得尝试的。你引用的那段牛顿名言是很贴切的，不过另一方面，牛顿也说过："我希望我们可以用与推导力学原理相同的推理方法，推导出大自然的其他现象。因为种种迹象都诱使我推测，它们也许都有赖于某些类型的作用力。"

11. 沉默寡言的量子天才

　　不是物理学家的人为什么也应该对保罗·狄拉克（Paul Dirac）感兴趣呢？因为狄拉克是个很有意思的人，正如爱因斯坦也是很有意思的人。二者都做出了意义深远的科学发现，改变了我们的思维方式；都是特立独行的人，观点鲜明，充满激情。除了这两点主要相似之处外，他们在许多的生活细节方面也出奇地相似。二者都获得了诺贝尔物理学奖——爱因斯坦在 1921 年获奖，狄拉克在 1933 年；都有两个亲生的孩子，还有妻子前次婚姻留下的两个继子女；都在年轻时，积极参加了欧洲专业科学家社团的活动；都移民到了美国，并在年老时，与美国科学界产生了隔阂。他们之间的主要差别是，爱因斯坦成了世界最著名的人士之一，而狄拉克却一直声名不彰。

　　爱因斯坦变得异常出名，有多方面的原因。主要原因是，他喜欢出名，常发出具有挑衅性的言论（适合上报纸头条），供大众消遣。狄拉克既无意追求出名，也缺乏这方面的天赋。他通过保持沉默，拒好奇的记者于千里之外。关于爱因斯坦的传记已经出了好几十种了，而关于狄拉克的仅有两本：赫尔格·克拉夫（Helge

Kragh）著的《狄拉克：一部科学传记》（*Dirac: A Scientific Biography*），出版于 1990 年；以及格雷厄姆·法梅洛（Graham Farmelo）写的一本新传记《最古怪的人：原子神秘主义者保罗·狄拉克的隐逸人生》（*The Strangest Man: The Hidden Life of Paul Dirac, Mystic of the Atom*）。[1] 克拉夫写的那本传记中遍地都是方程式，是专门写给专家看的。爱因斯坦如雷贯耳的名声和狄拉克的默默无闻，使大众对他们领导的两场革命产生了一种虚假的印象。公众知道其中的一场革命，并正确地将它归功于爱因斯坦。这场革命改变了我们对空间和时间的思维方式。这种新的思维方式被称作相对论。

10 年后发生的第二场革命意义更加深远，它改变了我们对于几乎所有事物的思维方式，不仅体现在物理方面，而且体现在化学、生物学和哲学方面。它改变了我们对科学本质、因果、过去与未来、事实和概率的思维方式。这种新的思维方式叫作量子力学。第二场革命是由包括爱因斯坦在内的五六个人领导发起的。它不属于某一个领袖。但第二场革命中最纯粹、最大胆的思想家非狄拉克莫属。如果让我们推选一个人作为第二场革命的代表，最合适的人选就是狄拉克了。

法梅洛在书中写道，狄拉克"最伟大的成就之一"，是他在量子力学和相对论之间，缔结了一场貌似不太可能的联姻——以一种美到极致的方程形式，对电子进行了描述。此后不久，在没有

---

[1] 基础图书出版社（Basic Books），2009 年。（中译本《量子怪杰：保罗·狄拉克传》，重庆大学出版社，2015 年 5 月，兰梅译。——译注）

任何实验提供线索的情况下，他用自己的方程预测出了反物质的存在——这是前所未知的粒子，具有与对应的物质粒子相同的质量和相反的电荷。这一成功的预测，被公认为理论物理最杰出的成就之一。

在法梅洛的书中，我们看到的狄拉克，在人生舞台上出演了足够多的悲剧，也享受了足够多的胜利。他是跟爱因斯坦一样的怪人。他之所以没那么出名，是因为他喜欢单枪匹马独自战斗。

书名《最古怪的人：原子神秘主义者保罗·狄拉克的隐逸人生》取得不好。费伯－费伯出版社（Faber and Faber）出的英国版本改了个更好的书名，用"量子天才"替换了"原子神秘主义者"。神秘主义者和天才不是同义词。"最古怪的人"这种说法出自伟大的丹麦物理学家尼尔斯·玻尔（Niels Bohr），他在 1926 年邀请狄拉克访问了他位于哥本哈根的理论物理研究所，当时狄拉克年仅 24 岁。玻尔在多年以后说，在曾经到访过他这个研究所的人中，狄拉克是最古怪的人。

的确，狄拉克的内心世界隐藏得很深。他不喜欢透露他脑子里在想些什么，不管是关于科学问题还是关于他自己都是如此。但玻尔没有说狄拉克是个神秘主义者，他实际上也不是。狄拉克和神秘主义者是相对立的。他曾用一种直观的方法，试图以数学方法来描述大自然的运作方式。狄拉克的古怪之处并不是神秘主义，而是对单个问题保持令人敬畏的专注。他之所以沉默和冷漠，是因为他喜欢在同一时间只考虑一件事情。在选择要思考的问题时，对他进行指引的是这样一种能力——将不相干的事放到一边，并清楚地知道什么是重要的，什么不是。对他来说，人们日常生活中谈论的话题大多是无关紧要的，所以他大多数时候会保持沉默。

尽管狄拉克很少谈到自己，但他保存了从孩提时代开始，几乎所有来自家人和朋友的信件和文件。这些文件现在可以在佛罗里达州立大学收藏的狄拉克档案中查到。它们为法梅洛的传记提供了一个坚实的档案基础。尽管狄拉克是出了名的沉默，但与他那些更健谈的同时代人相比，我们对他的早年生活反而了解更多。法梅洛还采访了所有还在世的认识狄拉克的人，获得了关于狄拉克不多的一些谈话的详细记录——在这些谈话中，年老的狄拉克详尽地谈到了自己的青年时代。其中最引人注目的谈话是由库尔特·霍费尔（Kurt Hofer）给出的，他是狄拉克在佛罗里达州立大学的同事，一位生物学家。法梅洛将霍费尔的故事置于他的传记之首，以强调它对理解狄拉克内心挣扎所具有的重要性。这个故事的真实性已被其他证人和文件所证实。

保罗·狄拉克的父亲叫查尔斯·狄拉克（Charles Dirac），是一位瑞士教师，在英国的布里斯托尔市（Bristol）教现代语言。他是一位能干而严厉的老师。保罗的母亲弗洛伦斯（Florence），比丈夫年轻12岁，且处处受制于他。保罗有一个哥哥费利克斯（Felix），和一个妹妹贝蒂（Betty）。据霍费尔说，查尔斯坚持要求保罗在家里只能说法语，每次出现语法错误时就惩罚他，这使保罗生活得很痛苦。由于说话可能带来惩罚，他养成了沉默的习惯。查尔斯经常性地对弗洛伦斯不忠，他们基本上互不交谈。保罗亲近他母亲，贝蒂亲近她父亲，而费利克斯对谁都不亲近。费利克斯经常被拿来跟他杰出的兄弟相比，承受了强烈的痛苦。在保罗·狄拉克23岁时，年仅25岁的费利克斯自杀了。那时，保罗已经逃离了这个充满仇恨的家——他就读于剑桥大学圣约翰学院，并获得了奖学金。保罗对父亲的憎恨一直持续到 50 多年后他与霍费尔进行交谈的那一刻。保罗说："我小时候从来就不懂爱和体贴为何物"；而提到他父亲时，又说："我绝对没有亏欠他一丝一毫。"

尽管受到这些内心的折磨，狄拉克对于建立友情却有着非凡的天赋。在剑桥，他最亲密的朋友是彼得·卡皮查（Peter Kapitza），一位富有魅力的俄罗斯实验物理学家，后来由于发现液氦的超流现象（superfluidity）而获得了诺贝尔奖。卡皮查当时在英国生活和工作，但是夏天会回俄罗斯避暑。狄拉克多次去俄罗斯度长假，与卡皮查和其他俄罗斯朋友一起爬山，在卡皮查位于克里米亚的乡村俱乐部里享受生活。狄拉克也尝试过在卡皮查的实验室里动手做实验。

1934 年，斯大林决定让卡皮查留在俄罗斯，并禁止他返回英国。狄拉克随后前往俄罗斯，参加了一个帮卡皮查脱身的活动，结果没有成功。卡皮查很沮丧，狄拉克在他的别墅里待了几个星期，帮他改善心情。最后达成的一项协议是，让卡皮查留在俄罗斯，而苏联政府则出钱将他所有的实验设备从剑桥运到莫斯科。这样，他就可以以自创研究所所长的身份，在俄罗斯继续他的实验工作了。此后，天各一方的狄拉克和卡皮查一直是好朋友，30 年后还在剑桥快乐地重聚了一次。卡皮查非常健谈，而狄拉克则是个好的倾听者，所以他们很般配。

狄拉克还是其他好几位量子力学先驱的忠实朋友，特别亲密的有尼尔斯·玻尔和维纳·海森堡（Werner Heisenberg）。海森堡在整个"二战"期间都住在德国。虽然他讨厌希特勒，但他是个爱国的德国人，认为他有责任为自己的祖国服务，与之共命运。战争结束后，他以前的朋友们都对他深怀敌意，一直不肯原谅他，因为他领导了德国的铀计划，这是一个失败的计划，从来没有进展到接近研制出原子弹的程度。狄拉克特意对其表示友好，说海森堡处于极其困难的情况下，其行为是合理的。狄拉克看到他在俄罗斯的朋友们，在一个反复无常的政府统治之下，被迫做出艰难的抉择，了解了他们生活的压力。他说："在民主国家成为英雄不是什么难事。"

狄拉克在人际关系方面的才华，最引人注目的体现是他与曼滋·巴拉兹（Manci Balázs）的婚姻。这段婚姻持续了 47 年，直到他去世为止。曼滋是个喜怒无常的匈牙利寡妇，习惯了贵族家庭的生活方式。狄拉克是个安静的人，却喜欢与性格外向的人为伴。相反的性格使他们很般配，就像狄拉克和卡皮查一样。曼滋照顾狄拉克，并负责安排他的日常生活。他喜欢他的子女和继子女，任他们自由发展、展现自我，避免粗暴地对待他们——这曾使他疏远了自己的父亲。他喜欢在花园里长时间劳动，在和平时期种植花卉，在战争时期则种植蔬菜。他喜欢静静地听曼滋和她的朋友们交谈。

狄拉克和曼滋在剑桥一起生活了 34 年，大部分时间相处融洽。狄拉克喜欢相当刻板的剑桥生活，而曼滋觉得这种生活很乏味，这造成了他们最严重的分歧。据说，有一次曼滋在吃晚饭时生气地对狄拉克说："如果我离开你，你会怎么办？"沉默片刻后，狄迪克平静地回答："我会说，'再见，亲爱的。'"

我还是个 17 岁的本科生时，在剑桥大学听过狄拉克的讲座，有幸目睹他的风采。就像玻尔在 15 年前的哥本哈根一样，我也觉得他有些古怪。那是 1941 年——英国卷入"二战"的第三年。由于战争，学生人数很少，但是狄拉克照样准时地在每个周一、周三和周五的上午，为一小群听众们讲课。他的讲座基本上是根据他写的《量子力学原理》一书照本宣科。他在这本书的引言中说：

> 这迫使我们跟历史发展路线完全决裂，但这种决裂也有个好处——可以让产生新思想的途径尽可能地变直接了。

也就是说，他向我们提供了描述大自然如何运作的抽象数学方案，而没有对让这个方案产生于其中的物理思想的早期历史进行解释。在那些日子里，我每周给父母写一封信，所以对他的讲座所产生的影响保留了一个同时代的记录。我在 1942 年 2 月写道：

> 狄拉克在最后一次演讲中达到了困难的顶峰。（另一位教授）已经答应下学期邀请我参加狄拉克的茶话会。我很想与狄拉克谈谈……但他讲起课来像放留声机唱片，似乎完全没有人了解他。

就算狄拉克那场茶话会真的举行了，我也没有留下记录。但是对九个月后的另一场茶话会，我在 1942 年 11 月 30 日做了记录：

> 还来了狄拉克家的两个年轻人，一个名叫加布里埃尔（Gabriel），另一个叫朱迪丝（Judith）。加布里埃尔 17 岁，是来

自圣约翰学院的一年级本科生，朱迪丝 15 岁，就读于剑桥的一所学校。他们在匈牙利受过教育，知道许多关于中欧的事。他们以前还经常与大拓扑学家冯·诺依曼在多瑙河上划船——他现在在美国几乎是具有传奇色彩的人物了。加布里埃尔是个非常狂热的共产党员，因此从一开始就一直没有冷场。狄拉克家这个小伙子学的是数学，但现在对政治更感兴趣。

加布里埃尔和朱迪丝是作为继子女进入狄拉克的生活的，他在 1937 年娶了他们的母亲。以青少年的标准衡量，他们非常聪敏活泼。我在茶话会上遇见他们时，斯大林格勒战役鏖战正酣，苏联是我们英勇的盟友，在对抗希特勒的战争中承受着主要的冲击，因此一个聪明的年轻人成为一名共产主义者并非不寻常的事。狄拉克本人不是共产主义的支持者，但他是个坚定的社会主义者。他曾多次前往俄罗斯，那里有他一些最亲密的朋友；作为访客，他一直受到苏联政府的欢迎，甚至在他的朋友们遇到政治麻烦时仍然如此。

6 年后，当我第一次到达普林斯顿的高等研究院时，我遇到了狄拉克和他的亲生女儿玛丽和莫尼卡，她们的年龄分别是 8 岁和 6 岁。当时记下的情景如下（日期为 1948 年 9 月 14 日）：

> 当我访问高等研究院时，那里孩子比大人多，狄拉克和他的家人不久要前往英国，其他一些孩子在玩牛仔与印第安人的游戏，冯·诺依曼在一片混乱中显得形象模糊。

玛丽和莫妮卡围着高等研究院公共休息室中间的桌子互相追逐，

这种生动的场景，跟我和狄拉克习惯了的那种剑桥大学公共休息
室的古板与无趣，是大不相同的。

当狄拉克在剑桥达到退休教授的年龄时，曼滋觉得到了让他转
到美国去的时候了。玛丽和莫妮卡都已结婚并定居在美国，而曼
滋已在英国待够了。曼滋带着狄拉克去了玛丽生活的塔拉哈西城
(Tallahassee)，佛罗里达州立大学物理系为他提供了一个"名誉客
座教授"的职位。狄拉克接受了这个职位，并作为一个受人尊敬的
圣人，在塔拉哈西度过了他人生的最后13年。随着年岁的增长，
他变得更加善于交际和健谈。曼滋乐于对川流不息来躲避北方严冬
的美国朋友敞开家门，让他们与她著名的丈夫交谈。曼滋和狄拉克
了解彼此的需求，在他们年老时达成了某种安宁的状态。

法梅洛在书的结尾安排了两个颇具挑衅性的章节，一个题为
《狄拉克的大脑和人格》，另一个是《遗产》。每一章都提出了令人
着迷的问题——也许是无法回答的问题。法梅洛基于自己的观点
进行了尝试性的回答。我将解释为什么我根据自己的看法，会给
出不同的答案——同样也是尝试性的。《狄拉克的大脑和人格》这
章，提出了他是否患有自闭症的疑问。自闭症截至最近仍是一种
罕见的疾病，其特征是使病人不能过上正常生活的精神障碍。主
要症状是无法建立或了解与其他人的社会关系。这往往伴随着不
说话，或语言功能发育的严重迟缓。典型的自闭症儿童痴迷于重
复的活动，不愿意已经习惯成自然的事务发生任何改变，对与家
人或朋友沟通的事情不感兴趣。

根据这些标准来判断，狄拉克显然没有自闭症。我妻子和他一
起在普林斯顿散步时，发现他是个友善而好玩的同伴。他与他的物

理学家朋友，如卡皮查、海森堡和玻尔，建立了深厚的私人关系。他在与曼滋结婚前，与至少三名女性保持着亲密的朋友关系。他与他的继子女和亲生子女们保持了正常的父子及父女关系。如果狄拉克患有自闭症，那么"自闭症"一词肯定还有不同的含义。

在过去 20 年里，自闭症的概念已经拓展，包括了更多种类的人。它的医疗诊断标准已经在专家中引发了激烈的争辩。"泛自闭症障碍"（autistic spectrum disorder）这个词，已被用来对更广义的自闭症进行正式的认可。因此，自闭症不再是罕见的疾病，它涵盖了许多社会生活正常、但表现出轻微的自闭症典型症状的人。对其他人的感情不够敏感，对事物的兴趣超过对人的兴趣，对正常人感到奇怪的东西表现出强烈的兴趣，这些都够得上成为更广义的自闭症。"泛自闭症障碍"包括了广泛的障碍，从精神病院里沉默寡言的严重智障患者，到辩才无碍、才华横溢、职业生涯活跃的大学教授，都有可能被诊断患有"泛自闭症障碍"。坦普尔·葛兰汀（Temple Grandin）是高功能自闭症的一个著名的例子：他是一位工程学教授，写过好几本书，是专门设计对牲畜进行人道处理的建筑物和机械的世界级专家。法梅洛描述了格兰丁自闭症的两个方面：对突发声音的敏感性，以及她思考过程的视觉特性；并通过类比来证明狄拉克也患有自闭症。

"阿斯伯格综合征"（Asperger's syndrome）是高功能自闭症障碍的别称。汉斯·阿斯伯格（Hans Asperger）是一位奥地利心理学家，他研究了那些社交笨拙但智力敏锐的儿童。我认识好几位家长在孩子们迷上绘画或数学时，都自豪地宣称他们的天才儿童"有阿斯伯格综合征的迹象"。阿斯伯格综合征已成为一种特质，而不是一种疾病。如果每个安静、内向又有不寻常才能的孩子都有阿斯伯格综合征的迹象，那么狄拉克肯定有阿斯伯格综合征的迹象。如果阿斯伯格综合征包含在泛自闭症谱系中，那么法梅洛得出狄拉克有自闭症的结论是合乎情理的。

目前对自闭症的定义，都基于未经良好界定的症状，也基于在很大程度上属于主观的医学判断。因此，在狄拉克死后将他诊断为自闭症或非自闭症，会"公说公有理，婆说婆有理"。但是在以后，有可能会给出一个客观的诊断。我们有强有力的证据表明，自闭症与大脑的解剖结构异常有关，而且自闭症是可遗传的。

当来自神经学和遗传学的证据变得牢靠，基于症状的自闭症诊断，有可能会被基于对大脑和基因组的客观观察所代替。在未来的某个时候，当大脑和基因组的复杂细节被详细地了解之后，人们有可能对狄拉克的个性进行可靠的死后诊断——前提是他的一些携带 DNA 的组织碎片，已得到了保存。

由于基于 DNA 诊断的时代尚未到来，我将自己的初步诊断，建立在逸事证据的基础之上。法梅洛书中的两则逸事，让我觉得获得了强有力的证据，证明狄拉克的怪癖与自闭症无关。两则逸事都发生在他与曼滋结婚之前，那时他还处于野性未驯的状态。1935 年，卡皮查夫妇在俄罗斯遭到扣留，他们的两个儿子留在英国；卡皮查夫妇指定狄拉克为孩子们的法定监护人。在孩子们回到俄罗斯与父母团聚之前，狄拉克一直在照顾他们。在他照顾孩子们期间，他们过了一个盖伊·福克斯节（Guy Fawkes Day）——相当于英国的国庆节，传统上大家会点起篝火、燃放烟花进行庆祝。狄拉克给孩子们举办了一场烟花表演。

第二件逸事涉及另一位著名的俄罗斯物理学家——伽莫夫
（George Gamow），他也是狄拉克的亲密朋友。伽莫夫爱玩恶作
剧是出了名的。他和他妻子从俄罗斯移民到华盛顿，并定居于此。
狄拉克到佛罗里达州旅游时看到有人在卖短吻鳄。他决定对伽莫
夫来个以其人之道还治其人之身，就买了一条小鳄鱼，并用匿名
包裹把它寄到了华盛顿。这个玩笑的成功程度，甚至超过了狄拉
克最初的预期。伽莫夫的妻子打开包裹后，被鳄鱼狠狠地咬了一
口，她责怪丈夫不干好事。狄拉克一箭双雕。他过了一个月才承
认自己是元凶。这两个故事告诉我们，狄拉克在30多岁时，是一
个喜爱孩子、有强烈幽默感的年轻人，与自闭症的基本症状——
病态的自我关注，相去甚远。

法梅洛这本书的最后一章谈到狄拉克留给后代的遗产。这份
遗产包括三部分：第一，狄拉克在他的奇迹之年——从1925年到
1933年，所发现的自然法则；第二，在他生命最后50年里所宣扬
的数学美的理念；第三，他对于人们对他的发现进行哲学解读所表
现出的厌恶。对于从业的科学家，狄拉克的主要遗产是，他在年
轻时做出的那一连串石破天惊的发现。他留给非科学家的遗产没
有这么清晰。法梅洛强调的是他后来宣扬的理念，即宣称数学美
是获致科学真理的关键。为了发现真实的自然法则，追求真理的
人应该更注重抽象美，而不是实际的细节。自然法则的美与简单，
会以抽象的数学形式揭示出来。第二个遗产总结在一份声明中，
狄拉克在生命终结时写道："如果你察纳雅言并保持谦卑，数学将
手把手地引领你。"

数学美这个理念本身就是美丽的；毫无疑问，狄拉克相信它是

真实的。但它不能很好地与历史事实相符。在他做出伟大发现的奇迹之年，他的思想更关注实际细节，对抽象美关注甚少。在狄拉克漫长的后半生，他宣扬的数学美却没有引领他做出重大的新发现。

在狄拉克的中年，随着新粒子和新对称性的发现接二连三地快速涌现，现代粒子物理学的宏伟大厦在他周围拔地而起。大自然在向他高声呼叫，要他注意她给出的启示。但他对抽象美的热爱，却告诉他要置身事外。他忽略了关于粒子和对称性的新发现，因为他觉得它们太复杂、不够漂亮，不可能是真的。他不是听从大自然的召唤，而是告诉大自然该如何行动。结果，他的后半生相对而言没有取得多大的成就。

除了科学发现和美学原则这两大遗产之外，狄拉克还留下了第三个遗产——我认为这个遗产是珍贵的，但法梅洛却不以为然。这一个遗产是狄拉克拒绝介入关于量子力学解释的哲学辩论。这些哲学辩论在他生前就开展得非常激烈，在他去世后就更是争得不可开交了。狄拉克没有参加这些辩论，认为它们是没有意义的。他说，正如伽利略在 300 年前所说的那样，数学是大自然的语言。在用数学方程表达时，量子力学的定律是清晰和明确的。混乱来自于将这些定律从数学转化成人类语言的误导性尝试。

人类语言可用来描述日常生活的世界，但缺乏能准确描述量子过程的概念。狄拉克说："我们应该停止关于文字表述的争吵，立足于数学，让哲学的迷雾随风飘散。"我认为狄拉克远离对量子力学意义的口头争论，是他遗产的一个重要组成部分。但是像通常一样，我属于少数派。

2014 年增添的补注:

　　作为对这篇评论的回应,狄拉克家的一些亲朋好友给我写来了富有启发性的信件。我鼓励这些写信人将他们信件的副本,寄给位于塔拉哈西市的佛罗里达州立大学,收入此处保存维护的狄拉克档案。

12. 无限的开始

自从人们开始思索人类的命运以来，总是会有宣扬希望的先知和宣扬绝望的先知。如《创世记》中记载，很久以前，在美索不达米亚（Mesopotamia），上帝就对俯伏在地的亚伯拉罕说：

> 看啦，我与你立约，你要作多国的父……我必使你的后裔极其繁多；国度从你而立，君王从你而出。我要与你并你世世代代的后裔竖立我的约，作永远的约，是要作你和你后裔的神。

亚伯拉罕是西方传统中第一位宣扬希望的先知。他为我们的文化设定了样板。他是一个旅行者，他移居到了一个新的国度，并为自己的子孙后代夺取了它的控制权。不久之后，其他宣扬希望的先知——释迦牟尼和老子，在其他地方创立了另外一些传统。同时，在西方，宣扬绝望的先知耶利米（Jeremiah），在耶路撒冷公然与亚伯拉罕唱起了反调：

耶和华的话又临到我，说："你不可在这地方娶妻，为自己生儿育女。因为论到在这地方所生的儿女，又论到在这国中生他们的父母，他们必死于致命的疾病，无人哀哭，不得埋葬，在地上如粪土，因刀剑和饥荒而灭绝；他们的尸首必给空中的飞鸟和地上的走兽作食物。"

在其他传统中，另外一些宣扬绝望的先知，昭示过神的愤怒和人类的无助。亚伯拉罕和耶利米之间的对话一直持续到今天。这仍然是我们历史的主题之一。那么，都有些什么新内容呢？

其中的一个新内容就是现代科学。科学并没有取代宗教，在我们面对命运问题时，为大多数人提供化解之道，但是科学能让我们以一种新的方式看待这些问题。弗兰西斯·培根（Francis Bacon），是英国传统中宣扬现代科学的重要先知，他没有为上帝代言，而是以自己更温和的声音说："如果以肯定开始，必将以怀疑告终；如果愿以怀疑开始，也许会以肯定告终。"

培根是在 17 世纪初写这段话的，当时宗教战争肆虐欧洲，充满亚伯拉罕式希望的新移民正在美国建立新世界，而充满耶利米式绝望观点的清教徒们则在宣扬地狱之火和天谴。培根在天堂和地狱的确定性之外，提供了第三种可选的方案：耐心探寻的方案。他告诉我们，要提出问题而不是宣布答案，要收集证据而不是急于做出判断，要聆听大自然的声音而不是古代智慧的声音。培根准确地预测到了现代科学的增长。在他写出那段话之后的几个世纪里，现代科学已经改变了人类命运的问题。如今，命运不再是一个不可改变的宿命，不再是不可逆转的善与恶。命运已经成为一个持续的实验，在此过程中，我们可以尽情地从我们的错误之中吸取教训。

在我们所属的这个生生死死的现代世界中，关乎我们命运的一个关键问题是人口的规模。这似乎是个简单的问题。地球上应该生活多少人？我们应该养育多少孩子？但现代科学已经两次改变了问题的本质。在18世纪，科学引发了工业和医学革命，导致人口的快速增长。在20世纪，科学引发了社会革命，导致出生率同样快速地下降。

正如罗伯特·马尔萨斯（Robert Malthus）1798年在其著名的《人口论》（*Essay on the Principle of Population*）中指出的那样，新科技导致了人口增长，而人口增长反过来又有可能导致人类苦难不成比例的增长——这是很容易理解的。在当今世界，更难以理解的是，为何世界大部分地区，出生率在迅速下降，而其他一些地区却仍然保持高速增长。看来，不同地区出生率急剧下降有不同的原因——在中国是因为政府采取了严厉的计划生育政策，在欧美是因为很大一部分女性受了教育，并在经济上变得独立。同时，在非洲和亚洲部分地区，男性占主导地位，女性大多为文盲，这些地方的生育率仍然居高不下。

在过去三个世纪的历史中，清楚地显现出了三大事实。首先，正在进行一个规模巨大的实验，以探索解决人口问题的各种不同方法。其次，没有哪家中央权威机构对此负责。再次，实验结果还存在可疑之处。人口爆炸或人口萎缩仍然有可能造成多种灾害。但是，迄今为止的实验结果是令人鼓舞的。马尔萨斯所预言的灾难并没有发生。世界上几个有不同政治制度和伦理传统的地区，采用不同的方法成功地控制了人口。在任何社会中，财富、交流和教育水平的提高，会导致出生率迅速下降，这看起来是一个普遍成立的命题。不过，这还是一个实验性的结论，需要接受批评和修正。它并没有告诉我们，人口问题最终得到了解决。它告诉我们，问题的解决方案仍然处于我们的把握之中，要通过继续实验和修正错误来探索。

当我们展望遥远的未来时，决定我们命运的主要问题不是人口的规模，而是人口的素质。我们仍将是由家庭和亲属关系作为纽带结合在一起的单一物种，抑或是像过去我们的脊椎动物祖先一样，进化成许多不同的物种？无论是哪种情况，都会有利有弊。如果我们仍然是单一物种，我们将失去探索新的生活和思维方式的巨大机会。我们将失去生物进化的历史动力，去尝试新的实验，去创造身体和心灵的新设计。如果我们走上多样化的道路，我们会失去人类的手足之情。我们会失去共同的忠诚和传统，而那是保障我们具有今日这种面貌的根本。一旦分离为互异的物种，我们就为未来的冲突和不可调和的争吵，开启了无限可能的大门。

如果人性的多样化，与我们栖息地的扩张相结合——从一个星球，扩张到散布在宇宙中的许多社区——也许可以减轻这类危险。那些选择留在这个星球上的人仍然是同胞，而那些选择尝试新创造可能性的人，应该离得足够远，这样即使他们实验失败，也不会危及那些留在地球家园里的人。浩瀚的宇宙让我们可以梦想人类有一个无限的未来，随着人类的身体和心灵在空间上的拓展，在质量上的扩张也会远远超出我们的想象。这就是戴维·多伊奇（David Deutsch）要给他的书取名为《无限的开始》（*The*

Beginning of Infinity）^[1]的原因。"改变世界面貌的解释"这个副标题，道出了本书的主旨。它认为，我们的命运是成为我们周遭世界的解释者，而解释是主宰的关键。

多伊奇要传达一个重要的消息。他的文笔很明晰，他的思考很睿智。他的书有助于推动这个世界找到能更好地处理自身问题的出路。它是写给关心人类福祉的民众看的，而不仅仅是给哲学家们看的。我希望更多关心人类福祉的民众能读到它，并认真考虑它所传达的信息。不幸的是，多伊奇本人就是一个哲学家，喜欢深奥的哲学思辨。幸运的是，他将其平实的语言和深邃的哲思分别放在了不同的章节。普通读者可以跳过专业性较强的章节，而只关注另外的章节。较难的第 11 章和 12 章——《多元宇宙》和《一个物理学家眼中的坏哲学的历史》，应该单独出版为一本书，以针对不同的目标读者。它们与之前和之后的第 10 章和 13 章——《苏格拉底的梦想》和《选择》，这两个写得非常简洁明晰的章节——几乎没有联系。较难的章节是写给那些对多伊奇的自然观和哲学思想有更多共鸣的读者看的。

可以将哲学当成科学的一个分支，也可以当成文学的一个分支。对多伊奇来说，哲学是一组解释和论证，它们或对或错。对我来说，哲学是一系列的故事。对多伊奇来说，值得无条件尊重的唯一哲学家是卡尔·波普尔（Karl Popper），因为只有他才提出了正确的问题并给出了正确的解答。对于我来说，伟大的哲学家都是像柏拉图和罗素（Bertrand Russell）那样的人，他们碰巧又

---

[1] 维京出版社（Viking），2011 年。

都是优秀的作家。罗素在一次开玩笑时，表达了一种与我类似的哲学观:"科学是有组织的常识;哲学是有组织的废话。"在我看来，当多伊奇忘掉自己的专业论证，只讲述动人的故事时，他便成了一个真正的哲学家。

多伊奇用两句刻在石头上的碑文对人类的命运进行了总结:"问题是不可避免的"和"问题是可以解决的"。他在《火花》那一章，引出了这两句话，并解释了其含义。它们适用于人类活动的各个方面，包括伦理、法律、宗教以及艺术和科学等。在每一个领域，从纯数学与逻辑，到战争与和平，都没有最终的解决方案，也没有终究毫无可能之事。他识别出了洞察的火花——从17世纪英国的启蒙运动开始——这让我们对无限的未来看得更清楚。他在英国的启蒙运动，和同时发轫于法国的欧洲大陆启蒙运动之间，进行了明确的区分。

两场启蒙运动都起始于"问题是可以解决的"这一洞察。两者都由当时最聪明的头脑参与解决实际问题。它们分道扬镳的原因在于，许多大陆启蒙运动的思想家都相信问题可以通过乌托邦式的革命最终得到解决，而英国这边则认为问题是不可避免的。多伊奇认为，培根改变了世界——他用长远的眼光，预见到了问题的解决是一个无限的过程，要由不可预测的成功和失败来引导。多伊奇给出的历史是狭义的版本。它是辉格党的历史，将人类的命运描述为狭隘的英国思想和制度所取得的胜利。

早在培根之前，中国的思想家们就用长远的眼光对历史进行了审视，并将它推上了一条不同的道路;而希腊的苏格拉底则教我们通过提出问题，而不是通过获知答案，去寻求智慧。许多不同的文化都得出了一个同样的结论：人类有选择的余地。如果我们愿意，我们可以成为那个火花，将宇宙从一个无意义的机器，变成一个具有创造性的生物群落，从而总是提出新的问题，努力去寻找新的答案。

多伊奇在《选择》这一章回归到了当今的问题，讨论了政治和经济问题。有两个问题主导着过去政治经济学的研究。我们应该如何选择我们的统治者？我们应该如何在穷人和富人之间不平等地分配财富？在最近关于统治者选择的争论中，人们通常问的是错误的问题。他们问：谁是最好的统治者？他们假定，如果回答了这个问题，那么我们应该让最好的统治者来统治，好政府的问题就迎刃而解了。

但历史老早以前就告诉我们，这是一个错误的问题。世上没有最好的统治者，因为权力会腐败，环境会变化。统治者开始时往往是好的，后来会犯愚蠢的错误。国王查尔斯一世与议会之间的英国内战，就很清楚地表明，最好的统治者这个概念不过是一种幻觉。这位国王自称天赋神权，公然滥用职权，于是议会领导人奋起反抗他。议会赢得了战争，将国王送上了断头台，并任命奥利弗·克伦威尔（Oliver Cromwell）代替他来统治英国。在克伦威尔死后，议会决定邀请被处决的国王的儿子回来继位。

经历了失败和流放的磨难，新国王的统治，比他父亲和克伦威尔都要温和开明。在那个世纪，君主制和共和制之间的大辩论，是在一个非常高的智识水平上进行的。英语世界的两位伟大诗人都深深介入其中：威廉·莎士比亚站在君主伊丽莎白和詹姆斯一边，约翰·弥尔顿（John Milton）则站在克伦威尔一边。莎士比亚的历史剧和悲剧为国王和女王们提供了鉴戒。弥尔顿的《论出版自由》（*Areopagitica*），则为试图控制我们思想的政府官员们提供了鉴戒。

要问的正确问题不是"谁是最好的统治者"，而是"我们如何确保统治者在统治不好时被和平地取代"。政府的民主制就是被设计来回答后一个问题的。举行选举不是为了选出最好的统治者，而是给我们一个机会，在不用流血的情况下废黜最坏的统治者。君主立宪制是对同一个问题的另一种解决方案。现在的英国女王无权统治她的国家，但她有权解散议会，并阻止任何政客采取公然违宪的行为。对政府而言，长期存在的问题不是选出最好的统治者，而是要让不好的统治者为其失败负责。

贫富之间的财富分配，是一个与政治权力分配类似的问题，而且也有类似的历史。大辩论发生在道德理想与经济学之间。社会公正要求平等。对进取心和成就的公平奖励要求不平等。辩论双方的拥戴者都倾向于采取极端的立场。人们建立过许多乌托邦社区，以便把平等原则付诸实践。它们中没几个持续了一代以上的时间。子女们都有一个令人遗憾的倾向——反叛他们父辈的梦想。同时，极端自由市场资本主义的拥护者，一直在鼓吹贪婪的信念。他们将贪婪美化为创造新产业的驱动力，认为它最终会使每个人都变得富有。不幸的是，在世界上许多自由市场资本主义盛行的地方，富人越来越富，穷人越来越穷。

在经济实力大辩论中占主导地位的乌托邦思想家是卡尔·马克思，他将19世纪的世界视作黑白两色。黑色的是资本主义，是由富裕的资本家和受压迫的工人组成的现实社会，权力都集中在资本家手中。白色的是共产主义，是工人们自己掌握政权，并拥有生产工具的未来社会。在将以前的资本家扫进历史的垃圾堆之后，共产主义会为工人们实现社会正义。马克思是宣扬希望的先知，他用来描述未来梦想的语言，可媲美他的希伯来先辈以赛亚(Isaiah)。以赛亚书中写道：

> 看啦！我造新天新地；从前的事不再被记念，也不再追想。……豺狼必与羊羔同食；狮子必吃草与牛一样；尘土必作蛇的食物。在我圣山的遍处，这一切都不伤人，不害物。这是耶和华说的。

如今回头来看马克思的观点，我们可以看到他关于资本主义的写作大部分是真实的，而关于共产主义的写作几乎全都是虚假的。只要他审视的是他在身边能够看得见的证据，他就有坚实的基础。一旦从证据转向教条，他的想象就会不受控制地将他引上歧途。

多亏有了现代数据搜索和快速通信的神奇力量，我从一位澳大利亚表兄弟那里收到了一份复印件——我曾祖父母杰里迈亚和玛丽·戴森的结婚证，他们1857年在英格兰北部工业区哈利法克斯（Halifax）教区的教堂结婚；马克思的朋友弗里德里希·恩格斯曾在这个地方撰写了他谴责资本主义的经典著作——《英国工人阶级的状况》。玛丽没有签上她的名字。她在证书上打了一个叉。此后，没有借助共产主义革命的帮助，哈利法克斯工人阶级的状况也慢慢地改善了。他们获得了受教育的机会、适度的繁荣，以及追求更广泛兴趣的自由。玛丽的儿子成了一个熟练的机器制造工，她的孙子成了一个专业的音乐家，她的曾孙当上了科学家。

按多伊奇的定义，马克思提出的信条是坏哲学的一个经典实例。坏哲学家试图通过告诉世界如何运转，来改善人类的状况。他们自欺欺人，想象着世界会随他们的节拍起舞。好的哲学家则继续观察世界是如何运转的，并试图对他们观察到的东西进行解释。优秀的哲学家通过提问和纠正错误，来改善人类的状况。好的哲学方法是解释和理解世界的行为，而不是规定它如何运作。

在过去半个世纪中，人类状况最重要的改善是中国的经济转型。如果这一转变再延续半个世纪，并且将印度也包含在内，世界上一半以上的人口将会变得富有。通向新的、不可预知的转变的道路将会开启。在中央政府组织大规模社会实验方面，中国有悠久的传统，可以上推几千年的时间。有些实验失败了，有些成功了。中国传统鼓励冒大的风险，也鼓励从灾难中恢复过来的能力。我们应该期待中国的传统将继续保持与我们的不同，这样他们就敢于进行新的冒险事业，而我们更为胆小的西方规则是禁止这样干的。可惜的是，多伊奇在他的书中没有提到中国。他忽视了我们一半的遗产。要是他将中国纳入他对未来的憧憬之中，他关于人类可能性无限扩大的论证将会得到加强。

在多伊奇这本书的 18 个章节中，我最强烈推荐的是《梦中的苏格拉底》，这是一篇轻松愉快的哲学小说。苏格拉底去希腊古都特尔斐（Delphi）的神谕那里，问谁是世界上最聪明的人。为太阳神阿波罗代言的神谕回答说："没有人比苏格拉底更聪明。"那天夜晚，苏格拉底在酒店睡着了，众神的信使赫尔墨斯（Hermes）来探望他。他们俩开心地在对话中交换了一些笑话和悖论，赫尔墨斯趁机向苏格拉底解释了多伊奇在书中提到的所有要点。赫尔墨斯解释的最重要的一点是，智慧是通过提问来实现的，也就是说，遵循我们现在称之为苏格拉底式的方法。接着，年轻的柏拉图和一伙其他的朋友冲进他的房间，粗鲁地将其唤醒，赫尔墨斯消失了。苏格拉底试图向柏拉图解释他所学到的东西。柏拉图用一支尖笔在写字板上，将苏格拉底的话草草记下，但他误解了这条消息，并对它断章取义。

2014 年添加的补记：

　　戴维·多伊奇作为哲学家吉姆·霍尔特（Jim Holt）书里的一个角色，还会出现在第 17 章中。第 17 章中的多伊奇，是一种更教条的思辨者，我对此进行了更严厉的批评。按照我的描述，当哲学家从雅典的公共广场，退入与世隔绝的牛津学院时，哲学就失去了它的锋芒。

13. 科学也疯狂

《处于边缘的物理学》(*Physics on the Fringe*)[1] 讲述的是业余爱好者所做的工作，这些人既得不到学术界的承认，也不接受某些正统的学术观点。他们往往是自学成才的人，对高等数学了解不多。数学是专业人士所讲的语言。业余爱好者提供的是另外一组见解。他们想象的世界是具体的，而不是抽象的，是物理的，而不是数学的。 他们中的许多人隶属于自然哲学联盟（Natural Philosophy Alliance），这是一家被其友人称为 NPA 的非正式组织。

玛格丽特·韦特海姆（Margaret Wertheim）这本书，讨论了她与这些自然哲学家们的交往。她对他们颇有兴趣，将他们视为人类悲剧中的角色，带有悲剧所特有的严肃性与尊严。她的主角是吉姆·卡特（Jim Carter），她的主题是他生活与工作的故事。跟大多数的哲学梦想家不同，卡特是一位能干的工程师，并且会做真正的实验来验证他的想法。他经营有方，因而有闲暇去追逐自己

---

[1] 玛格丽特·韦特海姆（Margaret Wertheim），《处于边缘的物理学：烟环、循环子和万物的另类理论》(*Physics on the Fringe: Smoke Rings, Circlons, and Alternative Theories of Everything*)，沃克出版社（Walker），2011 年。

的梦想。他是个多才多艺的人，但有个致命的缺陷。

卡特的缺陷在于，他坚定不移地相信这样一种理论——宇宙是建立在无穷级循环子的基础之上。循环子是圆圈状的机械物体。宇宙的历史就是由繁殖与分裂过程连续产生循环子的故事。他在家中用烟圈做实验，以此验证循环子的特性。烟圈是循环子一种可见的表现形式。他用垃圾桶和橡胶板建造了一个实验装置，在受控条件下制造出可长期存在的烟圈。烟圈可以相互作用并保持稳定的存在，这一事实证明循环子也可以做到这一点。正如核物理的标准理论，是通过加速器实验来验证一样，他声称他的理论可通过垃圾桶实验来验证，而且成本要比加速器实验低 100 万倍。就像柯勒律治笔下的老水手（Ancient Mariner）一样，他一遍又一遍地向他的听众讲解他的故事，却没人愿意相信他。

卡特一生中最有戏剧性的时期是 20 世纪 70 年代，当时他在卡塔利娜岛（Catalina Island）担任潜水员，靠在海底采集鲍鱼谋生。他最早见识到的循环子是完美的气泡圈——他用水下呼吸装置呼气时，排气阀有时会产生这种气泡。在那些日子里，鲍鱼很高产，而且市场需求旺盛。他潜水一天，就可以赚到足够的钱，让他在家中待上一个星期，来钻研循环子理论。

对他的收入真正产生制约的是，从海底运送大量鲍鱼到陆地很困难。他发明了一种被称为举升袋（lift bag）的装置，来解决这个问题；这是一个大袋子，其中一个兜用来运货，而另一个兜用来充入空气。将一小罐压缩空气充入袋中，可以提举本身重量的 100 倍。袋子的提举能力是被空气排开的水的重量，而水的重量是空气的 1000 倍。在他妻子的帮助下，他设计了一个外形雅致、使用方便的举升袋，还用色泽鲜艳的材料，改善了其水下能见度。他很快就从进行各种水下作业的人那里，接到了购买举升袋的订单——从沉船打捞到钻井采油都有需要。与采集鲍鱼相比，卡特举升袋公司给他带来了更大的收益。

韦特海姆（Wertheim）告诉卡特：在130年以前，就有人做过烟圈实验——他们采用了类似的装置，也是想达到类似的目的。之前，卡特对此一无所知。威廉·汤姆森（William Thomson）和彼得·泰特（Peter Tait）是著名的物理学家和数学家，他们提出了一种物质理论，与卡特的循环子理论类似。他们设想：每个原子都是一个旋涡，处于被称为以太的假想流体之中，而以太则充满空间和时间。他们想象，各个旋涡都以不同的方式扭结在一起，以解释不同元素的原子在化学上的差别。在完美流体中的旋涡，不管是扭在一起的还是解开的，都会永久存在，坚不可摧。

跟卡特一样，汤姆森和泰特也用烟圈作为他们想象中的原子的可见图像。跟卡特一样，他们也没有找到任何有说服力的证据，证明图像和原子之间存在联系。与卡特不同的是，他们是专业的科学家，是国际科学界深受敬重的领袖。汤姆森后来被维多利亚女王册封为贵族，成了开尔文勋爵，并以开尔文绝对温标名垂后世。泰特则创立了关于纽结的数学理论，该理论在20世纪发展成了一个名叫拓扑学的数学新分支。虽然他们的涡旋原子理论已被世人遗弃，但汤姆森和泰特仍然获得了荣誉，并得到世人尊敬。韦特海姆问道：为什么要对卡特进行区别对待呢？

在身为科学家的职业生涯中，我有幸两次成为著名持异议者的私人朋友。其中一个持异议者是阿瑟·埃丁顿（Arthur Eddington），他跟汤姆森和泰特一样，是业内人士。另一个是伊曼纽尔·维里科夫斯基（Immanuel Velikovsky），他是像卡特一样的圈外人。他们都是悲剧人物，在才智方面出类拔萃，在道德方面也充满了勇气，但都有卡特那种致命的缺陷。二者均执着于一种妄念——具有普通常识的人都看得出来那是荒谬的。我向两人清楚地表明：我不相信他们的幻想，但他们作为凡人和富有想象力的艺术家，我很佩服。我最佩服他们的一点是：他们倔强地拒绝保持沉默。面对全世界的反对，他们仍坚持自己的信念。我不能假装同意他们的观点，但我可以给他们道义上的支持。

埃丁顿是个伟大的天文学家，他属于最后一代在观测和理论方面同样具有天赋的巨人。作为观测者，他最伟大的时刻出现在 1919 年，当时他带领英国探险队，到西非海岸的普林西比岛（Principe），在日全食期间，测量了行经太阳附近的恒星光线所发生的偏转。测量的目的是验证爱因斯坦的广义相对论。测量结果证明了爱因斯坦是正确的，牛顿是错误的。爱因斯坦和埃丁顿因此一举成名。一年后，埃丁顿出版了一本书——《空间、时间和引力》（*Space, Time and Gravitation*），向英语世界的读者解释了爱因斯坦的思想。这本书开篇引用了弥尔顿《失乐园》中的一段诗：

> 也许要笑他们猜测得过分离奇，
>
> 他们后来会模拟天体，测量星宿时，
>
> 妄自猜想怎样使用那庞大的构架，

怎样建筑、怎样拆毁、发明一套学说。[1]

当伽利略被软禁在佛罗伦萨时，弥尔顿去他家里进行了探望。弥尔顿用意大利语和英语写诗。他会讲伽利略的语言，并在英国争取新闻自由的运动中，举了伽利略作为例证。弥尔顿与伽利略一起见证了为经典物理学的诞生所作的抗争，正如爱因斯坦和埃丁顿在 300 年后见证了为相对论的诞生所做的抗争。埃丁顿的书将相对论作为西方思想史上的一个光辉篇章，放在了合适的位置上。此书条理极为清楚、可读性极强，这也许解释了以下现象：相对德国而言，爱因斯坦在英国和美国得到了更好的理解和更多的敬仰。

我在剑桥大学上学时，听过埃丁顿讲解广义相对论的几次讲座。它们和他的书一样充满智慧。他将讲演分为两部分，并告诫学生，当他从一部分内容切换到另一部分时要特别小心。第一部分是爱因斯坦发明的正统数学理论，埃丁顿的观测已对此进行了验证。被他称为"基础理论"的第二部分，则是一个奇怪的混合体，试图用一套新的思想，解释粒子物理学和宇宙学的全部奥秘。基础理论是数学论证与语言论证的糅合。该理论的结果是猜测的，而不是计算的。无论是在物理学上，还是在数学上，该理论都缺乏坚实的基础。

每当埃丁顿闯进基本理论领域进行疯狂的猜测时，他都直率

---

[1] 译文参考朱维之翻译的《失乐园》（天津人民出版社，1996 年，第一版第一印）。——译注

地说："这是没有被普遍接受的，你们不一定要相信它。"我定不下来谁更值得同情，是那些担心能否通过下一次考试、茫然不知所措的学生，还是这个明知自己是在旷野中呼号的老人。但有两点事实是清楚的。首先，埃丁顿在胡说八道。其次，尽管如此，他仍不失为一个伟人。这个小班的学生都获得了一项特权——按时按刻地来听他讲课，并分享他的痛苦。两年后他去世了。

我来美国后，与维里科夫斯基成了朋友，他是我在普林斯顿的邻居。维里科夫斯基是俄罗斯犹太人，对犹太传说和古代历史有强烈的兴趣。他 1895 年出生于一个知识分子家庭，并于 1921 年在莫斯科大学获得了医学学位。在布尔什维克革命的混乱中，他写下了一首俄语长诗，题为《迭戈·佩雷斯在圣安杰洛桥的 30 个日夜》（Thirty Days and Nights of Diego Pirez on the Sant'Angelo Bridge）。这首诗 1935 年发表于巴黎。迭戈·佩雷斯是 16 世纪的葡萄牙犹太神秘主义者，他来到罗马，坐在靠近梵蒂冈的桥上，向周围的乞丐和小偷宣扬他的末日幻象。他被宗教裁判所判处死刑，得到了教皇的赦免，后来又被国王查尔斯五世作为异端烧死。

维里科夫斯基逃离俄罗斯，与妻子和女儿们定居在巴勒斯坦。他向我描述他在海法市迦密山（Mount Carmel）的山坡上行医有多快乐，在那里他骑着驴，到病人家中给人看病。他创办并主编了一份刊名为《耶路撒冷大学与图书馆文刊》（Scripta Universitatis atque Bibliothecae Hierosolymitanarum）的杂志；在希伯来大学成立前，这是学校的官方杂志。他为杂志所做的工作，对希伯来大学的创立起了非常重要的作用，但他本人不愿意加入这所大学。为了实现自己的梦想，他需要完全独立。1939 年，在巴勒斯坦生活了 16 年后，他移民到美国，在那里他没有行医执照。为了在美国生存，他需要把他的梦想变成书。

11 年后，麦克米兰出版社出版了《碰撞中的世界》（*Worlds in Collision*），这本书还成了畅销书。跟迭戈·佩雷斯一样，维里科夫斯基也将自己的梦想，用公众能理解的语言讲给他们听。他的梦想是关于灾难性事件的神话故事，而这些事件则是从许多文化中收集而来的——特别是古埃及和以色列。这些灾难与一段行星碰撞的奇怪历史交织在一起。金星和火星被认为在几千年前就应该偏离正常轨道，并与地球相撞。

电磁力被用来抵消引力的正常影响。人类和宇宙的事件交织在一起，由作者娓娓道来。维里科夫斯基像旧约中的先知那样写作，将硫黄烈火从天堂召唤下来，其文风是读詹姆士国王版《圣经》长大的美国人所熟悉的。他随后又写了更多的畅销书——1952 年出版了《动乱年代》（*Ages in Chaos*），1955 年出版了《动荡中的地球》（*Earth in Upheaval*），1960 年出版了《俄狄浦斯和阿克纳通》（*Oedipus and Akhnaton*）。维里科夫斯基成了著名的作家和演讲家。

1977 年，维里科夫斯基请我写一则护封广告，替他的新书《海上的人们》（*Peoples of the Sea*）做宣传。我私下里给他写了这样一段话：

> 首先，作为科学家，我非常不赞成你书中的许多观点。其次，作为你的朋友，我更不认同那些试图使你闭嘴的科学家。对我来说，你不是转世的哥白尼或伽利略。你是一个继承威

廉·布莱克（William Blake）那种传统的先知；布莱克遭到同时代人的辱骂和嘲笑，现在却被公认为英国最伟大的诗人之一。170年前，布莱克写道："在英格兰，人们询问的不是一个人是否有才华和天赋，而是看他是否听天由命，是否彬彬有礼，是否是个讲道德的笨蛋，在艺术和科学方面是否对贵族们的观点随声附和。如果是，那他是个好人。如果不是，他就活该饿肚皮。"因此，你已跻身于贤哲之林。布莱克在他的敌人看来是个傻瓜，也让他的朋友们觉得害臊，但他比他们中任何一个人，都将天与地看得更清楚。你充满诗意的目光和他一样远大，也同样深深地植根于人类的经验之中。作为你的一个朋友，我倍感自豪。

我特别强调："这段话要么全文照登，要么一个字也不要用。"维里科夫斯基很快就给了我回信。他说："如果我说你是凡尔纳转世，你会高兴吗？"他希望获得科学家的荣誉，而不是诗人的荣誉。我的这段文字没有印到书上，而《海上的人们》无须我的帮助也成了一本畅销书。我俩仍然是朋友；就在那一年，他还给了我一份迭戈·佩雷斯那首诗的诗稿，对此我倍加珍惜，觉得那是最能体现他真实精神的文字。我希望有朝一日，有人能将它淋漓尽致地译成英文。

为什么我会如此珍视埃丁顿和维里科夫斯基给我留下的记忆，为什么韦特海姆会珍视关于汤姆森和卡特的记忆？我们之所以敬重他们，是因为科学在人类的能力中只占很小的一部分。关于我们在宇宙中所处地位的知识，我们不仅得自于科学，也得自于历史、艺术和文学。科学是观察与想象的一种有创造性的交互作用。当想象与观察失去联系时，产生的是"处于边缘的物理"。当观察失败时，光靠想象也可以扩大我们的视野。卡特和维里科夫斯基的神话不是科学，但它们是艺术作品，是高度想象力的产物。很久以前，布莱克就告诉过我们："你永远也不会明白怎样算是足够，除非你明白怎样才算是绰绰有余。"

韦特海姆以她所参加的两个会议，来结束全书。第一个会议是 2003 年在位于圣巴巴拉的科维里理论物理研究所（Kavli Institute for Theoretical Physics）召开的。第二个会议是 2010 年在加利福尼亚州立大学的长滩分校召开的。两个会议都被认为是围绕物理学的。圣巴巴拉会议的主题是"弦宇宙学"——理论物理学中最时髦的领域。此次会议是该领域顶级专家的一次集会，由 2004 年诺贝尔奖得主大卫·格罗斯（David Gross）主持。每位专家轮流讲述了自己对宇宙的个人见解，刻画出的要么是单一宇宙，要么是多元宇宙。各种不同的见解彼此不兼容，没有任何观测证据可以证明它们是对是错。

长滩召开的那次会议是由 NPA 组织的，与会者都是处于边缘的业余爱好者。他们的会议与专业会议类似，也是先做 PPT 讲演，再安排热烈的问答环节。卡特与另外 120 个人一道，参加了这次会议，并报告了自己对于宇宙的见解。韦特海姆可能是唯一一个参加了两次会议的人。她是少有的几位能在两个世界游刃有余的人。她是一位专业的科学作家，拥有物理学学位，与许多业内人士以及圈外人士都是朋友。她最后提出了此书的中心问题：我们为什么要更多地关注这群自称为专家的人，而不是另一群人？

就一般的科学而言，对沃特海姆这个问题的回答是明确的。只要科学是基于实验的，就有理由更重视科学专家，而不是业余爱好者。只有训练有素的专家，才能以实验所需要的专注和精度进行实验。专家们的实验并非不会犯错，但他们没有业余选手那么容易犯错。实验给正统的理念提供了一个坚实的基础。物理、化学和生物等已确立的学科都有实验基础。但是，物理学的某些部分不如其他部分那么牢靠，因为物理学方面的专家分为实验物理学家和理论物理学家。

在物理学的大部分领域，理论物理学家和实验物理学家从事的是相同的事业，理论都要通过实验的严格检验。理论物理学家通过实验工具来聆听大自然的声音。对于20世纪早期伟大的理论物理学家爱因斯坦、海森堡和薛定谔而言，情况就是如此；人们对他们的革命性理论——相对论和量子力学进行了精确的实验检验，并发现与大自然的事实相符。新的数学抽象与事实吻合，而旧的机械模型则不相符。

弦宇宙学就不同了。弦宇宙学是理论物理学的一部分，它与实验分离。弦宇宙学家们可以自由地想象各种宇宙和多元宇宙，仅凭直觉和审美来指引方向。他们的创造必须在逻辑上保持一致，在数学上保持优雅，此外就可以不受约束了。这就是为什么韦特海姆会令人不安地发现，官方的弦宇宙学会议与非官方的NPA会议类似。业内人士与圈外人士似乎在遵循同样的规则。两组人都在讲述着想象世界的故事，都没有一个确定的方式决定谁是谁非。如果说"边缘物理学"这个题目适合自然哲学家，它同样也适合弦宇宙学家。

物理学的边缘不是一条鲜明的分界线，让一边是真理，而另一边是幻想。所有的科学都是不确定的，都是可能被修改的。科学的荣耀在于想象超出了我们能够证明的部分。这个边缘是未开垦的处女地，其中真理和幻想还交缠在一起。相对论和量子革命的一个主要设计师赫尔曼·外尔（Hermann Weyl）曾对我说："我总是试图将真与美结合在一起，但是当我只能选择一个时，我会选择美。"遵循着外尔树立的好榜样，我们的弦宇宙学家也在做出同样的选择。

2014 年添加的补注：

维里科夫斯基的长女舒拉米特·高根（Shulamit Kogan），与丈夫定居在以色列；他的小女儿露思·莎伦（Ruth Sharon），定居在普林斯顿。两个女儿都对她们的父亲极为忠心。露思保管着维里科夫斯基的档案，直到 2005 年，才捐赠给普林斯顿大学图书馆。2010 年，她在帕拉迪格玛出版社（Paradigma）出版了一本传记《阿爸的荣耀与折磨——伊曼纽尔·维里科夫斯基博士的生平》（*Aba, the Glory and the Torment: The Life of Dr. Immanuel Velikovsky*）。

14. 我们是如何知道的？

詹姆斯·格雷克（James Gleick）的《信息简史》[1]第一章的标题是《会说话的鼓》。它通过一个简单的例子，解释了信息的概念。这个例子是刚果民主共和国一些地区使用的鼓语，那里的人使用的语言是克勒语（Kele）。欧洲探险家们很早就已经意识到，非洲鼓那不规则的节奏可以携带神秘的信息，穿越丛林。探险家们来到没有欧洲人到过的村庄，发现村里的老人们已经准备好迎接他们了。

可悲的是，在开始消失之前，鼓语只有一个欧洲人听得懂并留下了记录。这个欧洲人是约翰·卡林顿（John Carrington），他是一位英国传教士，在非洲度过了一生，并熟练掌握了克勒语和鼓语。他在 1938 年抵达非洲，并在 1949 年将他的发现，发表在《非洲会说话的鼓》[2]这本书中。在欧洲人到来之前，说克勒语的非洲

---

[1] 《信息简史：历史、理论与泛滥》（*The Information: A History, a Theory, a Flood*），万神殿出版社（Pantheon），2011 年。（简体中译本由人民邮电出版社 2013 年出版。——译注）

[2] 《非洲会说话的鼓》（*The Talking Drums of Africa*），伦敦：凯里·林斯格特出版社（Carey Ringsgate），1949 年。

人没有道路，也没有收音机，他们用鼓语在热带雨林中，从一个村庄到另一村庄快速地传递信息。每个村庄都有一个专门的鼓手，每个村民都能听懂这些鼓声所表达的意思。等到卡林顿写出他这本书时，鼓语的使用已经逐渐消失，学生不再学习它了。在此后的 60 年里，鼓语被电话淘汰，完成了其灭绝的过程。

卡林顿理解，克勒语的结构是使鼓语成为可能的关键。克勒语是一种声调语言，有两个决然不同的音调。每个音节不是低音就是高音。鼓语是由一对同样具有双音的鼓来完成的。每个克勒单词可以用一系列或低或高的敲击声来表示。将克勒语转换成鼓语，所有包含在元音和辅音中的信息会丢失。在欧洲语言中，辅音和元音包含了所有的信息，如果丢弃这些信息，那就什么也没有了。但是在克勒语这种声调语言中，音调中也携带了一些信息，在人语和鼓声的转换中，这些信息会保留下来。保留在鼓语中的那部分信息很少，鼓语的词汇相应地也会变得含糊不清。单个的音调序列可能有数百种意思，具体含义取决于缺失的元音和辅音。鼓语必须通过增加更多的词，来解决单个词的歧义。在添加了足够多的冗余单词后，这段消息的含义就变得唯一了。

1954 年，一位美国游客来到卡林顿的传道学校。卡林顿在森林里散步，他妻子想叫他回家吃午饭。她用鼓语发送了这一消息，并向客人做了解释。为了让卡林顿听得懂，需要用冗余和重复的短语来表达这个信息："森林里的白种男性精灵，回来回来，回到属于森林里的白种男性精灵的高高的木屋。女人和洋芋在等待着你，回来回来。"卡林顿听到这个消息，便回到了家里。平均来说，无歧义地传送一个人类单词，需要大约 8 个词的鼓语。西方数学家会说："人类的克勒语中大约八分之一的信息，属于用鼓语传送的音调。"鼓语中冗余的短语，弥补了损失的元音和辅音信息。非洲鼓手们对西方数学一无所知，但他们通过试错法，为鼓语找到了合理的冗余水平。卡林顿的妻子跟鼓手学会了这种语言，并知道如何运用它。

鼓语的故事说明了信息论的核心理念。这个核心理念认为："意义是不相干的。"信息独立于它所表达的意思，也独立于用来表达它的语言。信息是一个抽象的概念，它可以同样完好地包含在人的话语、写作或鼓点之中。将信息从一种语言转移到另一种语言，仅需要一套编码系统。编码系统可以很简单，也可以很复杂。如果编码很简单，就像有双音调的鼓语这种情况，那么给定的信息量就需要较长的消息。如果编码很复杂，就像口头语言这种情况，同样大的信息量可以用较短的消息来传递。

另一个说明了这个核心理念的例子是"法国光学电报"。直到1793年，即法国大革命的第5个年头，在远距离快速传输信息方面，非洲鼓手们还领先欧洲人。1793年，一个爱国的法国公民——克劳德·沙普（Claude Chappe），为了加强革命政府防御国内外敌人的能力，发明了一种被他称为电报的装置。电报是一个光通信系统，通信站由安装在60英尺高的塔楼顶部的可移动大型指针构成。每一站都有一个操作员操控，他可以读出邻居站发来的消息，并将相同的信息发送到传输线路上的下一站。

相邻两站之间的距离大约为7英里。沿着传输线路，法国的光信息可以比非洲的鼓声信息传得更快。在拿破仑统治法兰西共和国后的1799年，他下令建一个光学电报系统，连通法国所有的主要城市，从加来港、巴黎到土伦，再延伸到米兰。如沙普所愿，电报成了国家政权的重要工具。拿破仑确保了它不会被用于私人用途。

与基于人类口语的鼓语不同，光电报是以法语书面语为基础的。沙普发明了一种精巧的编码系统，将书面信息转换为光信号。他遇到了跟鼓手相反的问题。鼓手有一个快速传输系统和模糊的消息。他们需要放慢传输，以便消除消息中的歧义性。沙普拥有一个缓慢的传输系统和具有冗余的消息。法语像多数字母语言一样，是高度冗余的，远远超出了传送消息的意思所需要的字母数。沙普的编码系统让消息传播得更快。许多常见的短语和正常的名字只用 2 个光学符号编码，在传输速度上大有助益。消息的编写者和阅读者拥有密码本，上面列出 8000 个短语和名字的消息代码。对拿破仑来说，拥有有效的密码是一个优势，可以让消息的内容对沿线的平民保密。

描述了历史上在非洲和法国进行快速通信的例子之后，格雷克这本书的其余部分主要讨论的是两个美国人：塞缪尔·莫尔斯（Samuel Morse）和克劳德·香农（Claude Shannon）。莫尔斯是莫尔斯电码的发明者。他也作为开拓者之一，使用电线导通的电信号，而不是安装在塔顶的光学指针，构建了一个电报系统。莫尔斯在 1838 年推出了他的电报系统，1844 年完善了编码。他的编码使用了短的和长的电流脉冲来表示字母表中的字母。

在意识形态方面，莫尔斯与沙普刚好相反。他对保密或者创建一个政权的工具不感兴趣。莫尔斯系统被设计成一个以盈利为目的的事业，旨在快速而廉价地提供给每个人使用。在开始时，发送消息的价格是每个字母四分之一美分。系统最重要的用户，是报社记者，他们将本地事件的新闻传送给世界各地的读者。莫尔斯电码很简单，任何人都学得会。该系统没有为用户提供保密性。如果用户想要保密，他们可以设计自己的密码，并对消息本身加密。加密消息的价格高于普通文本的消息，因为电报话务员可以更快地译出普通文本。跟加密消息相比，纠正普通文本中的错误也容易得多。

香农是信息论的创始人。电报发明后的 100 年里，工程师们发明并研制出了其他通信系统，如电话、广播和电视，但都没有用到任何高等数学知识。香农提供的理论可以用来理解所有这些系统，将信息定义为电话消息或电视画面中固有的一个抽象的量。他将高等数学引入了这个领域。

当香农还是生长在密歇根一个农场的男孩时，他就在家中建起了一个采用莫尔斯电码的电报系统。他用栅栏上的铁丝网传输电信号，给邻近农场的朋友发送了消息。当第二次世界大战开始时，香农成了科学密码学的先驱之一，致力于研制高水平的加密电话系统，好让罗斯福和丘吉尔在安全信道上彼此交谈。与此同时，香农的朋友艾伦·图灵（Alan Turing）也以密码学家的身份，参加了著名的英国英格玛密码拦截项目（British Enigma project），成功破译了德军的密码。1943 年图灵访问纽约时，这两位先驱经常见面，但他们分属不同的秘密世界，不能就密码学交流思想。

1945 年，香农写了一篇论文《密码的数学理论》（*A Mathematical Theory of Cryptography*），但被盖上"绝密"的印戳，一直未被公开。他在 1948 发表了 1945 年那篇论文的删节版，题目改为《通信的

数学理论》（*A Mathematical Theory of Communication*）。1948 版
这篇论文发表在贝尔电话实验室的官方杂志《贝尔系统技术杂志》
（*Bell System Technical Journal*）上，马上就成了一篇经典之作。
它是现代信息科学的奠基性文件。香农之后，信息技术得到了飞
速发展，陆续涌现了电子计算机、数码相机、互联网和万维网。

据格雷克说，信息对人类事务的影响分为三步走：第一步是历
史阶段，在数千年的时间里，人们创造和交换信息，对如何度量
它却毫无概念；第二步是理论阶段，由香农首创了信息论；第三步
是泛滥阶段，我们现在正生活在这个时代。信息泛滥在开始时悄
无声息。1965 年，戈登·摩尔（Gordon Moore）提出了摩尔定律，
才让信息泛滥现象变得清晰可见了。摩尔是一位电子工程师，创
建了英特尔公司——一家为电脑和其他电子产品制造元器件的公
司。他的定律说，每过 18 个月，电子元器件的价格将下降一半，
而它们的集成度会增加一倍。这意味着每过 10 年，价格会下降
100 倍，而集成度会增加 100 倍。在提出这个定律之后的 45 年里，
摩尔所预测的持续增长，已经被证明具有惊人的准确性。在这 45
年中，价格已经下降了 10 亿倍，而集成度也增加了 10 亿倍——
那是 10 的 9 次方。10 的 9 次方足以将一道涓涓细流变成一股滚滚
洪流。

摩尔从事的是硬件业务，为电子设备制造元器件，他提出的
定律适用于硬件的增长。但该定律同样适用于信息，因为硬件就
是为了使信息变得具体化而设计的。硬件的目的是存储和处理信
息。信息的存储器叫内存，而信息的处理叫计算。具体到信息，

摩尔定律产生的效果是，每过 10 年，内存和计算能力的价格会降低 100 倍，而可用的内存和计算能力也会增加 100 倍。硬件的泛滥导致了信息的泛滥。

1949 年，在香农发布信息论的几大规则一年后，他画了一个表格，用以表示当时已经存在的各种存储器。他表格中最大的"存储器"是国会图书馆，他估计包含了 100 万亿比特的信息。对于当时已记录在案的人类知识总和，这是一个相当不错的猜测。如今，一个能存储那么多信息的硬盘驱动器，只有几磅重，售价在 1000 美元左右。世界各地的政府、企业机构和科学实验室，将信息（也被称为数据）灌注到同样大或者更大的存储器中。格雷克引用了计算机科学家杰伦·拉尼尔（Jaron Lanier）的话，来描述信息泛滥的影响："就像你跪下去种了一棵树的种子，可它长得太快，在你站起身来之前，它已整个儿吞没了你所在的城市。"

2010 年 12 月 8 日，格雷克在《纽约书评杂志》的博客上发表了一篇富有启发性的文章《信息的宫殿》（*The Information Palace*）。这篇文章写得太晚，没能收入他这本书中。它按《牛津英语词典》最新一个季度的在线修订本中的记录，描述了"信息"这个词的含义在历史上如何变迁。这个词首次出现在 1386 年的议会报告中，意思是"谴责"。这段历史最后的现代用法是"信息疲劳"，它的定义是"由于暴露在过多的信息中，而产生的冷淡、冷漠或精神疲惫"。

信息泛滥的结果不都是糟糕的。由于信息泛滥才得以诞生的创造性事业之一的维基百科，它是吉米·威尔士（Jimmy Wales）在 10 年前创建的。我的朋友和熟人中，大家都不相信维基百科，但每个人都使用它。不信任和积极使用并没有相互抵触。维基百科是最终的开源信息库。每个人都可以免费阅读，每个人也都可以随意撰写。它包含了数百万作者用262种语言撰写的文章。它包含的信息是完全不可靠的，却又准确得令人吃惊。之所以不可靠，是因为许多作者的无知或粗心。它往往又是准确的，因为这些文章由读者们进行了编辑和纠正，而他们掌握的信息比作者更准确全面。

威尔士在创建维基百科时希望，热心的志愿者写手与开源信息技术的结合，会导致一场人类获取知识的革命。维基百科的增长速度是他做梦也没想到的。在10年里，它已经成为地球上最大的信息存储库，也成了各种相互冲突的意见最热闹的战场。它说明了香农的可靠通信定律：在一个噪声很大的通信系统中，准确的信息传播是可能的。即使在最嘈杂的系统中，如果能够提供足够的冗余传输，差错也可以得到可靠的纠正，信息能够被准确地传送。简而言之，维基百科就是这样工作的。

信息泛滥也给科学带来了巨大的好处。公众对科学抱着一种扭曲的看法，因为孩子们在学校里被教导：科学是一组牢固确立的真理。事实上，科学不是真理的集合，而是对奥秘的不断探索。无论在什么方面探索我们周围的世界，我们都能够发现未解之谜。我们的星球被大陆和海洋覆盖，但我们解释不了它们的起源。我们的大气层不断地受到被我们称为天气和气候现象的扰动，但我们对此知之甚少。宇宙中的可见物质，在重量方面远远不及不可见的暗物质，对此我们还完全没弄明白。生命的起源整个是一个谜，人类意识的存在也是。我们还不清楚在我们大脑神经细胞内发生的放电,是如何与我们的感情、欲求和行动联系在一起的。

即使是物理学这门最精确、地位最稳固的科学分支,仍然充满着未解之谜。我们不知道,用量子器件取代传统的电子电路作为信息的载体后,香农信息论在多大程度上还会有效。量子器件可以由单个原子或微小的磁性电路制成。我们能够确切知道的是,在理论上,它们可以做一些传统设备无法完成的工作。量子计算仍然是信息论前沿领域一个未被探索的奥秘。科学是大量奥秘的总和。这是一个多种声音之间无休止的争论。科学更像维基百科,而不是《大英百科全书》。

在过去的10年里,信息泛滥的快速增长使维基百科成为可能;同样的泛滥也使21世纪的科学成为可能。21世纪的科学主要是由大量的信息存储所主导,我们称之为数据库。信息泛滥使建立数据库变得轻松和廉价。21世纪数据库的一个例子是生物基因组序列的集合,它们分别属于从微生物到人类的不同物种。每个基因组包含一个完整的遗传信息,可以塑造出它所属的生物。基因组数据库正在快速增长,而且可供全世界的科学家探索使用。它的起源可以追溯到1939年,即香农写作他的博士论文《理论遗传学的代数学》(*An Algebra for Theoretical Genetics*)之时。

当时香农还是麻省理工学院数学系的一位研究生。他只是隐隐约约地意识到遗传信息可能存在物理载体。基因组真实的物理表现形式是DNA分子的双螺旋结构,14年后才由弗兰西斯·克里克(Francis Crick)和詹姆斯·沃森(James Watson)发现。1939年,香农就知道:遗传学的基础一定是信息,而信息必须用某种与物理表现形式无关的抽象代数编码。由于对双螺旋一无所知,他无法猜测出遗传密码的详细结构。他只能想象，在遥远将来的某个时候，遗传信息将被解码，并收集在一个巨大的数据库中；这个数据库将能够定义出生物完整的多样性。仅仅用了 60 年，他的梦想就成真了。

在 20 世纪，人类和其他物种的基因组，被千辛万苦地解码，并转换成了计算机内存中的字母序列。随着时间的推移，解码和转换变得更加便宜和快捷，因为根据摩尔定律，价格会不断下降，速度会不断提高。第一组人类基因组，花了 15 年时间进行解码，花费了大约 10 亿美元。而如今，人类基因组可以在几个星期内被解码出来，并且只需花费数千美元。在 2000 年左右，达到了一个转折点，产生遗传信息比理解它还便宜。现在我们可以让一段人类的 DNA 通过一台机器，并快速地读出其基因信息，但我们还不能解读出这些信息的含义。直到我们详细理解了由 DNA 指挥、让我们成为自己的胚胎发育过程之后，我们才能完全理解这些信息。

差不多在同一时间，天文科学也达到了类似的转折点。天文望远镜和宇宙飞船的发展已经变缓，但相机和光学数据处理器却发展很快。现代巡天项目从大片的天空中收集数据，并且产生了关于数十亿个天体的精确信息的数据库。没有大型仪器可用的天文学家们，也可以通过挖掘数据库而不是观察天空来获得发现。在其他科学领域，如生物化学和生态学，大型数据库也引发了类似的革命。

人类社会中信息的爆炸性增长，是生命进化过程中有序结构整体缓慢增长的一部分。生命在数十亿年里，一直以生物和生态系统的形式在不断进化，体现了信息量的增加。生命的进化是宇宙演化的一部分，后者也以有序结构的形式体现了信息量的增加：星系、恒星和行星系。在有生命和无生命的世界里，我们看到了一个有序的增长，从早期宇宙中毫无特色的、均匀的气体开始，产生了我们现在能在天空中或者雨林中看到的、稀奇古怪的天体或生物，表现出了壮丽的多样性。在我们周围，无论望向何方，我们都能看到秩序增加和信息增加的迹象。香农的发现所衍生出的技术，仅仅是信息自然增长的一个局部加速。

19 世纪的科学家和哲学家相信一种叫作"热寂"（heat death）的令人沮丧的理论；对他们来说，宇宙中有序结构的可见增长似乎是自相矛盾的。当时的一位顶级物理学家——开尔文勋爵促成了热寂理论的出现；该理论预测，热量会从较热的物体流到较冷的物体，从而导致各处的温差减小，直到所有温度最终变得相同。生命需要温差，才能避免被废热闷死。因此，生命将会消失。

这个对未来感到悲观的看法，与我们周围生命的蓬勃生长，形成了惊人的鲜明对照。多亏了 20 世纪天文学家们的发现，我们现在知道，热寂不过是一个神话。热寂永远不会发生，也没有什么矛盾。关于矛盾是如何化解的，《宇宙的创生》（*Creation of the Universe*）[1] 一书给出了一个绝佳的通俗描述，具体可参看该书中一个题为《怎样从混沌中产生秩序》的章节。

对热寂的信仰是基于一个被我称为烹饪规则的思想。烹饪规则说，当我们把牛排放在热的烧烤架上时，它会变热。更一般地，

---

[1] 新加坡，世界科学出版公司（World Scientific Publishing Co.），1989 年。（此书的中文版曾由科学出版社出版于 1987 年。——译注）

这条规则认为，任何物体在获得能量时会变热，当它失去能量时会变冷。人类烹饪牛排已经有几千年的历史了，没人见过在火上烹饪时会变冷的牛排。对那些我们能够处理的小物体来说，烹饪规则是正确的。如果烹饪规则永远是正确的，那么开尔文勋爵对热寂的论证就是正确的了。

我们现在知道，对于具有天文尺度的天体，烹饪法则是不适用的，因为此时引力是能量的主要形式。太阳是一个我们熟悉的例子。当太阳通过辐射失去能量时，它变得更热，而不是更冷。太阳是由被自身的引力挤压而成的可压缩气体构成，能量的损失使得它变得更小、更密，压缩使其变得更热。对于几乎所有的天文物体，引力都占主导地位，它们都同样具有这种出人意料的行为特性。引力颠倒了能量和温度之间通常的关系。在天文学领域中，当热量从较热的物体流向较冷的物体时，热物体会变得更热，冷物体会变得更冷。因此随着时间的推移，宇宙天体中的温差往往会趋向于增加而不是减小。不会有温度均一的最终状态，也不会有热寂。引力带给我们一个适合生命存在的宇宙。在未来的数十亿年，信息和秩序将继续增加，正如它们在过去已有明显增长那样。

将未来看作一个无止境的运动场，由对无限信息供应进行探索的无数运动员，前赴后继去解开无穷的奥秘；对于科学家来说，这是一个辉煌的愿景。科学家觉得这种愿景很有吸引力，因为这让他们的存在有意义，并且可以提供无尽的工作机会。对艺术家、作家和普通人来说，它没有那么大的吸引力。普通人对朋友和家庭比对科学更感兴趣。普通人可能不欢迎一个成天在无尽的信息洪流中畅游的未来。博尔赫斯（Jorge Luis Borges）在 1941 年写了一篇著名的小说《巴别图书馆》（*The Library of Babel*）[1]，其中描述了对由信息主宰的宇宙所持的一个更悲观的看法。博尔赫斯设想，在自己的图书馆中，排列着无限的书籍，有无数的书架和镜子，以此影射宇宙。

格雷克这本书的后记题为《意义的回归》，表达了对那些感到被主流科学文化疏远者的关怀。信息论的巨大成功来自香农将信息与意义分离的决定。其核心理念"意义是不相干的"宣称：如果将信息当作与意义无关的数学抽象，便可有更大的自由度对它进行处理。这种自由的后果是，让我们湮没于其中的信息泛滥。现代数据库的巨大规模让人感觉毫无意义。如此大量的信息，让我们想起博尔赫斯在所有方向上都可无限延伸的图书馆。我们人类的任务是，让意义回归这片荒芜之地。作为生命有限却能够思考和感知的动物，我们可以在信息的海洋中创造出意义的岛屿。格雷克以博尔赫斯对人类境况的想象结束了全书：

> 我们在过道中穿行，在书架上搜寻和整理，试图从一片嘈杂和混乱中，找出几行有意义的句子，阅读过去和未来的历史，收集自己和他人的思想，并且偶尔瞥一眼镜子，我们也许可以从中辨认出信息这种东西。

---

[1] 《迷宫：短篇小说选和其他作品》（*Labyrinths: Selected Stories and Other Writings*），新方向出版社（New Directions），1962 年。

2014 年添加的补注：

对这篇书评所做的两点更正。第一，在第二次世界大战中破译德军密码的"英国英格玛项目"，始于波兰密码学家至关重要的帮助。在战争开始前的 1939 年，波兰缴获了一台德国的英格玛密码机，并将其复制品送给了英国和法国。拥有这种机器是通往密码破译至关重要的第一步。第二，博尔赫斯的"巴别图书馆"不是无限的。其书籍的数量是有限的，但多得数不过来。感谢两位机警的读者向我提供了这些更正。

15. 理查德·费曼的"剧画"

　　如今，有两本新书提出了这样一个问题：理查德·费曼（Richard Feynman）是否已上升到了超级巨星的位置。这两本书在风格和内容方面迥然不同。劳伦斯·克劳斯（Lawrence Krauss）写的《量子人》，叙述了费曼作为一个科学家的生平，而淡化了他以前写的那些传记中所强调的个人冒险。[1] 克劳斯成功地用通俗易懂的语言，解释了费曼思想的核心本质。与以往的传记作家不同，他将读者带入费曼的思想世界之中，并且重构了费曼所看到的自然景象。这是一种新的科学史，克劳斯写起来得心应手，因为他既是一个专业物理学家，也是一个有天赋的科普作家。《量子人》向我们展示了费曼个性中最不为其多数崇拜者所知的一面——作为一个沉思默想而持之以恒的计算者，长期没日没夜地紧张工作，以揭示大自然的运作规律。

　　另一本书——由作家吉姆·奥塔维亚尼（Jim Ottaviani）和艺

---

[1] 《量子人：理查德·费曼的科学人生》（*Quantum Man: Richard Feynman's Life in Science*），诺顿出版社（Norton），2001 年。

术家利兰·迈里克（Leland Myrick）写的《费曼》（*Feynman*），则完全不同。[1] 这是一本以连环漫画形式写成的费曼传记，包含266页图片，描绘了费曼及其富有传奇色彩的冒险经历。在每一幅图片中，文字气泡里记录的都是费曼的评论，大多取自他本人和其他人讲述的故事，都在此前出版的书中发表过。我们首先看到的是，费曼还是个充满好奇的5岁孩童时，就从他父亲那里学着去质疑权威，承认无知。他在操场上问父亲，"为什么（球）可以不断滚动？"他父亲说："球不断滚动是因为它具有'惯性'。这就是科学家所说的原因……但这只是个名词而已，没有人知道它是什么意思。"他父亲是一个没有受过科学训练的旅行推销员，但他明白，给一个事物命名，与了解它如何工作，是有区别的。他激发了他儿子一生的激情，去了解事物的工作机理。

在描述完他与父亲在一起的场景之后，画面依次表现了费曼所扮演的一系列逐渐改变的角色，从热情洋溢的年轻教授和狂欢节鼓手，到溺爱孩子的父亲和满怀爱意的丈夫，到受人尊敬的教师和教育改革家，直到变成一个满脸皱纹的智者，在与癌症的抗争中，以失败告终而离开人世。看到自己也被画进了这本书里，确实令我吃了一惊。作为一个幸运的年轻学生，我曾搭费曼的车，与之同行四天，从克利夫兰（Cleveland）一直走到阿尔伯克基（Albuquerque），与他一同住在不寻常的酒店里，津津有味地听着

---

[1] First Second 出版公司，2011年。[First Second 出版公司出版适合各个年龄层读者的文学绘本小说，此外还出版非小说绘本读物，包括回忆录、传记、历史、漫画新闻作品以及视觉作品等。该公司成立于2006年，隶属于德国霍尔茨布林克出版集团（Georg von Holtzbrinck Publishing Group）旗下的麦克米兰（美国）公司。——译注]

他滔滔不绝而又令人难忘的谈话。

费曼生活中最能展现其品性的一个事件，是他在 1965 年得知自己获得诺贝尔奖的消息后所做出的反应。当他接到来自斯德哥尔摩的电话时，他的言论显得傲慢而不领情。他说他可能会拒绝领奖，因为他讨厌正式的庆典，而且特别讨厌与国王和王后有关的浮华仪式。当他是个孩子时，他父亲曾告诉他："国王是些什么人？就是一些穿着华丽衣裳的家伙。"他宁愿谢绝这个奖，也不愿强迫自己穿上正装，去跟瑞典国王握手。

但几天之后，他改变了主意，同意去领奖。他一到瑞典，就与前来欢迎他的瑞典学生们成了朋友。在正式受奖的宴会上，他做了一个即兴演讲，为自己先前的粗鲁道歉，并且现身说法，对这个奖项给他带来的祝福进行了感人至深的描述，以此向瑞典人民表示感谢。

费曼曾经盼望见到朝永振一郎（Sinitino Tomonaga），那个与他共同分享诺贝尔奖的日本物理学家。朝永振一郎在与外界完全隔离的战时日本，独立地做了一些研究，领先费曼 5 年做出了大致相同的发现。他同费曼不仅在物理学方面有类似的想法，而且有类似的不幸遭遇。1945 年春天，费曼正在照顾心爱的第一任妻子阿利纳（Arline），帮她度过生命的最后几周，直至被肺结核夺去生命。也是在那个春天，朝永振一郎帮助他的一群学生，在东京的灰烬中求生存——那一场大火摧毁了城市，夺去的生命比 4 个月后发生在广岛的原子弹爆炸还要多。费曼和朝永振一郎都拥有三种优秀的品质：内心强大，有知识分子的耿直，而且极富幽默感。

令费曼感到沮丧的是，朝永振一郎未能出现在斯德哥尔摩。在奥塔维亚尼和迈里克这本书中，朝永振一郎解释了发生的情况：

> 尽管我写信说过，我会很"乐意参加"，但我一想到要动身前往就心烦，觉得那里会很冷，因为典礼是在12月举行，觉得那些不可避免的正式礼仪会很累人。在我被提名为诺贝尔奖获奖者之后，很多人来看我，还带来了烈酒。我有好几桶。一天，我父亲那喜欢威士忌的弟弟顺道来看望我，我们都开始兴高采烈地喝了起来。我们喝得太多了一点，然后，我趁妻子外出购物，走进浴室去洗澡。我滑倒了，摔断了6根肋骨……这是不幸中的万幸。

朝永振一郎的伤势恢复后，受邀到英国去接受另一个崇高的荣誉，也需要跟皇室进行正式的会面。这次他没有在浴缸里滑倒。他如期出现在白金汉宫，与英国女王握手。女王不知道他未能前往斯德哥尔摩。她好心地问他是否喜欢朝觐瑞典国王。朝永振一郎顿时心慌意乱。他无法向女王坦承自己喝醉了，并摔断了肋骨。他说他非常喜欢与国王交谈。他事后说，在他的余生中，他将背负着双重的愧疚：第一是醉酒，第二是向英国女王撒谎。

20年后，当费曼已是一个身患绝症的癌症患者时，他参加了美国航空航天局调查1986年"挑战者号"爆炸事故的委员会。他很不愿意参加这项工作，因为他知道这会耗掉他余生大部分的时间和精力。他之所以参加，是因为他感到有义务找出灾难的根源，并开诚布公地向公众交代他的发现。他去了华盛顿，并发现悲剧的核心果然不出他所料：那里有一个官僚体系，由工程师和管理者这两帮人马组成，而这两拨人生活在各自的世界里，互不沟通。工程师们生活在技术事实的世界里；管理者生活在政治教条的世界里。

他请这两拨人的成员告诉他，他们估计每次航天任务遭遇灾难性失败的风险有多大。工程师们估计的量级是每一百次任务出现一次灾难。管理者们估计的量级是每十万次任务中出现一次灾难。这两个估计值之间相差了 1000 倍，却从来没有进行过调和，也从未进行过公开的讨论。管理者负责计划的执行，他们基于自己对风险的估计，做出飞还是不飞的决定。但费曼发现的技术事实证明，管理者错了，工程师是对的。

费曼曾有两次机会向公众说明事故的原因。第一次机会是有关技术事实的。该委员会在报社和电视记者在场的情况下举行了一次公开发布会。费曼准备了一杯冰水，和一个航天飞机固体燃料推进火箭的 O 形橡胶密封圈样品。他把这块橡胶浸到冰水中，然后将其取出来，证实了橡胶遇冷后会变硬。遇冷的橡胶圈起不到气密性的作用，无法让火热的火箭废气与内部结构隔离开。挑战者号在 1 月 28 日发射，天气异常寒冷；费曼通过小演示指出，O 形密封圈变硬，可能是造成这场灾难的一个技术原因。

向公众说明的第二次机会，事关美国航空航天局的文化。费曼根据自己看到的情况，写了一篇文章，阐述了美国航空航天局的文化状况，认为 NASA 的管理团队被致命地分成了两种互不沟通的文化：工程师和管理人员。管理者的政治信条——风险比技术事实显示的要小 1000 倍——是这场灾难在文化层面的原因。这个政治信条源自政治领袖们长期公开的声明：航天飞机是安全可靠的。费曼用一个著名的宣言结束了他的文章："要想获得一项成功的技术，必须将现实情况的优先级置于公共关系之上，因为大自然是不会受到愚弄的。"

费曼奋力抗争，想将他的结论性申明纳入委员会的官方报告之中。该委员会的主席威廉·罗杰斯（William Rogers），是一个职业政客，具有在政府里长期工作的经验。罗杰斯希望公众相信，挑战者灾难是极不可能发生的事故，美国航空航天局不应该因此受到指责。他努力想将费曼的申明排除在报告之外。最后他们达成了妥协。费曼的申明不列入报告，而是作为一个附录放在最后，并备注说明这是费曼的个人陈述，并没有得到委员会认可。这种妥协对费曼是有利的。正如他当时所说，放在最后的附录中，会比作为官方报告的一部分，引起更多的公众关注。

费曼对美国航空航天局的无能所进行的戏剧性曝光，加上他的 O 形圈演示，使他成了公众心目中的英雄。这次事件是他上升到超级巨星地位的开始。在服务于"挑战者"委员会之前，他作为一个科学家和一个多姿多彩的人物，广受知识阶层的仰慕。此后，他作为一个要求政府保持诚实和开诚布公的斗士，而更为广泛地受到公众的仰慕。想在任何一个政府部门中与暗箱操作和腐败进行斗争的任何人，都可以将费曼视为楷模。

在漫画的最后一幕，费曼与他的朋友丹尼·希利斯（Danny Hillis）在山路上行走。希利斯说："我很难过，因为你快要死了。"费曼回答说，"是啊，我有时也会为此感到烦恼。但没有你想的那么多。看吧，当你到了我这个年纪，你就会开始意识到：不管怎样,你已将你所知道的好东西中的一多半告诉其他人了。嘿!我敢说,我可以给你指一条更好的路,让你回家。"然后,他将希利斯独自留在山上。这些图片异常敏感地捕捉到了费曼的性格实质。这本漫画书的图片在一定程度上还原了历史,让费曼用自己的声音去说话。

20 年前,在东京郊区乘坐通勤列车时,我惊讶地看到日本上班族大部分在读书,而且大部分都是在看漫画书。严肃的漫画文学体裁在西方出现很久之前,就已经在日本高度发达了。在我所看到的以英文写成的这类书中,奥塔维亚尼和迈里克这本是最好的实例了。一些西方读者普遍使用日文"manga"来表示严肃的漫画文学。据我一位日本朋友说,这种用法是错误的。"manga"这个词的意思是"漫画"(idle picture),在日本被用来描述小打小闹的漫画故事集。表示严肃的漫画文学应该用"gekiga"这个词,它的意思是"剧画"(dramatic picture)。 这本关于费曼的图画书对于西方读者而言,是一个很好的"gekiga"范例。

克劳斯这本《量子人》的书名取得很好。作为一个科学家,费曼的工作主题,就是探索一种思考和处理量子力学的新方式。该书没有使用任何数学术语,却成功地解释了费曼是如何思考和工作的。之所以能做到这一点,是因为费曼是用图而不是用公式来想象这个世界的。过去和现在的其他物理学家,都是用方程来描述自然规律,并通过求解方程来找出发生了什么。费曼跳过方程,用他的图作为指导,直接写出答案。跳过方程是他对科学的最大贡献。通过跳过方程,他创造了大多数现代物理学家都在使用的一种语言。顺便说一句,他创造的这种语言,一个没有受过数学训练的普通人也可以理解。用这种语言做定量计算需要训练，但没有受过训练的人，也可以用它来定性地描述大自然的行为。

费曼的世界图景，起始于世界分两层的思想：一个经典层和一个量子层。经典意味着事物是普通的；量子意味着事物是古怪的。我们生活在经典层中。我们所能看到、触摸到和测量到的东西，如砖、人和能量，都是经典的。我们用经典的设备观察它们，如眼睛和相机；用经典的仪器测量它们，如温度计和时钟。由费曼发明、用来描述这个世界的图，是经典层里移动物体的经典图。每一张图代表着经典层里一个可能的历史。但原子和粒子的真实世界并不是经典的。原子和粒子在费曼图中以经典对象的形式出现，但实际上它们遵循完全不同的规律。它们服从量子定律，费曼向我们展示了，如何使用他的图去描述这些定律。原子世界属于我们不能直接触摸的量子层。

经典层和量子层之间的主要区别是，经典层处理的是事实而量子层处理的是概率。在经典定律适用的情况下，我们可以通过观察过去来预测未来。在量子定律适用的情况下，我们可以观察过去但不能预测未来。在量子层中，事件是不可预测的。费曼图只允许我们计算各种可选的将来可能发生的概率。

量子层与经典层通过两种方式进行关联。首先，量子层的状态是所谓的"各种历史的总和"，换句话说，就是将经典层各种可能导致那种状态的历史合并在一起。每一个可能的经典历史都被赋上一个量子振幅（quantum amplitude）。量子振幅，又被称为波函数，是一个数字，给出了那个经典历史对量子状态的贡献。其次，使用一组简单的规则，可以从那个经典历史的图中获得量子振幅。这个规则是图形化的，可以将图直接转换成一个数字。计算中较难的部分，是对这些历史正确求和。费曼的伟大成就在于，证明了这种对量子世界的历史求和的观点，能够重现所有已知的量子理论的结果，并在早期版本的量子理论不管用的情况下，还能对量子过程进行精确的描述。

费曼在不尊重权威方面是激进的，但在科学上是保守的。他在年轻时，曾希望在科学上发起一场革命，但大自然对他说不。大自然告诉他，现有的科学思想丛林，用不同的定律来描述经典世界和量子世界，这基本上是正确的。他试图找到新的自然规律，但努力的结果最终是以一个新的结构，让现有的定律变得更为稳固。他试图找到矛盾之处，以证明旧理论是错误的，但大自然顽固地坚持，应证明它们是正确的。不管他对著名的老科学家有多不敬，他从来没有不尊重大自然。

在费曼的生命接近终点时，他保守的量子科学观已不时髦。时兴的理论家们拒绝他那种经典世界和量子世界并存的二元论自然图景。他们认为，只有量子世界是真实的，必须将经典世界解释为量子过程中产生的某种幻相。他们不赞同量子定律应该得到解释的这种方式。他们的基本问题是：如何解释量子概率的世界，可以产生我们日常生活中所体验的经典确定性之幻相。他们对量子理论的不同解释，导致了相互竞争的哲学思辨，对观察者在描述自然时所起的作用，做出了不同的诠释。

费曼没有耐心听这种思辨。他说，自然告诉我们，量子世界和经典世界二者都是真实存在的。我们没有完全理解它们是如何结合在一起的。据费曼说，通往理解之路，不是争论哲学，而是继续探索大自然的事实。近年来，新一代的实验学家已经沿着费曼的道路向前推进并取得了巨大成功，他们进入了量子计算和量子密码学的新世界。

克劳斯向我们展示了一位非常无私的科学家的形象。他对荣誉和奖励不屑一顾，却都是出于真心。他在当选美国科学院的院士之后，又辞去了院士的头衔，因为他觉得院士们花了太多时间去争论谁应该在下一届科学院院士选举中当选。他认为美国科学院关注得更多的是往自己脸上贴金，而不是公共服务。他讨厌划分等级，并希望没有代表崇高学术地位的徽章，挡在他和他的年轻朋友之间。他认为科学是一种集体事业，教育年轻人跟个人做出发现同样重要。他在教学中投入的精力，跟在思考中投入的一样多。

对于我抢在他之前发表他的一些思想，他从未表现出丝毫的不满。他告诉我，为了避免为科学首创权发生争斗，他遵循这样一条简单的原则："就让那帮混蛋多占点便宜。"我自己也遵循这条规则。我发现这条原则对避免争吵和结交朋友非常管用。将功劳多归给别人一点，是建立一个健康的科学共同体的最快途径。最后，费曼对科学的最大贡献不是哪项具体的发现。他的贡献是创造了一种新的思维方式，使大量的学生和同事，包括我本人，能够去做出他们自己的发现。

16. 如何消除你的错觉

1955 年的时候，21 岁的丹尼尔·卡尼曼（Daniel Kahneman），正在以色列国防军中担任中尉。给他安排的工作是，为整个陆军建立一个新的面试系统。其目的是对每位应征入伍的新兵进行评估，并将他（或她）安置到战争机器中的合适岗位上。面试官需要预测出，谁在步兵、炮兵、坦克兵团或其他部队中，会有更为良好的表现。在卡尼曼到来之前，用的旧面试系统是不太正规的。面试官跟新兵聊上 15 分钟，然后根据谈话做出决定。这个系统非常失败。数月后，拿新兵的实际表现跟面试官预测的表现进行对比，会发现实际的表现与预测的表现之间的相关性为零。

此前，卡尼曼获得过心理学学士学位，并且读过保罗·米尔（Paul Meehl）在一年前刚出版的《临床与统计预测：理论分析与证据审查》（*Clinical vs. Statistical Prediction: A Theoretical Analysis and a Review of the Evidence*）。米尔是一位美国心理学家，他研究了许多不同场景下，预测的成功与失败。他找到了强有力的证据，证明了一个令人不安的结论：基于简单统计评分的预测，往往比基于专家判断的预测准确。

可以证实米尔这一结论的一个著名例子，是阿普加评分（Apgar score）；它是由麻醉师弗吉尼亚·阿普加（Virginia Apgar）在 1953 年发明的评分方式，可用来指导新生儿的治疗。阿普加评分使用的是一个很简单的公式，基于 5 个可以快速测量的生命体征：心率、呼吸、反射、肌紧张和肤色。在决定孩子是否需要紧急救助时，该评分比一般的医生都管用。现在这个评分得到了普遍应用，并拯救了成千上万个婴儿的生命。统计预测方面的另一个著名例子是，用来预测婚姻持久程度的道斯公式（Dawes formula）。这个公式是"做爱的频度减去争吵的频度"。罗宾·道斯（Robyn Dawes）是一个心理学家，他后来与卡尼曼进行过合作。在预测婚姻是否能持续时，他的公式比一般的婚姻顾问都管用。

读了米尔这本书后，卡尼曼知道该如何去改善以色列军队的面试系统了。他的新系统不允许面试官天马行空地瞎聊。而是要求他们就应征者的生活和工作，提出一组标准的实际问题。然后将答案转换成数值评分，再代入公式中，以衡量应征者处理不同军队工作的能力。将新系统的预测与几个月后的实际表现进行比较，结果显示新系统比旧系统强出太多。与专家的直觉相比，统计和简单的算术，竟然能告诉我们更多关于我们本人的情况。

50 年后，卡尼曼在《思考，快与慢》（*Thinking, Fast and Slow*）[1] 一书中，回顾了自己在以色列军队中的经历。他评论道，在那些日子里，让年轻人肩负重任，并非不同寻常的事。这个国家本身才成立 7 年。他说："这个国家的方方面面都处在创建阶段，

---

[1] 法勒、斯特劳斯与吉鲁出版公司（Farrar, Straus and Giroux），2011 年。

得有人来搞建设。"他有幸得到了参与共建一个国家的机会，同时获得了关于人性的一份睿智洞察。他明白，旧面试系统的失败，只是一种普遍现象的一个特例，他将这种普遍现象称作"有效性错觉"（illusion of validity）。行文至此，他写道："我已经发现了我的第一个认知错觉。"

认知错觉是他这本书论述的主题。认知错觉是被我们凭直觉认为真的一种虚假信念。"有效性错觉"是我们自认为判断力可靠的一种虚假信念。面试官们真诚地相信：在与应征者交谈15分钟后，就可以预测出他们的表现。面试官在看到统计证据，得知他们的信念是个错觉之后，仍然情不自禁地要去相信它。卡尼曼承认，他在警示别人长达50年之后，自己仍然经历过"有效性错觉"。他无法避开这个错觉——认为自己的直觉判断是可信的。

我本人过去生活中的一段小插曲，与卡尼曼在以色列军队中的经历有奇特的相似性。我在成为科学家之前，是个统计学家。20岁时，我在"二战"中的英国轰炸机司令部从事统计分析工作。司令部刚成立7年，跟1955年时的以色列一样，也是方方面面都有待建设。它由6个轰炸机大队组成，各大队正在谋求自主行动。空军副司令拉尔夫·科克伦爵士（Sir Ralph Cochrane）是第5大队的指挥官，这个大队最具独立性，组织也最有效。当时，我们的轰炸机遭受了严重的折损，而折损的主要原因是德国的夜间战斗机。

科克伦认为轰炸机的速度太慢，而太慢的原因是它们携带着沉重的炮塔，增加了空气阻力，降低了作战升限（operational ceiling）。由于轰炸机在夜间飞行，因此通常都被漆成黑色。科克伦个性张扬，他宣称自己想开一架兰开斯特轰炸机，拆下炮塔和所有与之相关的重物，让两名射击手也留在地面，还要将整架飞机漆成白色。然后他会飞到德国上空，飞得又高又快，这样就没有人能把他射下去了。我们的总司令没有批准这项提议，这种白色的兰开斯特一次也没有飞行过。

我们的总司令之所以不愿意拆下炮塔——就连进行试验也不愿意，是因为他受到了"有效性错觉"的蒙蔽。这比卡尼曼发现它并为其命名还早 10 年，但"有效性错觉"已经在造成致命的后果。我们在轰炸机司令部的所有人都有这种错觉。我们将每个轰炸机机组视作一个由 7 名成员紧密交织在一起的团队，在防卫自己的同僚遭到战斗机攻击方面，射击手发挥着至关重要的作用，而飞行员则让飞机以不规则的螺旋姿态飞行，以免他们遭到高射炮的轰击。错觉的一个重要组成部分是，相信团队会从经验中得到长进。随着他们变得更加熟练，随着配合变得更加紧密，他们存活的机会将会提高。

在我收集 1944 年春季的数据时，机组人员成功飞完 30 次一轮的飞行任务的机会是 25%。经验有助于他们存活，这种错觉对保持他们的士气至关重要。毕竟，他们在每一个中队里都看得到几个令人尊敬的、经验丰富的老飞行员，在完成一轮飞行任务后，又自愿开始新一轮的飞行。每个人都觉得，老手们能活下来，明摆着是因为他们更熟练。没有人愿意相信这些老手之所以活了下来，仅仅是因为他们走运。

在科克伦提议驾驶白色兰开斯特时，我的工作是对轰炸机折损的统计数据进行审查。我对机组人员的经验与折损率的相关性做了仔细的分析，把数据细分成许多小组，以消除天气条件和地理位置的影响。我的结论和卡尼曼的一样确凿。经验对折损率没有影响。在我看来，机组人员的生死存亡纯粹靠运气。他们相信经验有救命的功效，但那只是一种错觉。

我们证明了经验对飞机折损没有影响，这本应该会为科克伦拆除炮塔的想法，提供一个强有力的支持。但这种好事并没有发生。就像卡尼曼后来发现的那样，"有效性错觉"并不会因为事实证明它是错误的而消亡。轰炸机司令部的每一个人，从总司令一直到飞行人员，继续相信这个错觉。机组人员经验丰富也好，不丰富也好，同样都在继续死亡，直到德国被击败，直到战争最终结束。

卡尼曼这本书的另一个主题，正如书名所显示的那样，是我们的大脑中存在两个用于知识组织的独立系统。卡尼曼称之为系统一和系统二。系统一快得惊人，让我们能在不到一秒的时间里，识别人脸和理解语音。它们肯定是从古老的小容量大脑进化而来的，这种大脑让我们敏捷的哺乳动物祖先，能够在一个充斥着大型爬虫类捕食者的世界中得以生存。丛林中的生存，需要一个基于有限信息快速做出决定的大脑。基于系统一的快速行动所做出的判断，被我们称作直觉。它不必等我们的自觉意识醒过神来，就做出判断，并采取行动。关于系统一，最引人注目的事实是，它可以即时访问一个巨大的记忆空间，并以此作为判断的基础。最容易访问到的，是与强烈的情感——如恐惧、痛苦和憎恨——联系在一起的那些记忆。由此产生的判断经常是错误的，但在丛林世界中，错而快要比对而慢来得安全。

系统二是在有意识的思考和对证据进行批判性审查的基础上，

形成判断的缓慢过程。它对系统一的动作进行评估。它给我们一个改正错误、改变主意的机会。与系统一相比，它可能是更近期进化而来的，在我们的灵长目祖先爬到树上生活，并且有闲暇对事物进行仔细掂量之后才出现。树上的猿猴对捕食者，不像对获取和防御领地那么上心。系统二使一个家族能够制订计划和协调活动。在我们成为人之后，系统二使我们能够创造出艺术和文化。

于是便产生了这样一个问题：为什么我们不放弃容易出错的系统一，让更可靠的系统二来左右我们的生活呢？卡尼曼给出了一个简单的答案：系统二是懒惰的。激活系统二需要劳神。劳神在时间和能量方面的成本都比较高。血液化学的精确测量表明，当系统二处于活跃状态时，葡萄糖的消耗会增加。思考是一项辛苦的工作，我们让日常生活变得有条理，就是为了减少脑力活动。我们的许多智力工具，如数学、修辞和逻辑，都是思考的方便替代品。只要我们忙于计算、讨论和写作之类的日常技能，我们就不用思考，就可以由系统一当家做主。只有在无"技"可施之后，我们才会劳神费力，去激活系统二。

系统二远没有系统一那么容易产生错觉，但也无法幸免。卡尼曼使用"易得性偏见"（availability bias）这个术语，来表示根据碰巧能迅速获得的记忆，所做出的偏颇判断。它不用等着去检索更大量不那么鲜明的记忆。有关易得性偏见，一个引人注目的实例，是鲨鱼会救游泳者的命。对圣地亚哥近海的死亡人数，进行仔细分析可知，平均而言，鲨鱼每咬死一个人，就会救十个人的命。每次出现游泳者被咬死的事件之后，溺水身亡的人数在接下来的几年里都会下降，然后再回到正常水平。之所以产生这种效果，是因为与溺水身亡的报道相比，有人遭鲨鱼袭击身亡的报道，会在人们头脑中留下更生动的印象。系统一有强烈的偏向性，更加关注鲨鱼，而不是出现得更频繁的激流，尽管后者可能同样致命。在这种情况下，系统二可能具有同样的偏向性。对鲨鱼袭击的记忆，与强烈的情感联系在一起，因而更容易为两种系统所利用。

卡尼曼是一位心理学家，却获得了诺贝尔经济学奖。他的杰出成就是使心理学变成了一门定量科学。他详细研究了我们如何处理美元和美分，从而使我们的思考过程得到了精确的测量与计算。他通过让心理学数量化，在无心插柳之中，获得了对经济学的一种强有力的新理解。他这本书很大一部分都在讲故事，说明各种各样会让原以为理性的人有上当的错觉。每个故事都描述了一个实验，研究了学生或市民在受控条件下面临抉择时的行为。试验对象做出可以精确测量和记录的决定。大多数的决定是数值化的，是关于金钱的支付或概率的计算的。这些故事表明，我们与虚构出的那位遵从古典经济学规则的"理性行为者"，在行为方面相差有多远。

卡尼曼试验的一个典型例子是咖啡杯实验，它的设计目的是测量一种被他称作"禀赋效应"（endowment effect）的偏见。禀赋效应是我们倾向于对自己拥有的物体，估出高于其他人拥有它时的价值。人们特意将咖啡杯设计得有用而优雅，这样拥有它的人就会对它产生感情。该实验的一个简化版是，从一群学生中随机选出 2 组人——卖家和买家。给每一个卖家发一个咖啡杯，并让他将它卖给一位买家。没有给买家提供任何东西，只是让他们自掏腰包从一位卖家那里买一个咖啡杯。在一个典型的实验中，大家给出的平均价格为：卖家 7.12 美元，买家 2.87 美元。因为价格相差太大，实际卖出的咖啡杯非常少。

该实验令人信服地推翻了古典经济学的核心理念。这个核心理念认为，在一个自由市场中，买卖双方会达成一个双方都认为公平的价格。对在股市进行股票交易的专业交易员而言，这种理念是正确的。因为禀赋效应的存在，对于非专业的买家和卖家而言，它是不成立的。这种对买卖双方都有利的交易之所以没有成交，是因为大多数人不会像交易员那样思考。

我们不能像交易员那样思考，在实际中会造成很大的影响；这些影响可以是有益的，也可以是有害的。禀赋效应的主要影响是，给我们的生活和机构增加稳定性。当一个社会处于和平与繁荣状态时，稳定性是有益的；当一个社会处于贫困与受压迫的状态时，稳定性是有害的。禀赋效应在德国慕尼黑市起到了有益的作用。我曾经在那座城市距市中心几英里的地方，租房子住了一年。我们家马路对面是一个真正的农场，有马铃薯地，养了猪和羊。当地的孩子，包括我们家的孩子，在天黑后会跑到田里去，在地上生火烤土豆。在自由市场经济中，农场会被卖给开发商，进行房地产开发。农民和开发商都会得到可观的利润。但在慕尼黑，人们并不像交易员那样思考。那里不存在可进行土地交易的自由市场。这座城市将农场作为向公众开放的空间，让城市居民可以在草地上一直走到市中心，让我们的孩子可以在晚上烤土豆。禀赋效应使这个农场得以幸存。

在贫穷的农业社会，如 19 世纪的爱尔兰，或当今非洲的大部分地区，禀赋效应是有害的，因为它会使贫困持续下去。对于爱尔兰的地主和非洲村庄的村长而言，财产会带来地位和政治权力。他们不会像交易员那样思考，因为地位和政治权力比金钱更有价值。即使背负严重的债务，他们也不会用优越的地位去换取金钱。禀赋效应使农民们一直处于贫困状态，并促使那些像交易员那样思考的人移居他处。

在书的结尾，卡尼曼问了这样一个问题：在理解了我们的非理性心理过程之后，我们能够从中得到什么实际的好处呢？我们知道，由于遗传得来的错觉，我们的判断是有严重的偏向性的，这有助于我们在一个毒蛇出没的丛林中生存，但与逻辑毫无关系。我们也知道，即使我们意识到了偏见与错觉的存在，错觉仍然不会消失。就算我们知道自己受了蒙蔽，如果不能因此而消除错觉，那又有什么用呢？

卡尼曼对这个问题的回答是，他希望通过改变我们的词汇，来改变我们的行为。如果他为各种常见的偏见和错觉发明的新词——"有效性错觉""易用性偏见""禀赋效应"以及这里无法一一列出的其他新词——成了我们日常词汇的一部分，他希望看到错觉会失去蒙蔽我们的能力。如果我们每天都使用这些词，来批评朋友们的错误判断、坦承我们自己的错误判断，那么我们也许将学会如何克服自己的错觉。也许我们的子孙后代在成长过程中，会使用这些新词汇，并在做出判断时，自动地纠正他们先天的偏见。如果真的出现了这种奇迹，那未来的世代都得万分感激卡尼曼，因为他赋予了他们更清晰的远见。

值得注意的是，卡尼曼在书中没有提到弗洛伊德（Sigmund Freud）的名字。在长达 32 页的尾注中，他一次都没有引用过弗洛伊德的著作。这一缺失当然并非偶然。在心理学领域，弗洛伊德是 20 世纪上半叶一位举足轻重的人物，在下半叶则成了被推翻的暴君。在维基百科关于弗洛伊德的文章里，我们找到了从诺贝尔奖得主、免疫学家彼得·梅达沃（Peter Medawar）那里引用来的话：精神分析是"20 世纪最惊人的智力骗局"。它还引用了弗雷德里克·克鲁斯（Frederick Crews）的话："我们正在一步一步地认识到，在整个科学和医学史上，弗洛伊德已成为被高估得最厉害的人物，他通过对虚假病因、错误诊断和无效问询的传播，造成了巨大的伤害。"

在这些引用中，可见群情激昂。弗洛伊德如今遭到憎恨的程度，跟他过去受到爱戴的程度一样强烈。卡尼曼显然赞同主流的看法，对弗洛伊德及其著作遗产持否定态度。

弗洛伊德写过两本书——1901 年写的《日常生活精神病理学》（*Psychopathology of Everyday Life*）和 1923 年写的《自我与本我》（*The Ego and the Id*），差点抢占了卡尼曼书中那两大主题的研究先机。那本精神病理学，描述了许多判断错误，以及处于意识水平之下的情绪偏见所引发的行为。"弗洛伊德口误"是易用性偏见的例子，由与强烈情感相关联的记忆造成。《自我与本我》描述了与卡尼曼系统二和系统一类似的两级思想，其中的自我通常是自觉的和理性的，而本我通常是无意识的和非理性的。

弗洛伊德和卡尼曼之间存在着巨大的差异，正如你能料到的那样，中间隔着一个世纪的两位思想家理应如此。他们最大的不同在于，弗洛伊德是文学的，而卡尼曼是科学的。卡尼曼的伟大贡献是使心理学成为实验科学，其实验结果变得可重复、可验证。

在我看来，弗洛伊德将心理学变成了文学的一个分支，用故事和神话来吸引人的心灵，而不是头脑。弗洛伊德心理学的核心理念是俄狄浦斯情结（Oedipus complex），这个故事是从希腊神话那里借用来的，索福克勒斯（Sophocles）曾将它改编成悲剧上演。弗洛伊德声称，他已从临床实践中，辨认出孩子对父母的依恋之情，他称之为"俄狄浦斯情结"。他的批评者们拒绝承认这一说法。因此，对其崇拜者而言，弗洛伊德成了精神与心理智慧的先知；而对其诋毁者来说，则成了一个装模作样医治假想病的庸医。卡尼曼把心理学引向了一个截然相反的方向，他不是假装治疗疾病，而只是试图消除错觉。

卡尼曼用不着弗洛伊德，这可以理解，但仍然是令人遗憾的。卡尼曼和弗洛伊德的洞察是互补的而不是矛盾的。任何一个力求对人性有个完整认识的人，都需要向他们二人学习很多东西。卡尼曼的心理学范畴必然受限于他的方法，即研究可观察的心理过程，并在严格控制的实验条件下进行测量。采用这种方法，他彻底改变了心理学。他发现了能准确描述和可靠演示的心理过程。他抛弃了弗洛伊德的诗意幻想。

但随同诗意幻想一道，他也抛弃了许多宝贵的东西。因为强烈的感情与执着是无法在实验中进行控制的，卡尼曼的方法不允许他对它们进行研究。卡尼曼的方法可以处理的是人性中非暴力的部分，关乎日常决定、人为的室内游戏以及赌注不大的赌博。人性中狂暴与热烈的表现，关乎生与死、爱与恨、痛苦和性爱之类的问题，在实验中是不能控制的，也就超出了卡尼曼的研究范畴。暴力与激情落在弗洛伊德的研究范畴之内。弗洛伊德比卡尼曼看得更深，因为在人性和人类命运方面，文学比科学挖掘得更深。

威廉·詹姆斯（William James）是卡尼曼的书中没提到的另一位伟大的心理学家。詹姆斯跟弗洛伊德是同时代的人，他在1902年发表了他的经典著作《宗教经验之种种：对人性的研究》（*The Varieties of Religious Experience: A Study in Human Nature*）。宗教是卡尼曼选择忽略的另一个牵涉面很广的人类行为。就像俄狄浦斯情结一样，宗教也不适合实验研究。詹姆斯倾听人们描述自己的经历，而不是做实验。他从内部而不是从外部，来研究他的见证人的思想。他认为宗教气质分为两种类型，即他所谓的"一度降生"（once-born）和"二度降生"（twice-born），超前于卡尼曼将我们的思想分为系统一和系统二。由于詹姆斯转向文学而不是科学去获得他的证据，他审查的两个主要证人是，"一度降生"的怀特曼（Walt Whitman）和"二度降生"的托尔斯泰（Leo Tolstoy）。

弗洛伊德和詹姆斯都是艺术家而不是科学家。对于在生前备受赞誉的艺术家而言，在死后因时过境迁而黯然失色，也是常有的事。50或100年后，他们可能会重享盛誉，届时他们可能会永久性地进入伟人的行列。弗洛伊德和詹姆斯的崇拜者可能希望，有朝一日，他们会与卡尼曼站在一起，成为人类心理的三大探索者——弗洛伊德和詹姆斯是我们较深层的情感的探索者，卡尼曼则是我们平淡无奇的认知过程的探索者。但这个时刻还没有来到。同时，我们必须感谢卡尼曼，是他的这本书让我们开心地了解到了我们个性中实际的一面。

2014 年添加的补注:

卡尼曼在给编辑的一封信中对这篇书评做了回应:

弗里曼·戴森不吝褒奖的书评……大大地高估了我在这个科学心理学故事里所起的作用。与威廉·詹姆斯和西格蒙德·弗洛伊德写作其巨著时相比,我们这个学科确实更为科学了,但是在我出生之前很久,这一转变就已开始。心理学科学的成长在 20 世纪经历了几个阶段,从我在 1960 年左右读研究生时学到的格式塔心理学[1]和行为主义的学派,到重塑知识景观的认知革命——恰逢阿莫斯·特沃斯基(Amos Tversky)和我在 20 世纪 60 年代末开始合作,然后从那里再到神经科学以及联想与情感过程研究的发展——后者吸引了当今众多最优秀的研究生。

特沃斯基和我都是认知革命的参与者,我们贡献给这个领域的最初想法是:直觉判断的重大错误是由认知机制产生的,而不是来自一厢情愿的想法或其他情绪扭曲。我们的头脑中也闪现过一丝后来成为二系思想的想法。我们合作的第一篇论文,记录了研究人员在统计决策中犯的错误,非正式地对直觉判断与深思熟虑的计算进行了区分。多年后,在印第安纳州的一个实验室里,我们开始对自动的和受控的过程之间的对比进行了详细的研究;在此间的几十年里,许多心理学家已经对这

---

[1] 格式塔心理学(gestalt psychology),又叫完形心理学,是西方现代心理学的主要学派之一,诞生于德国,后来在美国得到了进一步的发展。——译注

种区分进行了细化和扩展。我最近试图描述快速直观的思考与深思熟虑之间的相互作用，我同时借鉴了这些前辈的工作，以及联想记忆研究方面所取得的最新进展。

科学家们大都在一个狭窄的学科中开展工作，一个领域内的研究很少会对其他学科造成影响。我与特沃斯基的研究超越了其中的一些界限，在很大程度上是因为我们使用了每个人都能接触到的演示：我们用简单问题让读者参与进来，并在其中观察自己直觉的错误。因此，与心理学研究许多其他方面的进展相比，我们的工作更容易被行业外的人看到；但是，最好将它看作对整体繁荣的现代实验心理学事业所做出的一项贡献。

这封信没有对我的建议做出回应。我的建议是：让心理学同时生活在科学和文学边界的两边；将弗洛伊德和詹姆斯的情感洞察，与特沃斯基和卡尼曼的实验发现结合在一起。正如我在书评中说过的那样，和解的时机尚未到来。

17. 你真正能知道的是什么？

　　吉姆·霍尔特（Jim Holt）撰写的《世界为何存在？一个存在主义的侦探故事》（*Why Does the World Exist: An Existential Detective Story*），是现代顶尖级哲学家的一个肖像画廊。[1] 他挨个拜访了他们；在动身之前，他跟他们打过招呼，说好要和他们讨论这样一个问题：为什么会存在一些东西，而不是什么都没有？他报道了他们对这个问题做出的反应，并描述了他们的习惯和性格，以便对他们的语言进行修饰。他们的回答让我们对谈话人，产生了一个生动的初步印象，不过并没有解决存在之谜。

　　这些哲学家比哲学更有趣。他们大多性格古怪，而且已达到了事业的巅峰。他们待在巴黎和牛津这样一些异常美丽的地方，进行着深入的思考。他们是学术机构（academic hierarchy）这一古老传统的继承者，在这种学术梯级中，弟子们坐在贤哲的脚下，而贤哲则用神谕般的话语启迪他们。巴黎和牛津的大学保持这种传统已有 800 年了。世界几大宗教保持这种传统的时间，甚至还

---

[1]　利夫莱特出版社（Liveright），2012 年。

要更久一些。大学和宗教是人类最持久的组织机构。

据霍尔特所说，20世纪最有影响力的两位哲学家是，马丁·海德格尔（Martin Heidegger）和路德维希·维特根斯坦（Ludwig Wittgenstein）——海德格尔在欧洲大陆具有至高无上的地位，而维特根斯坦在英语世界具有至高无上的地位。海德格尔是存在主义的创始人之一，这个哲学流派对法国知识分子特别有吸引力。1933年，海德格尔本人已然信誉扫地，因为他答应在新成立的纳粹政府的统治下，担任弗赖堡大学的校长，并成了纳粹党的一名党员。存在主义在德国衰退之后，还继续在法国得到了蓬勃的发展。

跟海德格尔不同，维特根斯坦并没有创建什么流派。他的作品也很少，而且写的东西都十分简单明了。他生前唯一出版的一本书是《逻辑哲学论》（*Tractatus Logico Philosophicus*），这本书1918年写于维也纳，1922年在英国出版，伯特兰·罗素（Bertrand Russell）为它写了一篇很长的导言。尽管是德语原文和英语翻译对照排印的，整本书还不到200个小开本的页面。上高中时，我很幸运地得到了一本《逻辑哲学论》作为奖品。我在青春洋溢的狂喜之中，花了一个晚上的时间读完了它。这本书大部分的内容是数理逻辑。只在最后的5页里，涉及了人类的问题。正文分成带编号的段落，每节包含一两个句子。例如，6.521节写道："人生问题的解决之道，要在该问题消失时才能显现。人们经过长时间的怀疑之后，对人生的意义已了然于胸，却说不出这个意义存在何处；之所以会这样，其理由不正在于此？"这本书最著名的句子是最后的第7节："不可言说者，只能不说。"

我认为，这本书富有启发性，有助于解放思想。书中说，哲学很简单，而且涵盖的范围有限。哲学关注的是逻辑以及语言的正确使用。在这个有限的领域之外，所有推测都是神秘主义的。6.522 节写道："确实有无法表达的东西。这是不言而喻的。它是神秘的东西"。既然神秘是不可言说的，就没什么好多说的了。霍尔特用几个词概括了海德格尔和维特根斯坦的不同："维特根斯坦英勇无畏而克己苦行，海德格尔阴险奸诈而虚荣自负"。这几个词用来形容他们的个性特征与知识产出，是同样合适的。

维特根斯坦在知识方面的苦行主义，对英语世界的哲学家们影响很深。它将伦理学和美学排除在哲学之外，从而缩小了它的范畴。与此同时，他个人的苦行主义也提高了他的公信力。第二次世界大战期间，他想以一种实际的方式为他的第二祖国服务。由于年龄偏大，他不能服兵役，于是就暂时离开了剑桥大学的学术岗位，去从事一项粗笨的工作——担任照顾病人的医院看护。当我在 1946 年来到剑桥大学时，维特根斯坦刚从他工作了 6 年的医院卸任返回。我对他极其敬仰，并且非常高兴地发现他就住在我家楼上。我在上下楼梯时经常碰到他，但是我太胆怯，不敢跟他搭话。好几次，我都听到他喃喃自语地说："我变得越来越笨了。"

最后，在快离开剑桥时，我鼓足勇气，开口跟他说了话。我告诉他，我非常喜欢《逻辑哲学论》，并问他是否仍然坚持 28 年前的观点。他沉默了许久，才说："你是哪家报社的？"我告诉他，我是学生，不是记者，但他一直没有回答我的问题。

维特根斯坦的反应让我感到很没面子；而对那些想听他讲课的女生，他的反应更糟糕。如果有女性出现在听众席中，他就会一直保持沉默，直到她离开教室为止。我认定他是个冒牌货，想用粗暴的举止来吸引注意力。我讨厌他的粗鲁无礼。50年后，在一个阳光明媚的冬日清晨，我路过剑桥郊外的墓地时，无意间来到他的墓碑前，那是一块巨大的石头，上面薄薄地覆盖着一层刚降下的白雪。墓碑上只刻了一个名字：维特根斯坦。令我感到惊讶的是，我发现原先对他的憎恶已消失不见，代之以一种更深的理解。在这片寂静的白色原野上，他安息了，我也很宁静。他不再是一个坏脾气的冒牌货，而是一个备受折磨的灵魂，是一个有悲惨经历的家族中最后的一位幸存者，孤孤单单地生活在一群陌生人之中，直到最后一刻还在努力表述着不可言说之事。

霍尔特所采访的哲学家研究面很广。他们讨论的主题是两大派别的分歧，我将这两派人称为唯物主义者和柏拉图主义者。唯物主义者心目中的世界是由原子组成的，柏拉图主义者心目中的世界是由意识组成的。这两大派别的划分是一种粗略的简化，将观点很不相同的一些人也归入了同一个派别。就像给植物和动物物种命名的分类学家一样，哲学世界的观察者也可以分为主分派（splitters）和主合派（lumpers）。主分派喜欢多命名几个物种，而主合派喜欢少命名几个物种。

霍尔特是主分派，而我是主合派。哲学家大多数是主分派，喜欢将自己的思考方式细分成狭窄的专业流派，例如有神论、自然神论、人道主义、泛灵论（panpsychism）、规则功利主义（axiarchism）。这些流派在霍尔特这个采访集里都找得到实例。我发现将它们整合成两个大组更加方便：一组痴迷于物质，另一组痴迷于意识。霍尔特请他们解释世界为什么存在。对唯物主义者而言，这个问题关系到时间、空间、粒子和场的起源，相关的科学分支是物理学。对于柏拉图主义而言，这个问题关系到意义、目的和意识的起源，相关的学科是心理学。

柏拉图主义者中给人留下最深刻印象的是约翰·莱斯利（John Leslie），他大半辈子的时间都在圭尔夫大学（University of Guelph）教哲学，如今已退休，定居在加拿大的西海岸，他自称是一个极端的规则功利主义者。规则功利主义"axiarchis"这个词，在希腊语中表示"价值规则"，意思是世界建立在观念的基础之上，柏拉图思想中的"善"赋予存在的一切以价值。对柏拉图以洞穴隐喻人生的意象，莱斯利是很看重的。我们生活在一个洞穴中，只能看到入口的光线在洞壁上投射的影子。洞穴外的真实事物是观念，我们在洞内感知到的一切事物，都是观念不完美的印象。恶之所以存在，是因为我们的印象受到了扭曲。隐藏在我们视野之外最终的真实存在是善。善是一种足够强大的吸引力，使宇宙得以存在。莱斯利明白，关于存在的这种解释，是一种诗意的幻想，而不是一个逻辑的论证。当逻辑失灵时，幻想就赶来救场。柏拉图思想涵盖的整个范畴，都体现在他的对话之中；这些对话是，对于与他导师苏格拉底的对话，所进行的戏剧化重构。它们都是基于想象的，而不是基于逻辑的。

1966 年，莱斯利出版了《世界的末日》（*The End of the World*）一书，对人类的处境表达了悲观的看法。他计算了人类将来可能持续存在的时间，他的论证基于哥白尼原理，该原理认为人类观察者在宇宙中绝不应该处于特殊的地位。哥白尼将地球从亚里士多德宇宙的中心迁移出来，挪到了一个更为普通的位置，成了绕太阳运行的行星之一；这个原理也就以哥白尼的名字命名了。

莱斯利认为，哥白尼原理应该同时适用于我们在时间上的地位，和在空间中的位置。作为时间流逝的观察者，我们不应该把自己置于人类历史刚开始的特殊位置之上。作为哥白尼式的观察者，我们应期待自己处于人类历史的一个普通位置上，而不是在靠近开端的位置上。因此，我们应该预计，我们这个物种未来持续的时间，不会比它的过去长太多。因为我们知道，我们这个物种大约起源于 10 万年前，我们应该预计它会在约 10 万年之后灭绝。

在莱斯利发表了这一预言后，我表示了强烈的反对，并宣称这是在技术上对概率论的误用。事实上，莱斯利的论证在技术上是正确的。我之所以不喜欢这个论证，是因为我不喜欢这个结论。我认为宇宙的存在是有目的的，而我们的意识是这种目的的一部分。因为宇宙的善，体现在我们这些观察者的存在之中，我们可以依靠宇宙的善，得以继续存在。我反对莱斯利的论证，因为我比他更像一位柏拉图主义者。

与莱斯利相对的是大卫·多伊奇（David Deutsch），他写的那本《无穷的开始》（*The Beginning of Infinity*），我在本书第 12 章讨论过。多伊奇住在离牛津大学几英里远的一个村庄里，霍尔特去他家拜访过。描述拜访经过的那一章，标题是《多元宇宙的大法师》（The Magus of the Multiverse）。多伊奇是一名专业物理学家，他以物理学作为哲学思辨的基础。与大多数哲学家不同，他懂量子理论，并且对置身于量子宇宙中感到很自在。他喜欢量子力学的"多元宇宙"解释，它是由休·埃弗里特（Hugh Everett）在 20 世纪 50 年代提出来的，当时他还是普林斯顿大学的一名学生。埃弗里特设想的量子宇宙是，同时存在的普通宇宙的一个无穷集合，他把这种集合称作"多元宇宙"。

量子力学的本质是不可预测性。在每个瞬间，我们物理环境中的物体——如我们肺里的原子和我们眼睛里的光——都在进行不可预测的选择，决定下一步要做什么。据埃弗里特和多伊奇所说，对于每一种组合的选择，都有一个宇宙包含在多元宇宙之中。存在非常多的宇宙，保证每一种可能的选择序列，至少都会在它们中间出现一次。每个宇宙不断分裂成许多其他的宇宙，而这些宇宙通过不同的路径，达到相同的最终状态时，又会重新合并。多元宇宙是各种可能的历史所组成的一张巨大网络，随着时间的推移而分分合合。我们在原子行为中观察到的"量子怪异性"——因为被爱因斯坦讨厌而出名的"幽灵般的超距作用"——就是宇宙以出人意料的方式重新组合的结果。

据多伊奇所说，我们每个人在多元宇宙中的存在形式，都是一群几乎完全相同的动物，沿着一些紧密相关的历史，一道在时间中穿行，就像构成我们的原子一样，不断地分道扬镳和重新合并。他并没有宣称自己知道"为什么存在多元宇宙"这个问题的答案，或者知道如何回答一个更简单的问题："意识的本质是什么？"他在我们的前面看到的是，需要慢慢探索的漫长未来，从而回答了我们至今还不知道如何提出的一些哲学问题。我们知道如何提出却不知道如何回答的一个问题是："量子计算在我们的意识中，会起很重要的作用吗？"对于多伊奇来说，量子计算物理学是一条最有希望的线索，可能指引我们对自己的存在产生更深刻的理解。他从理论上推测，可以诱使多元宇宙中所有不同的平行宇宙，合作完成一项计算。

除了埃弗里特的版本，还有许多其他类型的多元宇宙。多元宇宙模型在近期的宇宙学理论中十分流行。霍尔特前往位于波士顿的塔夫斯大学（Tufts University），拜会了俄罗斯宇宙学家亚历克斯·维连金（Alex Vilenkin）。与多伊奇不同，维连金认为多元宇宙是不连通的，而且彼此相隔很远。每个宇宙都是通过一个名叫量子隧道的过程从虚无中产生，可以自发地穿越存在与不存在之间的屏障，却不用消耗能量。宇宙在总能量刚好为零的情况下产生，物质的正能量与引力的负能量相等。因为能量为零，质量的产生不需付出代价。

介绍维连金的那一章的标题是《终极的免费午餐？》霍尔特在其中描述了青年物理学家伽莫夫（George Gamow）和老年物理学家爱因斯坦，都在普林斯顿生活时的一段对话。作为量子隧道思想的创始人，伽莫夫向爱因斯坦解释了存在免费午餐的可能性。爱因斯坦惊讶得在路中间停了下来，差点被一辆汽车撞到。

关于科学的合理界限，大家的意见分歧很大。在我看来，多元宇宙是哲学，而不是科学。科学关注的是可被验证的事实和可被探索的奥秘；我看到多元宇宙的假设是完全无法验证的。哲学关注的是可被想象的思想和可被讲述的故事。我对科学设定的界限比较狭窄，但是我承认在科学之外，人类智慧还有其他的来源。其他的智慧来源包括文学、艺术、历史、宗教和哲学。多元宇宙在哲学和文学中是有其应得的地位的。

我最喜欢的多元宇宙版本是，去世于 1950 年的哲学家奥拉夫·斯特普尔顿（Olaf Stapledon）所讲的一个故事。他生前在利物浦大学教哲学。他在 1937 年出版了一本小说《造星者》(*Star Maker*),描述了他对多元宇宙的看法。这本书被当作科幻小说推上市场,但与科学相比,它与神学的关系更密切些。故事的讲述者在自己的想象中进行太空旅行,从过去到未来,访问了一些外星文明,他的思想通过心灵感应,与这些文明中一些加入其旅程的居民融合。最终,这一"宇宙心灵"遇到了造星者——一种"永恒而绝对的灵魂",他在一系列的试验中创造了所有这些世界。每个试验创造一个宇宙;每当一个实验失败,他就知道了如何将下一个实验设计得更好一点。他的第一个试验是一段简单的音乐,那是一段动感十足的鼓声,可用于探索时间的结构。在那之后,他又创造了更多的艺术作品,以逐渐增加的复杂度,探索时间和空间的种种可能性。

我们所在的这个宇宙是在中间某个阶段造出来的,较之以前,已取得了巨大的进步,但仍然注定会失败。它的瑕疵将致使它陷入悲惨的结局。后面的实验,会远远超出我们的理解范围,避免了造星者在造我们这个宇宙时所犯的错误,一路通向极致的完美。斯特普尔顿的多元宇宙,是在第二次世界大战即将来临的恐怖阴影下构思出来的,是尽力解决善恶问题的一次富有想象力的尝试。

在有历史记载以来的 25 个世纪里,大部分时候,哲学家都很重要。两组哲学家——中国的孔子和老子,以及希腊的苏格拉底、柏拉图和亚里士多德,在 2000 多年的时间里,是在亚洲和欧洲文化中分别占据主导地位的人物。孔子和亚里士多德为东西方文明,确立了思考的风格。他们不仅对学者发言,也对统治者发言。他们对政治和道德的现实世界产生了深远的影响,同样也对科学和学术界产生了深远的影响。

在较近的几个世纪里，哲学家仍然是人类命运的引领者。随着民族主义成为欧洲历史发展中的动力，法国的笛卡儿和孟德斯鸠，荷兰的斯宾诺莎，英国的霍布斯，德国的尼采和黑格尔，都为这些国家不同的风格，打下了他们各自的烙印。在所有这些历史的变迁过程中，从古希腊和古中国到 19 世纪末，哲学家都像巨人一样，在思想王国中发挥了主导作用。

霍尔特笔下的这些哲学家，属于 20 世纪和 21 世纪。与过去那些思想巨人相比，他们就相形见绌了。他们思考着高深的问题，面向学术界听众做学术演讲，但是圈子外几乎没有人听他们的。他们在历史上是一些无关紧要的人。在接近 19 世纪末的某些时候，哲学家淡出了公共生活。像刘易斯·卡罗尔（Lewis Carroll）《猎鲨记》（*The Hunting of the Snark*）一诗中的面包师一样，他们突然就无声无息地消失了。在普通大众看来，哲学家变得不可见了。

1979 年，我在参与筹划爱因斯坦 100 周年诞辰的纪念大会时，注意到了哲学的衰落。这个会议放在爱因斯坦生活过的普林斯顿举行，而我们最大的会议室，也容不下所有想来参加会议的人。于是我们就成立了一个委员会，由它来决定邀请谁。当委员会的名单公布时，那些没入选的人高声抗议。经过激烈的讨论，我们同意成立三个委员会，授权每个委员会邀请三分之一的参会人；一个邀请科学家，一个邀请科学史学家，还有一个邀请科学哲学家。

三个委员会做出选择后，我们有了三份被邀请人的名单。我看着这三份名单，立刻就为他们彼此的隔离感到震惊。除少数的特例，科学家名单上的人，我都认识。历史学家名单上的人，我只知道名字，但不认识他们。而哲学家名单上的人，我甚至连名字也没听说过。

在几个世纪前，科学家、历史学家和哲学家都是彼此认识的。牛顿和洛克（Locke）是朋友，在 1689 年时还是英国国会里的同事，他们协助建立了经过 1688 年光荣革命后的君主立宪制政府。在权力有限的君主立宪制确立后，英国内战时血腥的激情终于平静了下来。君主立宪制就是哲学家们发明的一种政府体制。但在 20 世纪，科学、历史和哲学成了彼此隔离的文化。我们是生活在不同团体里的三组专家，彼此间很少交流。

哲学是什么时候又是为何失去它的威力的呢？它是如何变成以往荣耀那黯淡无力的遗存的呢？这是霍尔特这本书迫使我们，去问的一些令人难堪的问题。当哲学成为一门独立的学科，并变得与科学、历史、文学和宗教截然不同时，哲学家也变得无足轻重了。过去那些伟大的哲学家涵盖了所有这些学科。直到 19 世纪，科学还被称作自然哲学，被官方认可为哲学的一个分支。"科学家"这个词是威廉·惠威尔（William Whewell）创造的，他是 19 世纪时剑桥大学的哲学家，后来做了三一学院的院长，并用自己的名字命名了，我和维特根斯坦 1946 年住过的那栋楼。惠威尔在 1833 年引进了这个词。当时他正发起一场经过深思熟虑的运动，要把科学建成一门有别于哲学的专业学科。

惠威尔的运动成功了。结果，科学发展起来了，在公众生活中占据了支配地位，而哲学却没落了。哲学在与宗教和文学分离后，就萎缩得更厉害了。过去的伟大哲学家写出了一批文学巨著，比如《约伯记》（*the Book of Job*）和《圣奥古斯丁忏悔录》（*the*

Confessions of Saint Augustine）。哲学家写的最新巨著也许要算，弗里德里希·尼采（Friedrich Nietzsche）1885 年写的《查拉图特拉如是说》（*Thus spoke Zarathustra*），和 1866 年写的《超越善恶》（*Beyond Good and Evil*）。现代哲学系已没有神秘主义的立足之地了。

2014 年添加的补注：

这篇书评发表在杂志上时，我说消失的是鲨鱼，而不是面包师。感谢雷·费尔（Ray Fair）帮我指正了这个严重的错误。感谢格雷姆·法米罗（Graham Farmelo）——我后来给他一本关于丘吉尔的书写过书评（见第 20 章）——告诉我，丘吉尔是奥拉夫·斯特普尔顿的粉丝，曾如饥似渴地阅读过斯特普尔顿的所有作品。

18. 奥本海默：天才之形

为什么还要再出一本关于罗伯特·奥本海默（Robert Oppenheimer）的书？从纽尔·法尔·戴维斯（Nuel Pharr Davis）写的印象主义式作品《劳伦斯和奥本海默》（*Lawrence and Oppenheimer*），到凯·伯德（Kai Bird）和马丁·舍温（Martin Sherwin）写的偏学术性作品《美国的普罗米修斯》（*American Prometheus*）[1]，这个主题的书已经出了不少，而且都拥有广泛的读者。雷·蒙克（Ray Monk）[2]说，他之所以写这本《罗伯特·奥本海默：生活在中心的人》（*Robert Oppenheimer: A Life Inside the Center*）[3]，是因为其他书对奥本海默的政治生活描述太多，而对他的科学生活着墨太少。蒙克详细讲述了占据奥本海默一生大部分时间的活动：学习、探索和讲授科学，以恢复对其政治生活与科学生活记述的平衡。

该书的副标题——"生活在中心的人"，提起人们去注意奥本

---

[1] 译林出版社 2009 年出过该书的中译本《奥本海默传："原子弹之父"的美国悲剧》，李霄垅、华夏、裔祖译。——译注

[2] 雷·蒙克，南安普顿大学哲学教授，著有《维特根斯坦：天才之为责任》等。——译注

[3] 道布尔迪出版社（Doubleday），2013 年。

海默的一项罕见的拿手好戏。他有一种独特的本领，能让自己在正确的时间和地点置身于正在发生的重大事件之中。在他的一生中，他有四次处于重大事件的旋涡中心。1926年，他在哥廷根时，他的导师马克斯·玻恩（Max Born）是量子革命的领军人物之一，这场革命改变了我们对亚原子世界的看法。1929年，他在伯克利时，他的朋友欧内斯特·劳伦斯（Ernest Lawrence）正在建造第一台回旋加速器，他与劳伦斯在伯克利创建了亚原子物理学的一个美国学派，从欧洲人手里夺得了该领域的龙头地位。1943年，他在洛斯·阿拉莫斯国家实验室制造了第一批核武器。1947年，他在华盛顿担任美国原子能委员会总顾问委员会的主席，为政府军政首脑献计献策。他受一种无力抗拒的野心驱使，要在历史事件中发挥领导作用。每当他处在事件的中心时，他都能挺身而出，发挥出令人意想不到的才干，统领全局。

出几本涵盖同一领域的书，通常是很有帮助的。由于不同的作者有不同的视角，每本书都会在某些方面做得好一些，而在另一些方面差一点。蒙克的书最有价值的贡献，是详细描绘了在奥本海默的生活中扮演重要角色的两群人：他父母所属的由富裕德裔纽约犹太人紧密团结而成的社群；以及当他在伯克利和洛斯·阿拉莫斯参加秘密工作时，对他的社会和政治活动进行监视的一小群安全官员。

蒙克对两个群体的生活做了生动的描述。他把德裔犹太人置于他们的历史背景之中进行刻画。他们中的许多人是带自由主义色彩的理想主义者，在德国未能实现其社会改革的梦想，来到美国后不遗余力地致力于建立自由社会的美国梦。在书的开篇处，他引用了歌德的一行诗——"美利坚，你胜过旧大陆"，称颂美国是没有古老欧洲那些骑士、强盗和鬼魂的自由之地。这种对美国充满诗意的德国式愿景，使奥本海默的爱国之情，比他大多数的科学家朋友来得更加深切。他父亲是"伦理文化学会"（Ethical Culture Society）创始人菲利克斯·阿德勒（Felix Adler）的亲密朋友，该学会是一个体现了德裔犹太社区自由主义理想的机构。奥本海默从 7 岁到 17 岁，一直在同样是由阿德勒创办的伦理文化学校受教育。这所学校的宗旨是培养孩子终身恪守道德原则，而不拘泥于任何宗教信仰或宗教仪式。这所学校对奥本海默性格的塑造似乎是很成功的。

与其他的书不同，蒙克没有将伯克利和洛斯·阿拉莫斯的安全官员，描绘成没头脑的官僚或偏执的政治迫害狂，而是将他们刻画成面临着实际问题的真实人物。从奥本海默那里榨取信息是一项吃力不讨好的工作，从事这项工作的 4 位官员是鲍里斯·帕席（Boris Pash），皮尔·德·席尔瓦（Peer de Silva），约翰·兰斯代尔（John Lansdale）和莱尔·约翰逊（Lyall Johnson）。他们尽心尽责地严守着核弹项目的秘密，尽量不让它落入潜在间谍之手。

如今，我们知道他们的努力是不成功的。他们没能成功地辨认出真正的间谍。但他们意识到了，苏联情报机构正在积极寻求与该项目有关的信息；他们怀疑奥本海默的几个共产党朋友和学生可能是间谍；奥本海默对他们的问题顾左右而言他，使他们倍感沮丧。核弹工程的总司令莱斯利·格罗夫斯（Leslie Groves）将军曾告诉他们，奥本海默的领导是必不可少的，而奥本海默却对他们尽力实施的安全规定不管不顾。在他们看来，关键问题是，适用于参加项目的其他所有人的安全规则，是否也适用于奥本海默。仅仅因为他很有名，就应该让他免受规则制约吗？对于这个问题，兰斯代尔的答案为"是"，而帕席、席尔瓦和约翰逊的答案为"否"。

蒙克在书前的序言里，对其他有关奥本海默的书进行了讨论，并解释了为什么他认为它们存在缺陷。可惜的是，他没有提到我觉得最具启发性的一本书——由凯瑟琳·卡森（Cathryn Carson）和戴维·霍林格（David Hollinger）编辑的《对奥本海默的重新评价：百年诞辰时的研究与思考》（*Reappraising Oppenheimer: Centennial Studies and Reflections*）[1]。这部作品没有出现在蒙克的参考书目中。这是一部由多人撰写的文章合集，作者大多是专业历史学家。我这里概述的三篇文章，提供了奥本海默生活的一些真实信息，所涉及的方面都是蒙克不曾触及的。

戴维·卡西迪（David Cassidy）为我们提供了奥本海默所指导研究生及其学位论文标题的一个完整列表。这个列表告诉我们，当奥本海默是伯克利的年轻教授时，他在思考什么，他又是如何训练下一代物理学家的。它揭示了他如何由不高的基础起步，成长为一名颇具传奇性声誉的教师。总共有 25 名学生，在 1929 年到 1939 年这 10 年间完成学业的只有 6 名。这些论文主要有两个主题：宇宙射线和介子。宇宙射线是从外层空间不断轰击地球的高能粒子"毛毛雨"。介子是在宇宙射线中发现的粒子，具有奇怪且令人难以理解的特性，它们有时爆炸成次级粒子流，有时穿过物

---

[1] 这是加州大学 2005 年出版的伯克利科学史论文丛书的第 21 卷。

体而不发生任何交互作用。奥本海默知道，宇宙射线是他理解原生态大自然的最佳线索，与劳伦斯的粒子加速器相比，它们具有更为巨大的能量。他大部分的学生都在用一种或另一种方法研究宇宙射线，试图理解大量令人困惑的观察，采用的方法是将其与大批同样令人困惑的理论进行比较。这一高强度的智力训练，成功地培养出了一些有天赋的学生，让他们后来得以成为科学界的领袖，但它未能揭示宇宙射线和介子的奥秘。

戴维·霍洛威（David Holloway）为我们带来的一章，题为《奥本海默与哈里顿，平行的生活？》，将奥本海默和他在俄罗斯的对应人物进行了比较。尤里·哈里顿（Yulii Khariton）与奥本海默在许多方面惊人地相似：同一年出生于有教养的犹太家庭；精通三种语言；对艺术和文学有浓厚的兴趣；就在奥本海默离开后，以学生身份到英国卡文迪什实验室工作过；并且意外地成了苏联原子弹制造计划的成功领导者。他的顶头上司拉夫连季·贝利亚（Lavrenty Beria），是个臭名昭著的克格勃官员，但哈里顿成功地与贝利亚和平共事，就像奥本海默与格罗夫斯将军一样。哈里顿从来没有像奥本海默一样，成为一个饱受争议的公众人物。在苏联扮演这一角色的是，他的亲密朋友和同事安德烈·萨哈罗夫（Andrei Sakharov）——同时也是他多年的副手。

卡尔·赫夫鲍尔（Karl Hufbauer）撰写的一章是《J.罗伯特·奥本海默的黑洞之路》；它探讨的主题，我认为是奥本海默一生中一个惊人的大秘密。1939 年，奥本海默和他的学生哈特兰·施奈德（Hartland Snyder）发表了论文《论持续的引力收缩》（*On Continued Gravitational Contraction*），全文只有 4 页，但在我看来，这是奥本海默对科学的唯一一项革命性贡献。在那篇文章中，奥本海默和施奈德提出了黑洞的概念，他们证明了每一颗比太阳大得多的恒星，其生命必然终止于黑洞，并推断我们周围的天空中必然存在黑洞这种天体。他们表明，根据爱因斯坦的广义相对论，任何巨大的恒星在耗尽它的核燃料供应后，必定要进入一个永久的自由落体状态。永久的自由落体是一个新概念，与直觉不符但极其重要。它允许一颗巨大的恒星持续不断地陷入黑洞，永无止境。爱因斯坦从未想到也从未接受过他的理论会得出这种结果。奥本海默想到了它，并接受了它。作为奥本海默这项工作的直接结果，我们现在知道，在宇宙的演化过程中，黑洞发挥过而且还正在发挥着决定性的作用。这是历史事实。神秘之处在于奥本海默未能把握住自己这项发现的重要性。做出这项发现后，他又活了27年，在此期间他从未谈论过这项发现，也从未回过头来研究过它。我问过他好几次，为什么不回到这项研究上来。他从来没有回答过我的提问，总是把谈话转换到其他话题之上。

确实，正如蒙克表明的那样，奥本海默的主要志趣是在纯粹科学领域担任一个领导者。他认为自己涉足原子弹制造和核政治，都是暂时的中断。我与奥本海默的交流，也证实了蒙克的描述。我在奥本海默担任普林斯顿高等研究院院长期间，在那里工作了将近20年。他很少谈论政治，几乎从来没有谈过核弹，而是不停地谈论纯科学领域中的最新发现和难题。

有两次我找到了由头与他谈论核弹。第一次是在1958年，我要求从高研院请假去加利福尼亚州参加一个项目，其目标是建造一艘用核弹推进的宇宙飞船。我告诉他，能够将他创造的核弹派上比杀人更好的用场，我是多么快乐。他没有像我那么热心。他认为宇宙飞船计划是应用科学的一项实践活动，不值得一个高研院的教授去关注。唯一值得高研院教授关注的活动，是对纯科学进行深入的思考。他很不情愿地给我批了一年的假，并且明确表示，如果我离开的时间超过一年，我就回不来了。

几年之后，我又获得了和奥本海默谈论核弹的第二次机会，当时我担任美国科学家联合会的主席，这是关注武器与军备控制的科学家成立的一个政治组织。联合会反对美国在欧洲和亚洲一些易受攻击的地理位置部署战术核武器。我们认为这些部署的危险性高得令人难以接受，因为装备核武器的部队要是卷入当地的战斗，可能会引发一发不可收拾的核战争。当研究了战术核武器的历史后，我们了解到，1951 年奥本海默曾亲自飞往巴黎，劝说当时担任美军驻欧总司令的艾森豪威尔将军：美国陆军需要战术核武器，以防苏联入侵西欧。奥本海默曾积极地推动战术核武器的研制和部署。

得知此事后，我去拜访了奥本海默，并直接询问他，为什么觉得战术核武器是一个好主意。这一次，他回答了我的问题。他说："要明白为什么我支持战术核武器，你得看看我们当时的空军作战计划。这是我见过的最混蛋的计划。它要丧心病狂地将城市和人群化为乌有。无论什么计划，哪怕是一场使用核武器的大规模地面战争，都比那强啊。"

我这才明白奥本海默是怎么难过起来的。他夹在陆军和空军的争斗中间。陆军想要小型核弹，去摧毁入侵的敌军。空军想要大型核弹，去摧毁整个国家。陆军想要的是裂变核弹，而空军想要的是氢弹。奥本海默站在陆军一边。这就是他支持战术核武器的原因。这也是他反对研制氢弹的原因。

空军出力将奥本海默赶出了政府，以此来报复陆军。空军上将罗斯科·查尔斯·威尔逊（Roscoe Charles Wilson），是在安全听证会上反对奥本海默的证人之一。威尔逊将军说："我觉得不得不向情报局长表达我对自己所感知的（奥本海默）行为模式的忧虑，那是完全无助于国防的。"在空军眼中，任何反对氢弹的人都在反对国防。空军赢得了这场争斗，奥本海默在陆军中的朋友们也帮不了他。氢弹的研制因获得了最高的优先级而突飞猛进。但最终，空军和陆军都得到了他们想要的所有核弹。

在公开的记录中，关于奥本海默的两个事实会清楚地凸显出来。作为洛斯·阿拉莫斯项目的负责人，他的效率高得惊人。他从不为自己充当了核弹的总设计师而感到遗憾。在洛斯·阿拉莫斯工作人员的回忆录中，我们可以找到关于他能力的许多描述，说他能监管大量不同的技术工作，为每一双手找到合适的工具，并让一群自命不凡的人协同工作。在选定其中一位担任原子弹项目主管之前，格罗夫斯将军与许多顶级科学家进行过交谈。他之所以选择奥本海默，是因为他是唯一一个满怀热切期盼，想完成这项工作的人。奥本海默明白，这个项目不是科学项目而是军事项目。1944年年底，当洛斯·阿拉莫斯实验室的一些科学家，对科学实验表现出的兴趣，似乎比对武器更浓厚时，奥本海默在给格罗夫斯的一份备忘录中写道："实验室是按照生产武器的指令来运作的。这个指令已经而且将继续被严格遵守。"

奥本海默终其余生，都为其在洛斯·阿拉莫斯的成就感到自豪。我们知道这件事，因为在 1964 年时，德国剧作家海纳尔·基辅哈特（Heinar Kipphardt）写了一个剧本，将他描绘成一个对自己的行为感到后悔的悲剧英雄，他提出了强烈的抗议。奥本海默威胁说，如果他们继续对自己进行歪曲，他将起诉基辅哈特和该剧的制作人。制作人从剧本中删除了具有冒犯性的段落，这才没有闹上法院。后来又有人想在伦敦和纽约上演这部戏剧，奥本海默继续对他们进行了阻止。该剧大体上是基于 1954 年的安全听证会。奥本海默就这些听证会，向华盛顿邮报的一位记者做过公开声明："整个该死的事件就是一场闹剧，这些家伙想将它变成一场悲剧。"

奥本海默特别反对剧中一些让他显得反美国的段落。蒙克表达了他的观点：奥本海默的愤怒来自他对美国深深的忠诚——对此我很赞同。在他看来，对自己为祖国所做的一切感到后悔，就意味着叛国投敌。

首先，奥本海默是一个好军人。这就是他与格罗夫斯合作良好的原因，也是格罗夫斯信任他的原因。我还清晰地记得，1967 年一个寒冷的二月天，我们在普林斯顿举行奥本海默的悼念仪式。由于天气极度寒冷，参加仪式的人很少。但格罗夫斯将军，虽然已老朽不堪，却大老远地从家里赶来向他的老朋友致以最后的敬意。

我经常在想，奥本海默怎么会如此突然地改变了性格，从伯克利左翼的波希米亚知识分子，变成了洛斯·阿拉莫斯的好军人。我认为乔·达利特（Joe Dallet）的故事为这种转变提供了一条重要线索。奥本海默在安全听证会上的自传性陈述中说：

　　1939 年夏天，我在帕萨迪纳第一次遇到了我的妻子……
我得知她原来嫁的是乔·达利特，也得知他后来战死在西班
牙……当我遇见她时，我发现她对前夫非常忠诚。

　　奥本海默在 1940 年与凯蒂结婚后，他们继续生活在达利特的
阴影中。后来，我从历史学家理查德·波伦堡（Richard Polenberg）
那里，得知了有关达利特生活与死亡的一些事实真相。

　　达利特不像大多数左翼知识分子那样，涌入西班牙为这个共
和国战斗。达利特将从军当作一件严肃的事情。他相信纪律。他
很快就成了一个修理、保养和使用机枪的专家。他以老式的一丝
不苟来训练他的部队，确保他们知道如何照管好自己的武器，知
道如何有效地使用它们。在无政府的状态下，他的队伍组织良好，
引人注目。他的部下从他那里获得了能干的习惯，还有懂得如何
操纵机械的钢铁工人所具有的那种自豪感。在放松时，他谈论得
最多的还是他心爱的机枪。在他死后，他的朋友们去巴黎看望凯
蒂时告诉她，乔的形象就是如此。她嫁给奥本海默时，她呈现给
他的形象也是如此。

　　从西班牙到洛斯·阿拉莫斯只是向前迈进了一小步。奥本海默
为他的核弹自豪，一如达利特为他的机枪自豪。奥本海默变成了
凯蒂爱恋和崇拜的好军人。在洛斯·阿拉莫斯的那几年，以及此后
的 20 年里，达利特的精神在奥本海默身上延续。

　　奥本海默一生的真正悲剧并不是失去安全许可，而是没有成
为一位伟大的科学家。40 年来，他全身心投入了对深奥科学问
题的思考。他并没有解决这些问题——唯一的例外是提出巨大恒

星在生命终结时会坍缩。他在科研上为什么没有像在从军和管理上那样取得辉煌的成功呢？我相信他失败的主要原因是缺乏"Sitzfleisch"（坐功）。Sitzfleischis 是一个德语单词，在英语中没有与之完全对应的单词。直译成英语是"sitflesh"。它的意思是安静地坐着干活的能力。他从来都不能坐足够长的时间，去完成一项困难的计算。他的计算总是做得匆匆忙忙，而且往往错误连篇。蒙克引用了我给父母的一封信，我在信中描述了我在研讨会上看到的奥本海默：他总是紧张地四处走动，不停地吸烟，我相信他的焦躁不安在很大程度上超出了他的控制。

除了他的躁动不安，奥本海默还有一个品性，蒙克在他这本书的副标题中进行了强调。他总想置身于中心。这种品性对军人和政治家是有益的，但对原创性的思想家却是有害的。他太关注开展时髦课题研究的名人，而忽视了远离科学主流的那些不怎么知名的人。他有足够的机会向两位不那么时髦的天才学习：弗里茨·兹威基（Fritz Zwicky）和约翰·惠勒（John Wheeler）。在奥本海默经常访问加州理工学院的那 13 年里，兹威基就在那里工作。在奥本海默住在普林斯顿的那 20 年里，惠勒就在普林斯顿大学工作。兹威基是暗物质的发现者，那是一种看不见的神秘物质，比可见宇宙更重；他也是研究中子星和超新星爆炸的先驱。惠勒是研究黑洞的顶级专家，也是如今被称作相对论天体物理学的科学领域的开创者。

虽然奥本海默在他们附近生活了多年，并且知道他们在做什么，但他没有将他们的工作当回事。他似乎觉得它们不值得关注，因为它们处于主流之外。赫夫鲍尔（Hufbauer）宣称，奥本海默不喜欢兹威基，因而从未使用兹威基的术语"中子星"，来表示一个超新星爆炸坍缩后的残骸。惠勒是氢弹最热烈的支持者之一，奥本海默从未使用过惠勒的术语"黑洞"，来称呼非爆炸性引力坍缩的残骸。奥本海默对兹维基和惠勒的态度，是个人反感外加专业误判。因此，他没有把握机会与兹威基或惠勒建立更密切的联系，而这原本有可能让他在被时髦的官僚所忽视的科学领域做出革命性的发现。

在奥本海默生活的晚期，当他患病和沮丧时，他的妻子凯蒂向我求助。她恳求我和罗伯特合作做一项技术性的科研工作。她说罗伯特因为不能再做科研而感到绝望，他需要一个合作者让他重新开始。我同意凯蒂的诊断，但我不得不告诉她，为时已晚。我告诉她，我宁愿握着罗伯特的手安静地坐一会。他作为科学家的日子已成为过去。用方程式来医治他的痛苦为时已晚。

2014 年添加的补注：

有几位读者抱怨说，我写了一篇关于奥本海默的个人故事，却没有对蒙克的书进行述评。我承认有这个不足之处。对我来说，关于奥本海默的生活和工作，蒙克书中写到的部分，没有他忽略的部分那么有趣。我感谢安·芬克拜纳（Ann Finkbeiner）让我注意基普·索恩（Kip Thorne）所著的《黑洞与时间扭曲》（*Black Holes and Time Warps*，诺顿出版社，1994 年）这本书；该书第 6 章详细讨论了奥本海默和惠勒之间的对立关系。在索恩参加的一些会议上，惠勒先是强烈地反对奥本海默的黑洞理论，然后又极力支持它，而奥本海默明确表示过，他不在乎惠勒怎么看待这个理论。

19. 弱势者如何取得胜利

　　兰德公司是位于加利福尼亚州圣莫妮卡市的一个智库，那里聚集着许多来自不同学科的学者，一道为美国国防部效力；针对有关军事问题，他们既开展学术研究，也会提出实用的建议。兰德公司的专家们将自己当作是军方的大脑。在越战期间，我访问过兰德公司；在我当时读到的文件中，有两个大厚本。一本是以《俄勒冈小道》（*Oregon Trail*）为标题的六卷巨著，它是在美国陆军的资助之下，由一大群历史学家写成的，他们中许多人都是声名显赫的大学教授。另一本是题为《反叛与权威》（*Rebellion and Authority*）的单卷作品，其作者为在兰德公司任职的两位经济学家——内森·雷特（Nathan Leites）和查尔斯·沃尔夫（Charles Wolf）。

　　这两部作品讨论的是同一个问题；这个问题由于当时越南的形势——一个强大的国家与一个弱小而坚定的敌人开战——变得十分急迫。这个问题后来被称作"非对称战争"。这两部作品都试图阐明非对称战争的策略。它们得出了截然相反的结论。

　　写作《俄勒冈小道》的历史学家们，详细地探讨了 100 个非对称战争的例子，其中大多是发生在一个强大而富有的帝国与一群土著反叛者之间的殖民战争。他们深入研究过的例子包括美国的独立战争、法国在阿尔及利亚和越南的殖民战争，以及英国在南非和马来亚的殖民战争。他们的目的是要找出此类战争的普遍模式，弄明白为什么叛军有时能赢，有时又会输。他们发现，结果更多的时候是取决于心理因素，而不是军事因素。大多数的战争持续 5 到 10 年，它们通常会因为这一方或那一方失去继续战斗下去的意志而结束。

《俄勒冈小道》最重要的结论是，如果帝国将大部分精力放在军事行动上，叛军通常会赢；如果帝国将大部分精力放在从政治和社会层面上对不满情绪做出回应，叛军通常会输。每一个读到这本书的人，显然都明白美国在越南的战争很可能要以失败收场。不幸的是，有机会读到它的人少之又少。军方将整份文件当作机密封锁了起来，这是我所遇到的最严重的滥用保密制度事件之一。他们对此守口如瓶，以确保公众在对越南战争进行讨论时不会受到影响。据我所知，它至今仍处于保密状态。与此同时，《反叛与权威》在国防部的支持下得以公开出版。它已成为军队占领别国领土和处理暴动时被广泛采用的行动指南。

45 年之后，马尔科姆·格拉德威尔（Malcolm Gladwell）又写了一本关于非对称战争的书——《大卫与歌利亚：弱势者、不适应环境者及其与巨人战斗的艺术》（*David and Goliath: Underdogs, Misfits, and the Art of Battling Giants*）[1]，开篇就是《圣经·撒母耳记》上册第 17 章所记述的大卫与歌利亚之间的战斗。他描述了

---

[1] 利特尔 & 布朗出版社（Little, Brown），2013 年。

许多非对称冲突的例子，既有平民生活中的事例，也有战争中的事例。他得出了与《俄勒冈小道》类似的结论，他讲述的这些故事我们所有人终于有幸能读到了。尽管他没有机会读到《俄勒冈小道》，但是他研读过《反叛与权威》，并且解释了他为什么不同意它的观点。他引用的一句话概括了这两位经济学家的思想："要对大众的行为产生影响，既不需要同情，也没有什么奥秘，只要更好地理解个人或者群体所关注的代价与利益及其计算方法就行了。"对于这样一种经济智慧，他给出的评论是："换句话说，让暴动者降服，根本就是一个数学问题。"

接着，格拉德威尔顺着两位经济学家的思路，描述了英国军队镇压北爱尔兰天主教少数派叛乱的战争：

> 如果贝尔法斯特（Belfast）出现了暴动，那是因为暴乱分子为烧毁房屋与砸碎窗户所付出的代价还不够高……如果你处在统治者的位子上，你不必担心那些不法分子会怎么看待你的所作所为。你只要足够强硬，能让他们三思而后行就可以了。

格拉德威尔的主要结论是，非对称战争的结果取决于其合法性。如果强大的那一方可以说服弱小的一方，其权威性是合法的，它就会赢。如果弱势的一方一直坚信，强大的一方的行为是不合法的，那么胜利就属于弱势的一方。《俄勒冈小道》的作者表述这个结论时用了不同的语言，但是格拉德威尔和《俄勒冈小道》二者的实际效果是相同的。如果强大的一方试图用武力摧毁弱小的一方，那么强大的一方就失去了合法性，弱小的一方会变得更加坚定，而且通常会取得胜利。如果强大的一方一直都在努力平息冤屈，它就会获得合法性；顽固的抵抗者就会被孤立，通常会输掉战争。越南和北爱尔兰的悲剧，在某种程度上是下面这个事实的恶果——审查者让《反叛与权威》的作者发出了自己的声音，却让《俄勒冈小道》的作者们的呼声传不出来。

格拉德威尔这本书的十个章节中各自出现了一个弱势者的名字。所谓弱势者是指那些在人生竞技场上与不利条件进行搏斗的人。他们中只有四位（包括大卫）对武力强大者进行反抗。其他六位所克服的都是在平民事业追求中遇到的重重障碍。维韦克·拉纳戴夫（Vivek Ranadivé）是这些和平岁月英雄的一个典型代表。出乎本人意料地，他在加利福尼亚州雷德伍德城（Redwood City），担任了一个由 12 岁女孩组成的篮球队的教练。他女儿是这个球队的一名队员，她说服他自愿承担起这项工作。他的不利之处在于，他在印度长大，一直都是踢足球，对篮球一窍不通。因为他缺乏这方面的常识，他像训练足球运动员一样训练这些女孩，让她们不断地跟着球快速奔跑，不给对方喘息之机。这是完全不同于篮球的常规打法，打篮球要将注意力集中在对篮圈的防守上，而不是集中在奔跑上。维韦克的球队训练非常刻苦，比赛也很卖力，很快就开始击败其他技术高超但是缺乏耐力的球队。格拉德威尔将雷德伍德城的女孩比作劳伦斯的阿拉伯部落叛军，后者在1917 年击败了土耳其占领军。

他引用了劳伦斯下面这段文字——描述他的部落成员是怎样穿过毒蛇出没的沙漠，去袭击港口城市亚喀巴（Aqaba）里的土耳其人："我们的人有三个被毒蛇咬死；还有四个在经历了巨大的恐惧和痛苦以及中毒肢体的肿胀后恢复了过来。哈威塔特人（Howeitat）的治疗办法是，在伤口上敷上蛇皮膏药，再包扎起来，然后给受伤者朗诵《古兰经》，直到他死去。"格拉德威尔继续说道：

> 终于抵达亚喀巴后，劳伦斯这支由几百名战士组成的队伍，以仅牺牲两人的代价，抓获或击毙了 1200 名土耳其人。土耳其人根本没有想到对手会疯狂到穿越沙漠来袭击他们。

雷德伍德城的女孩们打败了本地所有其他的球队，最终获得了参加全国锦标赛的资格。在全国比赛中，他们先打赢了两场比赛，接着就遭遇了惨败。在举行第三场比赛的小镇，民众对她们深怀敌意，而且裁判也不公正。裁判不断对她们进行处罚，宣布她们的打法犯规，而观众都狂热地站在裁判那边。拉纳戴夫明白她们的打法已经失去了合法性，不可能取得胜利。他告诉队员们，按裁判希望的方式打。结果，她们输掉了比赛，与冠军宝座失之交臂。就像在战争中一样，和平环境中的弱势者并非总是能取得胜利。格拉德威尔强调了三个令人尴尬的真相，会使弱势者更加举步维艰。首先，想要取得胜利，弱势者必定做不到讨人喜欢。坚强的个性，让他们能够与优势巨大的对手相争，也让他们对别人的感情变得不敏感。其次，他们必须准备好在必要时撒谎、欺骗和瞒天过海。他们往往只能通过撒谎、欺骗和瞒天过海来脱离困境。第三，他们必须准备为他们的事业献身。他们往往活不到亲眼看到自己的事业大获全胜的那一天。

这三个事实体现在格拉德威尔讲述的好几个故事中。在这些弱势者中，拉纳戴夫是唯一一个毫无争议的好人，最终却没有取得胜利。尽管在歌利亚那个故事中，英雄大卫还是个天真的牧童，但他也有阴暗的一面。在他取得胜利几年后，他当上了国王，他和下属赫人乌利亚（Uriah the Hittite）的妻子偷情。在她怀孕后，他设计让乌利亚在战斗中被杀。生下的婴儿死后，他也没有哀悼。"不择手段"这个词，通常可以用来很合适地形容弱势斗士，用来形容大卫尤其恰如其分。大卫最终达到了他的目的，他巧取豪夺来的妻子生下了所罗门，让他的王国有了一个合法的继承人。

书中有一章的主角是怀亚特·沃克（Wyatt Walker），这一章讲述的是 1963 年亚拉巴马州的伯明翰市，民权示威者和种族隔离政府之间的战争。这是一个弱势者充当骗子的典型例子；为了赢得战争，他不惜欺骗和挑拨离间。在南方基督教领袖会议中，沃克是仅次于马丁·路德·金的二把手。马丁·路德·金吸引外部世界的关注，而沃克则组织具体的运动。他们的策略基于如下两个原则。首先，引发敌人的暴力行动，好让外部世界感到惊骇，从而破坏政府的合法性。其次，永不反击。确保所有的抗议保持非暴力性，并让外界看到是非暴力的。

沃克在实施这个策略时碰到了一个问题。他只有 22 个抗议者，人数太少，很难触怒当局或者吸引全世界的关注。他要了两个花招，让人数看起来很多。第一个花招是宣布进行一次抗议游行，却又推迟出发时间，直到有大量的观众跑到街上来看热闹时才开始。那时，电视镜头和记者分辨不出抗议者和观众之间的差别。第二天的报纸就报道说，有 1100 名抗议者参加了游行。第二个花招是，邀请市内所有的黑人高中生逃课参加游行。成百上千的孩子走上了街头，高举事先准备好的自由标语，高唱自由的歌谣。

人群日益壮大，混乱也日益增加，当局在几天后采取的行动正中沃克的下怀。他们试图用高压消防水枪驱散人群，用警犬来吓唬孩子。有张一头恶犬攻击一个未采取暴力的黑人少年的照片，出现在世界各地的电视和报纸上。这个少年实际上是个旁观者，不是抗议者，他也没有受伤。沃克后来说："一张照片胜过千言万语。"他的策略成功了，结果是在两年后通过了投票权法案，保障了黑人投票选举的权利，并最终推翻了白人种族隔离分子在南方各州把持的政权。

为了进行长期的非暴力抵抗活动，处于弱势地位的反叛者需要严格的纪律和自我约束，他们也需要一个马丁·路德·金那种有魅力的领袖。如果领导阶层软弱无力或出现分歧，非暴力抵抗很容易陷入暴力，而暴力又很容易陷入恐怖主义。暴力是指对权力行使者——如士兵或政客——进行身体伤害。恐怖主义意味着对无辜的旁观者或所有人造成身体伤害。通常，非暴力策略使反抗变得合法，而恐怖手段使政府的弹压变得合法。关于弱势者，另一个令人尴尬的真相是，他们中很多人都是恐怖分子。

非对称战争通常是小规模的战争，发生在一个大国与一个殖民地或一群反叛者之间。但大规模的战争也可能是非对称的。第一次世界大战和第二次世界大战都是大规模的战争，二者在一些重要的方面又都是非对称战争。如果我们从发动者的角度来看，第一次世界大战是非对称的。加夫里洛·普林西普（Gavrilo Princip）是一个波黑塞族人，属于抵制统治波斯尼亚的奥匈帝国的一个小弱势群体。1914 年 6 月 28 日，他们开车穿过萨拉热窝，暗杀了弗朗茨·斐迪南大公（Archduke Franz Ferdinand）和他的妻子索菲娅。杀害斐迪南大公是一种反抗行为，但杀害索菲娅却是一种恐怖主义行径。

普林西普挑起了这场大战并且取得了胜利。他实现了他的宏伟目标：奥匈帝国彻底毁灭了，南斯拉夫王国独立了。南斯拉夫与他的故乡波斯尼亚和塞尔维亚，组成了一个斯拉夫民族的联盟。他甚至没有为这场胜利付出生命的代价。他先是被奥地利人囚禁起来，然后被他们送进了医院，在那里平静地死于肺结核。在普林西普看来，战争取得了圆满的成功，几千万人的死亡只是殃及池鱼。在另一群处于弱势地位的反叛者——布尔什维克看来，这场战争也取得了圆满的成功：布尔什维克利用这场战争在俄国实现了他们的目标。

第二次世界大战是另一种意义上的非对称战争。作为一场强大军队之间的地面常规战争，这场战争在欧洲是由德国挑起的，在亚洲是由日本发动的。德国的目标是让第一次世界大战重打一遍，不过这次要获胜。日本的目标是在不惊动美国的情况下征服中国。因为英国和美国决心不让第一次世界大战重演，所以这场战争是非对称的。英国和美国在战争开始之前就已经做出了决定，要组建可以从空中摧毁敌人家园的大型轰炸机部队。

德国和日本没有组建战略轰炸机部队。对伦敦的轰炸，是由非专门的部队实施的无计划行动。德国的 V-1 和 V-2 轰炸来得太少太晚，没有产生任何实质性的影响。对德国和日本进行轰炸在军事上是否有效，仍然是一个有争议的问题。不容辩驳的一个事实是，英国和美国人民之所以支持轰炸行动，有军事方面的原因，但主要还是要给敌人一个永志不忘的深刻教训。

德国人和日本人此前的战争都是在其他国家的土地上进行的，如今他们终于能亲身体验到战争的恐怖了。德国人将对他们的城市所进行的燃烧弹轰炸称为恐怖袭击（Terrorangriffe），他们说得没错。英国民众知道那是恐怖袭击，但他们愿意为此付出牺牲40000 名轰炸机飞行员的代价。在 70 年后的今天，我们清楚地看到恐怖主义起到了作用。1945 年，当大火肆虐在德累斯顿和广岛时，在德国和日本发生了比战败影响更深远的事情。德国和日本的传统文化，从地球上最好战的文化，突然变成了地球上最爱好和平的文化。这种变化是深刻而持久的。击败德国和日本军队的，不是恐怖主义，而是苏联和美国的军队。恐怖主义完成了一些更困难也更持久的事情。它遏制住了德国和日本的疯狂。恐怖主义是最粗暴的休克疗法，但在其他治疗方法都无效时，这个办法有时却能奏效。

格拉德威尔的书讲述的不是大规模战争和大历史，而是个体的人及其问题。除了我已经提到的那些人之外，另外还有七个弱势者，每章介绍一个。他们都是真实存在的人，格拉德威尔将他们的生平刻画得栩栩如生。这本书分为三个部分。第一个部分叫作《劣势中的优势》（以及优势中的劣势）。介绍完拉纳戴夫后，接着介绍的是一位教师——特蕾莎·德布里托（Teresa DeBrito），她如今是康涅狄格州舍鲍格谷中学（Shepaug Valley Middle School）的校长。她遇到的问题是入学儿童短缺。舍鲍格谷地区已经变得非常贵族化，有小孩的家庭负担不起那里的开销。附近是霍奇基斯贵族私立学校（Hotchkiss private school），父母给这个学校缴纳极高的学费，让孩子得到小班教学。德布里托的班级很快就会比霍奇基斯的班级还要小。家长和政客们认为班级越小，教学质量越高。但萨布里托从她的教学实践经验中得知，大班教育效果往往更好。她教过的效果最好的一个班级有 29 个孩子。这个故事的寓意是：看起来是事物的短处，结果往往可以是优点，反之亦然。这本书中间那部分叫作《可取的困难的理论》（"The Theory of Desirable Difficulty"）。这部分从戴维·博斯（David Boies）开始，他有诵读困难症，因而是一个弱势者。他艰难地上到高中，然后成为一个建筑工人，因为建造房子不需要阅读。如今，他成了加州一位著名的辩护律师。他说他是一个很好的辩护律师，因为他善于倾听。阅读障碍成了他的一项优势，因为他训练自己通过倾听来学习一切。他倾听对方律师和证人的话，并记住他们说的每一个字。记住听到的每一个字让他大占上风。

埃米尔·弗瑞莱奇（Emil Freireich）的童年非常凄惨，全家在芝加哥陷入了极端贫困之中。在从医的职业生涯中，他因态度粗暴被解雇过 7 次。但他一生致力于寻找儿童白血病的治疗办法。当时，白血病是儿童死亡的主要原因。白血病病房是个可怕的地方，整个都是血淋淋的——临终的孩子最终会因为出血而死。弗瑞莱奇在这种地方工作了 20 年，主要得益于他的工作，儿童白血病如今成了一种可以治愈的疾病。为了找到治疗办法并证明它可行，他不得不给许多孩子造成痛苦，打破既有的规则，并得罪同事。态度强硬对他大有助益。弗瑞莱奇对格拉德威尔说："我从不沮丧。我从不和病人的父母坐在一起，为一个垂危的孩子哭泣……身为一个医生，你发誓要给人以希望。那是你的工作。"

最后一部分的题目是《权力的极限》，其中第一篇讲述的是罗斯玛丽·劳勒（Rosemary Lawlor）的故事——1969年战争爆发时，她是住在贝尔法斯特（Belfast）的一位年轻母亲。英国军队在贝尔法斯特的瀑布下游地区，实施了宵禁，而那里食物已经告罄了。一群母亲推着装满了面包和牛奶的婴儿车，打破了宵禁。劳勒描述了事件的发生过程。"我们的头发都被揪掉了。英国佬就那样揪住我们，把我们猛推到墙上。哦，是的！他们就那样打我们。"然后局面发生了翻转。"等到人们都开始从家里走出来，英国佬就失去了对我们的控制……英国佬放弃了……我们冲击再冲击——直到我们进入禁区，于是我们打破了宵禁……我们成功了。"

最后一章写的是安德烈·特洛克梅（André Trocmé），他是利尼翁河畔勒尚邦镇（Le Chambon-sur-Lignon）的一位牧师，他在被德国占领的法国，拯救了数百名犹太难民的生命。被拯救的犹太人中有一个人叫皮埃尔·苏瓦吉（Pierre Sauvage），他在战争期间出生于这个村子。他后来成了一名好莱坞的电影制片人，并拍摄了一部很有名的纪录片《精神武器》(Weapons of the Spirit)，他让原来的一些村民走进镜头，讲述犹太人是如何被拯救的。村民们都是普通人，生活困苦，并做了他们认为正确的事情。格拉德威尔总结道："接纳法国犹太人的不是特权人士和幸运者。他们也是被边缘化和受伤害的人，这应该会提醒我们，邪恶和不幸能造成的危害确实存在极限。"特洛克梅是被边缘化和受伤害的人。他拯救了村里的犹太人，却失去了自己的儿子。他后来写道："我像一棵断头松。松树是不会再次长出顶冠的。它们就那样保持着扭曲、残缺的状态。"

2014 年添加的补注：

在已发表的书评中，我说《俄勒冈小道》是兰德公司的文件。实际上，这是一个军方的报告，其官方名称是《"俄勒冈小道"项目最终报告》（USACDC No. USC-6，1965 年 2 月，第一卷，主报告，顶级机密）。整个报告包括两部分：历史部分——那是其中最大的一部分，也是应该单独发表的一部分；以及战争推演部分，它描述了兰德公司和研究分析公司（Research Analysis Corporation）所开展的推演，对这部分进行保密是合情合理的。我所抗议的是将两部分绑定在一起，再将整个文件归入最高机密的决定。由于这样的分类，两个部分在 49 年之后仍无法供人查阅。我感谢朗·琼斯（Lon Jones）和阿舒托什·乔嘉雷卡（Ashutosh Jogalekar）来信，促使我去挖掘出这些事实。一如既往，我只有在书评发表后，才能从我的失误中受到教益。

20. 丘吉尔：爱与核弹

　　《丘吉尔的核弹》这本书讲述的是一个"三角恋"的故事。[1]
这三个主角分别是政治家温斯顿·丘吉尔（Winston Churchill）、
作家 H. G. 威尔斯（H.G. Wells）和科学家弗雷德里克·林德曼
（Frederick Lindemann）。丘吉尔在还是个用自己收藏的玩具兵玩游
戏的小男孩时，就迷上了战争和武器。威尔斯写过一些关于战争
和武器的书，其中既有真实的，也有虚构的。林德曼发明了多种
武器，并且喜欢对它们进行试用。战争和武器将他们三个人联系
在一起。但丘吉尔一次只能听从一位大宗师。丘吉尔将科学应用
于战争的思想，在第一次世界大战时主要来自威尔斯，在第二次
世界大战时主要来自林德曼。"情敌"林德曼和威尔斯之间，除了
互相蔑视外毫无感情。

　　早在原子弹问世之前 40 年，丘吉尔就深深地介入了原子弹的
史前时期。他认真地考虑过核武器的可能性，比其他任何一位政

---

[1] 格雷姆·法米罗（Graham Farmelo），《丘吉尔的核弹：美国怎样在第一次核军备
竞赛中超过英国》（*Churchill's Bomb: How the United States Overtook Britain in the
First Nuclear Arms Race*），基础图书出版社（Basic Books），2013 年。

治家，乃至当时的顶级科学家都要认真。他生来就对当兵打仗充满着浪漫的憧憬，喜欢将高新技术应用于军事问题，而且发现威尔斯的科幻小说可以激发他的想象力。

他与威尔斯的私人交情始于 1901 年，当时他读了威尔斯的非虚构作品《期待》（*Anticipations*），并提笔给他写了一封长达 8 页的崇拜信。这段友谊一直持续到 1946 年威尔斯去世为止。丘吉尔对威尔斯的《空中战争》（*The War in the Air*）一书反响热烈；此书问世于 1908 年，生动地描述了新发明的飞机在军事上的用途。1914 年 1 月，威尔斯出版了《获得自由的世界》（*The World Set Free*），这个故事的主角是两种新发明：后来被称为坦克的"陆地铁甲舰"（land ironclads），和后来被称为核武器的"原子弹"。丘吉尔在第一次世界大战中推动了坦克的研制和应用。他明白，它们会给士兵一个机会，让他们克服冲出战壕的恐怖，使战争变得更快捷也更具机动性。在那场战争中，他的坦克投入使用太晚，没能帮男孩们冲出战壕；但对"二战"而言，它们的到来正当其时，因而产生了决定性的影响。他把这种思想统统归功于威尔斯。

丘吉尔对核武器的思考，总结在一篇题为《今后五十年》（"Fifty Years Hence"）的文章里，这篇文章 1931 年发表在《斯特兰德杂志》（*Strand Magazine*）上。他在文中写道：

> 科学家们都认同，这个巨大的能量源是存在的。目前只欠点燃篝火的火柴了……科学家们忙碌的双手已经拿起了钥匙，摸索着准备开启那些至今仍未对人类开放的密室……要是怜悯、同情、和平与爱没有取得同等的增长，科学本身就足以摧

毁使人生显得壮丽和可忍受的一切。

点燃核能火焰的那根"火柴"是奥托·哈恩（Otto Hahn）和弗里茨·斯特拉斯曼（Fritz Strassmann）1938 年在柏林发现的铀裂变。

在第一次世界大战期间，林德曼曾在位于法恩伯勒（Farnborough）的皇家飞机厂工作，并因解决了旋尾降落（tailspin）问题而名声大震。许多飞行员因为飞机在战斗行动中失速，而陷入旋尾降落，只能在无助的旋转中坠地身亡。

林德曼构建出了旋尾降落的理论，并找到了补救措施。他计算出，飞行员可以违反直觉地推动方向舵，将飞机的旋转运动转换成直线俯冲，这样就可以让飞行员重新控制局面。随后，他借了一架飞机，先让它陷入旋尾降落状态，再施加他计算出的推力，让它摆脱直线俯冲，接着飞机就安全返航了。这种科学绝技和勇气的结合，为他赢得了丘吉尔的终生敬仰。

1921 年，林德曼第一次见到了丘吉尔，他用通俗易懂的语言，解释了近年来的一些科学发现。丘吉尔发觉他是一位志趣相投的人，也是一位老派的爱国者——认为用科学来赢得战争并不是什么丢人的事。1924 年，丘吉尔就未来战争写了一篇题为《我们都要自杀吗？》的文章，描述了使用炭疽武器以及"一颗比橙子大不了多少的炸弹……其威力相当于 1000 吨火药，一下子就可以摧毁一个城镇"的末日景象。在写这篇文章之前，他求教的是林德曼，而不是威尔斯。

但威尔斯仍然忠于他的老朋友。1908 年，他给《每日新闻》写过一篇文章——《为什么社会主义者应该将选票投给丘吉尔先生》。1940 年，他又给《科利尔杂志》（*Collier's Magazine*）写了一篇文章《丘吉尔，应运而生的人》。他在 1940 年评定丘吉尔时说："他重新振作起来了。他让我们也鼓足了干劲。想想要是没有他，我们国家可能会出现什么状况，那真像是从一场噩梦中惊醒。"在存亡危急之秋，威尔斯也是一位老派的爱国者。

威尔斯是一位编写幻想故事的好手，而林德曼则是一位真正的科学家。矛盾的是，威尔斯向丘吉尔提供的信息大多是正确的，而林德曼向丘吉尔提供的信息大多是错误的。第一次世界大战前，威尔斯关于飞机和坦克的信息是正确的。1935 年，当雷达被首次提出来用于保护英国免受空袭时，林德曼关于雷达的信息是错误的。他给雷达设定的优先级很低，后来雷达却被证明是"二战"中的决定性技术，在 1940 年时为英国的防御立下了汗马功劳。雷达的一个衍生物是近炸引信（proximity fuse），它使高射炮弹在未直接命中飞机的情况下也能摧毁它。近炸引信使高射炮的杀伤率提高了一个数量级。当 V-1 无人机在 1944 年袭击伦敦时，沿海岸部署了大量带近炸引信的高射炮，并在 V-1 飞抵英格兰之前，就成功地击落了其中的 70%。要是德国人给他们的高射炮配上近炸引信，他们也许可以阻止我们对德国实施大规模的轰炸。

林德曼给空中布雷（aerial mine）技术设定了最高的优先级。空中布雷是他的得意之作。其思想是用飘浮在空中的雷管炸毁飞机，就像用漂浮在水面的水雷炸毁舰船一样。空域与海洋之间最大的区别在于，空域是三维的，而海面是二维的。空中布雷需要在很广的高度范围内摧毁飞机。装填好炸药的雷管，必须挂在一根顶部带降落伞的长钢丝的底部。如果飞机撞到钢丝，钢丝会切过飞机翅膀的表面，直至碰到金属体。受到降落伞向上的牵引，钢丝在机翼中向上滑动，直至炸药碰到飞机并引爆。林德曼在"二战"那几年，一直在继续摆弄这个玩意。它吸走了大量的经费和关注——原本可以让它们派上更好的用场的。

除了林德曼，几乎所有人都很清楚，空中布雷不可能构成有效的防御。钢丝得长达几千英尺，因而会很重。就算配一个很大的降落伞，它在空中停留的时间也不会超过几分钟。为了保卫重要的目标，在空袭持续期间，需要一个飞机编队在这个区域的上空不断布雷。如果需要防守多个目标，防御方很快就会用光所有的雷管，而且很容易找到反制措施。沿着机翼前缘装上一组小剪子，就可以剪断钢丝，使空中布雷失去杀伤力。

在"二战"临近结束时，我在英国轰炸机司令部工作，我们会不时收到来自政府高层的问询，看返航的轰炸机所受的损伤，是否可以提供证据，证明德国人在使用空中布雷。我们的回答总是否定的。我老板私下里告诉我，这些问询都来自林德曼。

林德曼热衷于空中布雷这类技术玩具，却对核武器一直缺乏热情。"二战"开始后一周，他从牛津搬到伦敦，成了时任英国海军大臣的丘吉尔的全职科学顾问。林德曼很了解核裂变的发现和核武器的可能性，但他等了两年，才建议丘吉尔启动英国的原子弹研制项目。战争快结束时，林德曼访问了位于洛斯·阿拉莫斯的美国原子弹实验室，并私下对他的朋友雷金纳德·琼斯（Reginald Jones）说："美国人都花了那么多冤枉钱，会显得多傻啊。"琼斯是林德曼"二战"前的学生，而且以科学情报负责人的身份，跟他进行了密切的合作。琼斯说，直到原子弹在阿拉莫戈多（Alamogordo）爆炸前，林德曼都没有相信过这东西真的能研制成功。

"丘吉尔的核弹"这个书名有点误导性。出版商选用这个书名，可能是为了吸引读者，而不是为了描述这本书的内容。作者格雷姆·法米罗的主题是，围绕英国核武器项目所出现的个人对抗——丘吉尔在该项目中起到了主要的作用。但这本书不是一部关于原子弹的历史。它没有回答读者明摆着可能会问到的一些问题：要克服的技术障碍是什么？当政客们在争论不休的时候，科学家们在做些什么？原子弹是如何造出来的？它原本是准备如何交付的？它造成了什么影响？这颗 60 年前造出来的原子弹，对当今世界是否依然有重大意义？为什么叫它"丘吉尔的核弹"而不是"艾德礼的核弹"？毕竟，下令建造它的是克莱门特·艾德礼(Clement Attlee) [1]，而不是丘吉尔。

本书的副标题"美国如何在第一次核军备竞赛中超越英国"，也具有误导性。美国和英国之间从来没有出现过军备竞赛。英国和德国间倒是出现过军备竞赛——从 1939 开始，到 1942 年结束。在此期间，美国仍然保持着中立，没有当真参与到这场竞赛中来。当沃纳·海森堡(Werner Heisenberg)和艾伯特·施佩尔(Albert Speer)秘密同意放弃德国的原子弹计划时，英国赢得了这场竞赛。接着，美国在 1942 年参战，英国和美国仍然认为，他们在与德国展开竞赛，因为他们不知道德国人已经放弃了。英国要做出的抉择是：是与美国联手，还是试着独自制造一颗原子弹。

---

[1] 英国工党政治家，第二次世界大战期间任副首相。1945 年接替丘吉尔任首相(1945—1951)。——译注

丘吉尔做出决定，让英国开展的工作与美国的项目进行合并。合并意味着共享秘密，而共享秘密向来都是个微妙的问题。过了一年，共享才得到落实，英国科学家才到洛斯·阿拉莫斯国家实验室工作。在那一年里，美国的项目出现了巨大的飞跃，而英国的项目则停滞不前。恩里科·费米（Enrico Fermi）和他的美国同事，在芝加哥建造了第一个核反应堆，并探索了核能的新世界。英国科学家的这一年却花在等待上——等待美国政府允许他们参与其中。美国确实赶超了英国，但丘吉尔没有参加竞争。丘吉尔已经做出决定，他想与美国建立伙伴关系，而不是竞争关系。

核伙伴关系始于 1943 年，并在 1946 年美国国会通过麦克马洪法案时突然结束。那一年，美国已拥有多颗核弹以及制造更多核弹的工业设施，而英国却被挡在门外了。英国不得不做出决定，是放弃还是继续独立制造一颗属于英国的核弹。艾德礼已经在1945 年取代丘吉尔成了首相，他决定继续建造英国的核弹。1952年，当丘吉尔重新掌权时，它已试验成功。就在那一年，美国试验了第一颗千万吨当量的氢弹。丘吉尔悄悄地下令制造一颗英国的氢弹，1957 年制造完成并成功通过了试验。此时，丘吉尔已经结束了他的第二个首相任期，但他实现了与美国恢复核伙伴关系并共享秘密的目标。

丘吉尔、林德曼和威尔斯在核战略方面并不存在根本性的分歧。他们都认为，核武器作为获取大国地位的工具非常理想——它极具危险性，却又可以起到历史性的决定作用。丘吉尔和林德曼都认为核弹对于维持英国的大国地位是必要的。威尔斯将它视为在未来建立世界政府的威信所必需的。

只有一个声音对这些观点，提出了理由充分的反对意见。反对的声音来自帕特里克·布莱克特（Patrick Blackett），他是一位物理学家，曾在第一次世界大战中担任海军军官，在 1916 年的日德兰半岛之战中幸免于难，并在"二战"中带领科学家团队帮助英国皇家海军击败了德国 U 形潜艇。布莱克特因为在粒子物理学方面的发现，获得了 1948 年的诺贝尔奖。不管是作为科学家，还是作为战争专家，布莱克特的资本都比林德曼雄厚。但布莱克特是一个社会主义者，活跃在左翼政坛。林德曼痛恨他，丘吉尔不信任他。他们确保，只要丘吉尔担任首相，布莱克特就会被排除在所有关于核政策的高层讨论之外。

艾德礼在 1945 年一当选为首相，就任命布莱克特为他的原子能顾问委员会委员。在核武器的发展史上，接下来的一年是一个具有决定性的转折点。好几个国家的政府都认真地建议由新成立的联合国，来负责世界各地的新兴核工业，并授权它阻止任何国家制造核弹。这是避免大规模核军备竞赛的最后机会。美国的罗伯特·奥本海默（Robert Oppenheimer）和丹麦的尼尔斯·玻尔（Niels Bohr），领导了一场世界范围的科学家运动，其宗旨是对核能进行国际控制。创建联合国原子能委员会的目的，就是为了行使成员国同意设立的任何形式的国际控制。一切都取决于找到一个美国和苏联都可以接受的国际法律框架。

美国的国际控制方案被称为巴鲁克计划，因为它是由伯纳德·巴鲁克（Bernard Baruch）起草的；此人是一个保守的银行家，也是丘吉尔的朋友。对苏联来说，其中不可接受的一大要点是强制执行条款——它授权联合国安理会以多数表决的方式，强制执行协议。对于联合国安理会采取的其他行动，安理会常任理事国都有权否决多数表决做出的决定。在巴鲁克计划中，有关核武器决定的否决权被取消了。在涉及苏联的任何争端中，很可能出现苏联是少数派而美国则是多数派的情况，所以巴鲁克计划赋予了美国一个永久性的核霸权。奥本海默在美国政府内部进行了艰苦的斗争，以制订一个承认苏联需要平等对待的计划。布莱克特在英国政府内部也进行了艰苦的斗争。奥本海默没能说服杜鲁门，布莱克特也没能说服艾德礼。美国的霸权正是杜鲁门和艾德礼想要的，他们还希望对此加以永久化。

斯大林知道，美国的霸权持续不了多久的时间。他说："原子弹是对神经脆弱者进行威胁的一样好武器。"斯大林的神经不脆弱。他知道，他的国家在战时造出了比德国更多的坦克，在和平时期也能造出比美国更多的原子弹。1946年，苏联提出了一个禁止核武器的简单提案，由联合国进行监督，但不附带任何强制执行条款。在对细节问题进行了一年的争论之后，谈判终止了，核军备竞赛正式开始。苏联在1949年进行了第一次核弹试验，美国的霸权随之结束。

布莱克特向艾德礼提出了强烈的反对，不仅反对巴鲁克计划，也反对制造英国核弹的决定。布莱克特相信，原子弹的军事价值是虚妄的，而拥有它的危险性却是真实的。他认为，在英国以后可能会合理卷入的任何未来战争中，核弹都是毫无用处的。任何值得打的战争，不动用核武器也能赢。如果发生一场将苏联卷入其中的核战争，拥有核武器，必将使伦敦和其他的英国城市遭到毁灭。

布莱克特在政府内部未能争取到对这些观点的支持，于是他

273

在一本书中将它们公之于众；在英国出版时的书名是《原子能的军事和政治后果》（*Military and Political Consequences of Atomic Energy*），在美国出版时的书名是《恐惧、战争与核弹》（*Fear, War, and the Bomb*）。这本书出版于 1948 年，非常畅销，并被译成了 11 种语言。法米罗说得对的地方是，这本书在当时并没有影响到政府的政策和大多数人的观点。他说得不对的地方是，这本书"过于浓缩，多数内容可读性不强"。事实上，它可读性很强，得到了广泛的阅读。65 年后，它成了我们这个时代反对核愚昧的经典宣言。布莱克特的一些预言已经被证明是错误的，他的一些论点也变得不合时宜了，但他这本书的中心主题仍然是站得住脚的。他说，核弹的军事用途很小，它在政治上的重要性被夸大了，只有作为大屠杀工具的危险性是真实的。

布莱克特在 1948 年说过，应该接受苏联提出的不带强制执行条款的废除核武器方案。如果接受了他的建议，我们也许已处于类似 1972 年的状态——当时美国、英国和苏联签订了一项废除生物武器的条约。在这项条约签署前，美国和英国储备的大量生物武器已被销毁。条约签订后，苏联撒了一个弥天大谎，继续维持着大量生物武器的秘密储备。如今，生物武器条约仍然在生效，我们仍然有理由怀疑俄罗斯可能在瞒天过海。现在的问题是：我们是在有条约的情况下过得好，还是在没条约的情况下过得好？是生活在一个生物武器被认为非法、只能小心窝藏起来的世界好，还是生活在一个大量生物武器被公开部署并容易被盗的世界好呢？

对于条约的价值，也许存在不同的意见，但至少有个合理的理由让它继续生效。基于同样的理由，布莱克特认为应该接受苏联在

1946 年提出的禁止核武器方案。要是我们接受了苏联的提议，在我们生活的这个世界上，核武器在法律上遭到禁止，虽然在世界不同地点也许会被秘密地制造和隐藏。与大量核武器被公开部署的世界相比——过去 60 年我们就生活在这样一个世界中——那样的世界会少一些危险吗？布莱克特的回答是肯定的。如今又到了向这个世界提出这一问题，并决定布莱克特是否正确的时候了。

70 年后回首往事，我们可以清楚地看到，丘吉尔的幻想破灭了。在他的世界愿景中，处于核心地位的是大英帝国的强大和荣耀。他为维护大英帝国而战。"二战"中代表英国出战的年轻人，不是为大英帝国而战。他们知道，大英帝国正摇摇欲坠，他们中大多数人都乐于看到它垮台。这就是他们在 1945 年投票让丘吉尔下台的原因。他们知道丘吉尔生活在过去，与现实世界相脱节。我对 1950 年的英国大选仍记忆犹新，当时经过战后 5 年缓慢的复苏后，艾德礼在谋求连任。艾德礼来到我生活的伯明翰，向一大群人发表了竞选演说。他长篇累牍地谈到了工党在他任期内实施的社会福利计划，包括公共住房、公共教育和国家卫生服务等方面的巨大改善。众人没有多大热情听他讲这些。在演讲结束时，艾德礼说，"我们让印度恢复了自由之身"，围观的人群报之以热烈而持久的欢呼声。让印度恢复自由，是丘吉尔永远做不到的一件事。艾德礼赢得了选举。

当丘吉尔回来再次担任首相时，他意识到了大英帝国的衰落，并将他的核政策建立在另一个幻想的基础之上，那就是英国和美国之间的特殊关系。"二战"期间，他与罗斯福保持着特殊关系，频繁地通电话，并进行过多次个人会面。他与罗斯福的友谊，是他战争战略的一个关键部分。这让他将自己当成了三巨头之一，在一些会议中与斯大林和罗斯福一起决定着世界的命运。在 1951 年重新掌权后，他又试图与杜鲁门总统和艾森豪威尔总统建立特殊关系。杜鲁门和艾森豪威尔觉得他的一厢情愿有点烦人，就客气地疏远了他。在 1957 年展示了英国的氢弹之后，核秘密的共享成功地得到了重建，但丘吉尔让英国永保大国地位的信念仍然只是一种幻想。

法米罗没有试图回答的一个大问题是，对英国而言，拥有核武器是否有意义。两位著名的科学家对这个问题的答案是响亮的"不"。其中一位是帕特里克·布莱克特。另一位是约瑟夫·罗特布拉特（Joseph Rotblat），他是波兰核物理学家，曾和英国特遣队一起去过洛斯·阿拉莫斯。在 1944 年听说德国人没有在制造原子弹后，罗特布拉特是唯一离开原子弹项目组的科学家。他在漫长一生的大部分时间里，都在担任帕格沃什运动（Pugwash movement）的领导人，这是一个关注战争与武器的科学家国际联盟。他因为在和平缔造方面所做出的努力，而获得了 1995 年的诺贝尔和平奖。

正如罗特布拉特是唯一出于良知，离开核弹制造者伙伴的洛斯·阿拉莫斯科学家；南非共和国是唯一拥有核武器又单方面销毁它的国家。南非为其他拥有核武器的国家树立了一个光辉的榜样。没有人因为南非离开核俱乐部，而减少对它的尊重。英国现在获得了一个极好的时机，可以通过仿效南非树立的榜样，来赢得尊重和节省金钱。

21. 出彩的严重失误

    科学是由事实和理论构成的。事实和理论的产生方式不同，评判标准也不同。一般认为，事实要么为真，要么为假。可通过观察或实验来发现科学事实。如果一位科学家宣称自己发现了某个事实，结果却被证明是错误的，他会得到严厉的评判。一个错误的事实，足以毁掉一位科学家的前程。

    理论所处的地位则完全不同。它们是人类思想的自由创造，旨在描述我们对自然的理解。因为我们的理解是不完整的，因此理论都是暂定的。理论是理解的工具，一个有用的工具不一定要完全正确。理论应该多少会有几分正确，也为分歧留下了足够大的余地。一位科学家提出一种被证明是错误的理论后，会得到从轻发落。错误是可以容忍的——只要在大自然证明它们为错误的时候，理论提出者能改正就行了。

    马里奥·利维奥（Mario Livio）这本《几个出彩的严重失误》（*Brilliant Blunders*），生动地描述了在过去两个世纪中，由五位大科学家提出的五个错误理论。这些例子可以让非专业的读者对科学的运作方式有个很好的理解。一个绝妙思想的提出者无法判别它是对还是错。利维奥引用心理学家丹尼尔·卡内曼（Daniel Kahneman）的说法，来描述理论是如何诞生的："我们不能生活在永远怀疑的状态之中，于是我们尽力编个最靠谱的故事，然后就当这个故事是真实的了。"一种始于疯狂猜测的理论，最终变成了坚定的信念。人活着都需要信念，大科学家也不例外。大科学家提出的理论有的正确，有的错误，却同样令他们深信不疑。

利维奥这本书的一大要点就是要表明，对错误理论的狂热追求，也是科学正常发展的一部分。科学不仅仅是关乎我们理解的东西。科学最令人兴奋也最具创造性的部分，是关于我们仍在努力弄明白的事物。错误的理论并不是科学进步的一大障碍。它们是这一奋斗过程的核心组成部分。

利维奥书中的五位主角是：查尔斯·达尔文（Charles Darwin）、威廉·汤姆森（William Thomson）即开尔文勋爵、莱纳斯·鲍林（Linus Pauling）、弗莱德·霍伊尔（Fred Hoyle）和艾伯特·爱因斯坦（Albert Einstein）。他们每一位都对理解大自然做出了重大贡献，每一位又都坚定地相信过一种后来被证明是错误的理论。达尔文用他基于遗传变异的自然选择理论，解释了生物的进化，但相信混合遗传理论（theory of blending inheritance），而这种混合遗传却使新的变异不可能得到传播。开尔文发现了能量和热的基本定律，但后来用它们来估算地球年龄时，给出的估计值太小，仅为实际值的五十分之一。鲍林发现了所有活体组织的活性成分——蛋白质的化学结构，却提出了一个完全错误的 DNA 结构，而 DNA 是将遗传信息从亲代传到子代的非活性成分（passive component）。

霍伊尔发现生命所必需的重元素，如碳、氮、氧和铁，是在大质量恒星内部的核反应过程中产生的。后来，他提出了一个被称为稳态宇宙学（steady state cosmology）的宇宙史观，认为宇宙永远存在，在开始时没有发生过大爆炸；在观察结果证明确实发生过大爆炸之后很长一段时间里，他仍然顽固地坚持自己稳态宇宙的信念。

最后，爱因斯坦发现了一种被称为广义相对论的关于时空和引力的伟大理论，然后又在这个理论中，加入了一个被称为暗能量的附加项。爱因斯坦后来撤回了自己关于暗能量的提议，认为这是毫无必要的。在爱因斯坦逝世很久后，观察结果证明暗能量确实存在，所以爱因斯坦对这个理论的修正是正确的，他撤回自己的提议才是错误的。

这些例子以不同的方式证明，错误的思想如何有助于或者无助于我们对真理的追寻。不管错误思想是有益的还是无益的，它们无论如何都是不可避免的。就像商业、政治、战争和婚姻等其他的人类事业一样，科学也是一项有风险的事业。事业越辉煌，风险越大。每一次科学革命都要求人们从一种思维方式转变到另外一种方式。引领这种转变的先驱，对新思维方式的把握都不完美，而且也不能预见其后果。错误的思想和不正确的道路都是有待探索的疆域的一部分。

达尔文的错误思想是混合遗传理论，它认为后代继承的特征是父母特征的融合。在达尔文那个时代，这是植物育种专家和动物饲养者普遍接受的遗传理论。达尔文将它作为一个可行的假设接受了下来，因为它是当时唯一可用的理论。他不甘心接受这一理论，因为他知道它在两个方面不能令人满意。首先，它无法解释经常发生的遗传返祖现象，即一个引人注目的遗传特征——比如红头发或音乐天赋——会跳过中间一代从祖父母遗传给孙子。其次，它不能让一个罕见的有利变异，从一个个体传播到整个动物种群——就像他的物种起源理论所要求的那样。根据混合遗传，任何罕见的有利变异都将在后代中迅速淡化，并失去其选择优势。因为这两方面的原因，达尔文知道，光有混合遗传理论是不够的，但他在1859年发表《物种起源》时，还没有其他可接受的替代理论。

9年后，当达尔文出版另一本书——《动物和植物在家养条件下的变异》(*The Variation of Animals and Plants Under Domestication*)时，他放弃了混合遗传理论，因为它与事实不符。他代之以另一种被他称作泛生论（pangenesis）的理论。泛生论认为，亲代特征到子代的遗传，不只是由生殖细胞携带，所有的亲代细胞都会携带。亲代细胞会以某种方式产生"微芽"(little granules)，并由生殖细胞进行采集。然后，由"微芽"指示生殖细胞如何生长。达尔文在余生中一直信奉泛生论，不过它是另一个精彩的严重失误，与混合遗传理论可谓半斤八两，同样与事实不符。

与达尔文的混合遗传理论和泛生论一样，开尔文对地球年龄的错误计算、鲍林对DNA结构的错误设想，都是罔顾明显事实的推测。开尔文的计算基于下面这样一种理念——地球的地幔是固态的，从内部到地表的传热仅通过传导方式。我们现在知道，地幔有一部分是流体，而且大部分热量是通过有效得多的对流过程进行传递的——由一个向上流动的热岩浆和向下移动的冷却岩浆构成的巨大热循环，来进行传热。开尔文不像我们一样具有关于地球结构和动力学的现代知识，但他可以亲眼看到火山喷发，看到它将炽热的岩浆从地底深处带到地表。他娴熟的计算技能，似乎使他对火山喷发之类无法计算的混乱过程视而不见。

与此类似，鲍林之所以猜错 DNA 的结构，是因为他假定适用于蛋白质的模式，也会适用于 DNA。他对蛋白质和 DNA 之间显著的化学差异视而不见。弗兰西斯·克里克（Francis Crick）和詹姆斯·沃森（James Watson），注意到了这些差异，并在鲍林错过一年后，发现了 DNA 的正确结构。

霍伊尔关于宇宙的错误理论所处的地位与其他错误不同，因为他提出这个理论时，还是一个年轻的叛逆分子。稳态宇宙从一开始就是少数人持有的观点。不利于它的决定性证据是，1964 年发现的遍布宇宙的微波辐射。此前已有人预测，作为热大爆炸的遗迹，应该存在微波辐射。这种辐射证明，确实发生了热大爆炸，宇宙有一个狂暴的开端。在此发现之后，霍伊尔几乎是单枪匹马，向一小群追随者宣扬稳态宇宙的"福音"。

利维奥所介绍的五位犯严重错误者中的最后一位——爱因斯坦，是一个不遵循所有规则的例外。他被广泛引用的一点是，他自称在引力理论中加入暗能量，是他最大的失误。利维奥对证据进行仔细审查后，得出结论：爱因斯坦从未下过这一论断。证据强烈地表明乔治·伽莫夫（George Gamow）才是肇事者。伽莫夫是另一个会犯精彩错误者，他以善于编造丰富多彩的故事著称。爱因斯坦真正的最大失误，是他改变了主意，从他的理论中消除了暗能量项。在他逝世 50 年后，大自然证明他错了——有证据揭示，宇宙总质量的四分之三都是暗能量。

爱因斯坦在霍伊尔之前许多年，就发明了宇宙的稳态模型。

一个爱尔兰科学家小组最近在一份未发表的爱因斯坦手稿中，发现了这个稳态模型。爱因斯坦放弃了这个想法并且从未发表它，可能是因为他觉得稳态理论过于勉强、不自然。20 年后，当霍伊尔高调宣扬稳态宇宙学时，爱因斯坦没有提起：他老早就发现并抛弃了它。爱因斯坦一定很快就认识到了，这是一个非常精彩的失误，聪明但不太可能正确。（关于爱因斯坦手稿的发现，我要感谢爱尔兰科学家科马克·奥莱菲台 [Cormac O'Raifeartaigh] 为我提供信息。）

读完利维奥的描述后，我得以以一种新方式来看待科学史。在每个世纪、每门学科中，我都看得到精彩的失误。艾萨克·牛顿最大的失误是他的光微粒理论（corpuscular theory of light），它认为光是由一簇沿直线行进的小颗粒构成的。在 19 世纪，詹姆斯·克拉克·麦克斯韦（James Clerk Maxwell）发现了电磁定律，并提出光是由电磁波组成的。在 20 世纪，爱因斯坦证明，牛顿和麦克斯韦两人都是亦对亦错，因为光在某些情况下表现为粒子，而在另一些情况下表现为波。

科学跟战争和政治之类的其他人类事业之间的主要差别在于，科学中的精彩失误代价没那么高昂。汉尼拔穿越阿尔卑斯山、从北方入侵意大利的壮举，导致了他祖国的彻底毁灭。2000 年后，偷袭珍珠港的辉煌，使日本天皇付出了失去整个帝国的代价。即使是最糟糕的科学失误，也不会造成如此巨大的损失。

文明史上最严重的政治错误，大概要算 1433 年中国皇帝的海禁决定——停止海洋探索，销毁能远航的船只及其航海记录。这个失误绝对算不上精彩。在做出这个决定之前，中国拥有一支比欧洲船队更大、更强的远洋船队。中国曾经具有与欧洲大致相当的科学知识水平，但在印刷、航海和火箭等技术领域遥遥领先。这个决定的后果是，中国在科学技术方面灾难性地落后了，600 年后的现在才逐渐赶上。这个决定是有权有势者追求派系争斗，而不顾帝国长远利益的结果。这是包括民主制在内的各类政府都很容易犯的通病，是非常危险的。

导致灾难性失误的另一个原因是宗教。宗教造成大失误方面的一个传奇性例子是，拉扎尔大公（Tsar Lazar）的故事——1389 年，当他还是塞尔维亚的国王时，其王国遭到土耳其人入侵。他在科索沃波尔耶（Kosovo Polje）决定命运的战场上，迎击土耳其军队。塞尔维亚民族史诗《科索沃战役》（*The Battle of Kosovo*）讲述的就是这个故事。土耳其人入侵时，圣母玛丽刚好在耶路撒冷，并派猎鹰给大公带去消息。猎鹰赶到战场上，告诉国王，他必须在世俗王国和天国之间做出选择。如果他选择世俗王国，他的军队将击败土耳其人，他将继续统治塞尔维亚。如果他选择天国，他的军队将被消灭，他的子民会沦为奥斯曼帝国的奴隶。作为一个关注精神美德的虔诚君主，大公自然选择了天国，于是他的子民因为他的这个选择付出了失去自由的代价。

在达尔文发表《物种起源》之后 7 年，仍然没有任何理论可以对遗传变异做出令人满意的解释；这时，奥地利修道士格里戈尔·孟德尔（Gregor Mendel）在《布尔诺自然史学会杂志》（*the journal of the Brünn Natural History Society*）上发表了他的论文《植物杂交实验》。孟德尔解决了达尔文的问题。他提出，遗传是由离散的单位——后来被称为基因——携带的，它们彼此不混合，而是不加改变地代代相传。孟德尔的遗传理论与达尔文的自然选择理论完全吻合。孟德尔读过达尔文的书，但达尔文从未读过孟德尔的论文。

孟德尔的核心见解是，有性繁殖是一个将随机性引入遗传的系统。豌豆和人类一样，每一棵植株要么是雌性，要么是雄性，而每一个后代都有雌性和雄性亲体各一个。遗传特征可以由一个或多个基因决定。单基因特征计算起来最简单，于是孟德尔选择了对它们进行研究。例如，他所研究的豆荚颜色的遗传，就是由单个基因决定是黄色或者绿色的。每棵植物都有两份基因，父母双方各提供一份。共有三种植物，纯绿色的有两个绿色版本的基因，纯黄色的有两个黄色版本的基因，而混合的有一个绿色版本的和一个黄色版本的。刚好只需要一个绿色的基因，就可以产生绿色的豆荚，于是混合植株看起来跟纯绿色植株一样。孟德尔对这种情况的状态进行了描述，称绿色是显性的，黄色是隐性的。

孟德尔通过观察三代植物，完成了他的经典实验。第一代是纯绿色的和纯黄色的。他将纯绿色和纯黄色进行杂交，使第二代都是混合的。然后他将第二代相互进行杂交，使第三代都有混合的亲体。每棵第三代植物都有一个基因来自父母一方，每个基因是绿色或黄色的机会均等。平均而言，第三代将有四分之一是纯绿色的，四分之一是纯黄色的，二分之一是混合的。从外观看，第三代中将有四分之三是绿色的，四分之一是黄色的。

在第三代中，绿色和黄色之比为 1∶3，这是孟德尔理论的新预测。他的大多数实验都是为了测试这个预测而设计的。但孟德尔很清楚，3 这个比值只会在平均意义上得到保持。由于后代从每个父母那各选择一个基因，而每次选择都是随机的，因此在第三代中绿色和黄色的数量都会经受较大幅度的统计波动。为了以有意义的方式对这一理论进行测试，必须了解统计波动。幸运的是，孟德尔学过统计学。

孟德尔知道，为了高精度地测试 3 这个比值，他将需要大量的植株。在第三代大约需要 8000 株植物，才能合理地确定所观察到的比值落在 2.9 和 3.1 之间。他实际上使用了 8023 株第三代植物，并获得了 3.01 这个比值。除了颜色之外，他还测试了其他的特征，总共使用了 17290 棵第三代植物。他的实验需要极大的耐心——他连续 8 年，对各种细节进行了一丝不苟的关注。他对每一棵植物进行了仔细的隔离，以防任何入侵的蜜蜂造成计划外的授粉。修道院花园是进行这种实验的理想场所。

1866 年，即孟德尔论文发表的那一年，达尔文在完全不知道孟德尔工作的情况下，也做了完全相同的实验。达尔文用金鱼草代替豌豆，测试的是花的形状，而不是豆荚颜色。像孟德尔一样，他培育了三代植物，并在第三代中，观察了正常花形和星形花的比例。和孟德尔不同的是，他对统计波动不了解。他总共使用了 125 株第三代植物，并获得了 2.4 这个关键比值。使用如此小样本的植物，无论真实值为 2 还是 3，2.4 这个数值都落在预期的统计不确定性范围之内。达尔文不明白，他需要一个大得多的样本群体，以获得一个有意义的结果。

孟德尔的样本比达尔文的大 64 倍，因此孟德尔的统计不确定性比达尔文的小 8 倍。达尔文没有用更多植物重复他的实验，错过了将孟德尔遗传定律纳入他的进化理论的机会。他完全没有想到，如果他用更大的样本继续实验，一个重大的发现就会在他的掌握之中。孟德尔的基本思想是：当遗传被当作一个随机过程时，遗传定律会变得很简单。达尔文从来没有产生过这种想法。这就是达尔文没有从他的金鱼草实验中得到任何收获的原因。但这仍不失为一个精彩的失误。

孟德尔犯了一个不同类型的精彩错误。1866 年，即达尔文发表《物种起源》之后 7 年，他发表了他的遗传定律，对该定律建立于其上的实验进行了完整的描述。孟德尔很熟悉达尔文的思想，并且很清楚，他自己的发现将有力地支持达尔文的自然选择理论作为进化的原因。通过随机变异产生的孟德尔式遗传，将为达尔文式选择提供原材料，可以让它运行于其上。

孟德尔不得不做出一个决定命运的抉择。如果他选择让达尔文注意他的工作，达尔文会理解它的重要性，而孟德尔将不可避免地卷入一场在欧洲各地肆虐的、针对达尔文思想的激烈争论。如果孟德尔选择保持沉默，他可以继续追求他真正的使命，以修道士的身份为上帝服务，并在日后担任修道院的院长。像 500 年前的拉扎尔大公一样，他不得不在世俗名利和圣职之间做出选择。遵照他的本性，他选择了圣职。不幸的是，他的上帝给他开了一个残酷的玩笑，给他赋予了作为科学家的天赋奇才，以及作为修道院院长的平庸无奇。他放弃了成为一名世界知名科学家的机会，却成了一名不成功的宗教管理人员。

达尔文的盲目和孟德尔的沉默使科学进步推迟了 30 年。但 30 年在科学史上是一段很短的时间。最终，在他们两人都去世后，在他们个人的缺点都被遗忘后，他们对真理的部分认知结合到一起，创造出了现代进化论。在哥伦比亚大学工作的托马斯·亨特·摩尔根 (Thomas Hunt Morgan) 认识到，作为研究遗传的工具，果蝇（drosophila）比豌豆和金鱼草要好得多。果蝇繁殖速度要快得多，而且更容易大批量处理。摩尔根使用果蝇，在探索遗传学的道路上，远远超过了孟德尔。

在我自己身为科学家的一生中，我一度感觉自己揭示了大自然的一大奥秘。这是我个人的精彩失误。我高兴地记着它，尽管我的荣耀之梦彻底破灭了。这是一次愉快的经历。它出现于我的一项工作中，当时我与我的同事——来自印第安纳大学的安德鲁·雷奥纳德（Andrew Lenard），在对普通物质的稳定性进行研究。我们通过艰苦的数学计算，证明了普通物质是稳定的。稳定性的物理基础是不相容原理——这个自然法则认为，两个电子永远不能处于同一种状态。物质在抗击坍缩方面是稳定的，因为每一个原子都包含电子，而电子是不能挤在一起的。

当我试图将稳定的论证拓展到电子之外的其他粒子时，我开始犯错了。我们可以用三种不同的方式将粒子分为两种类型。一个粒子可以是带电的或中性的。它可以具有弱相互作用或强相互作用。它可以属于我们所谓的费米子和玻色子两种粒子中的一种——这是为了纪念意大利物理学家恩里科·费米（Enrico Fermi）和印度物理学家萨特延德拉·玻色（Satyendra Bose）而命名的。费米子服从不相容原理，而玻色子则不服从。因此，每个粒子有八种可能的方式来做出这三种选择。例如，电子是一种带电的弱费米子。光子是一种中性的弱玻色子。由彼得·希格斯（Peter Higgs）预测到、2012 年由欧洲核子研究中心（CERN）发现的那种著名粒子，是一个中性的强玻色子。

1967 年，我观察到在八种可能的组合中，有七种可以在自然界中找到。从未见过的一个组合是带电的弱玻色子。这类缺失的粒子像电子，但不服从不相容原理。接着，我注意到，如果不服从不相容原理的电子存在，我们对物质稳定性的证明将会失效。于是，我就得出结论，一个带电的弱玻色子不可能存在于一个稳定的宇宙中。这是我发现的一条新的自然规律。我悄悄地将它发表在一份数学杂志上。

我知道我的理论与当时主流的观点是全然矛盾的。主流的观点是弱相互作用和电磁相互作用的统一理论，是由我的朋友斯蒂芬·温伯格（Steven Weinberg）和阿卜杜斯·萨拉姆（Abdus Salam）提出的。温伯格和萨拉姆预测，存在一种新粒子，充当弱相互作用的载体。他们称这种新粒子为 W 粒子。W 粒子必须是一种带电的弱玻色子，正是我宣称不可能出现的那种组合。大自然——借由在日内瓦的欧洲核子研究中心的实验——将会决定谁是正确的。这个决定姗姗来迟。实验者花了 15 年的时间来建造一台新机器，并用它来搜寻 W 粒子。但这个决定一旦做出，就是最终的裁决。大量的 W 粒子被观测到，而且具有温伯格和萨拉姆所预测的属性。事后，我找到了几种理由，来解释我的稳定性论证为什么不适用于 W 粒子。它们太大、存在时间太短，无法成为任何类似于普通物质的组成部分。我很快就忘记了我的失望，并分享了温伯格和萨拉姆在他们应得的胜利中所收获的喜悦。正如我母亲很久以前教导我的，享受任何体育运动的关键是成为一个好的失败者。

在利维奥列出的这些出现精彩失误的人中，达尔文和爱因斯坦是好的失败者，开尔文和鲍林没有他们那么好，而霍伊尔最糟糕。最伟大的科学家是最好的失败者。这就是我们为什么喜欢科学这个竞技游戏的原因。正如爱因斯坦所说，上帝是复杂的，但没有恶意。大自然从来不输，而且总是公平竞争。

2014 年添加的补注：

因为我指出几位大科学家都犯过严重错误，好些读者给我写来了愤怒的信进行抱怨。我给他们做了如下答复：

谢谢你们对我的书评做出评论。与那些同意我观点的人相比，我能够从不同意我观点的人身上学到更多东西……就本文而言，分歧的主要原因是对"严重错误"存在不同的理解。我和马里奥·利维奥都觉得这个词没有怪罪之意。我们以一种玩笑的方式使用这个词，来指代任何被证明错误或无知的建议或观点。在你们看来，这个词似乎有判决之意，犯严重错误好像就是犯罪。对我来说，马里奥·利维奥这本书的主要价值在于，让严重失误也变得可敬了。

文章出处

本书中的文章最初的刊登之处如下：

《我们生物技术的未来》，《纽约书评》，2007 年 7 月 19 日。对《我们生物技术的未来》进行回应的来信，刊登在 2007 年 9 月 27 日的《纽约书评》上，现获温德尔·贝里授权重印于此。

《书写大自然最伟大的书》，《纽约书评》，2006 年 10 月 19 日。

《火箭人》，《纽约书评》，2008 年 1 月 17 日。对《火箭人》进行回应的来信，刊登在 2008 年 2 月 14 日的《纽约书评》上，现获伯纳德·利顿授权重印于此。

《科学界兄弟情谊之梦》，《纽约书评》，2007 年 5 月 10 日。

《为革命而工作》，《纽约书评》，2007 年 10 月 25 日。

《全球变暖问题》，《纽约书评》，2008 年 6 月 12 日。对《全球变暖问题》进行回应的来信，刊登在 2008 年 10 月 9 日的《纽约书评》上，现获罗伯特·M.梅授权重印于此。

《为加拉帕戈斯群岛而抗争》，《纽约书评》，2008 年 10 月 23 日。

《跃入浩瀚的未知世界》，《纽约书评》，2009 年 4 月 9 日。对《跃入浩瀚的未知世界》进行回应的来信，获弗兰克·维里茨克授权重印于此。

《当科学与诗歌还是朋友时》,《纽约书评》,2009 年 8 月 13 日。

《荣誉价值几何?》,《纽约书评》,2010 年 6 月 10 日。对《荣誉价值几何?》进行回应的来信,获史蒂文·温伯格授权重印于此。

《沉默寡言的量子天才》,《纽约书评》,2010 年 2 月 25 日。

《无限的开始》,《纽约书评》,2011 年 11 月 10 日。

《科学也疯狂》,《纽约书评》,2012 年 4 月 5 日。

《我们是如何知道的》,《纽约书评》,2011 年 3 月 10 日。

《理查德·费曼的"剧画"》,《纽约书评》,2011 年 7 月 14 日。

《如何消除你的错觉》,《纽约书评》,2011 年 12 月 22 日。对《如何消除你的错觉》进行回应的来信,刊登在 2012 年 1 月 12 日的《纽约书评》上,现获丹尼尔·卡尼曼授权重印于此。

《你真正能知道的是什么?》,《纽约书评》,2012 年 11 月 8 日。

《奥本海默:天才之形》,《纽约书评》,2013 年 8 月 15 日。

《弱势者如何取得胜利》,《纽约书评》,2013 年 11 月 21 日。

《丘吉尔:爱与核弹》,《纽约书评》,2014 年 4 月 24 日。

《出彩的严重失误》,《纽约书评》,2014 年 3 月 6 日。

译后记

继《反叛的科学家》和《一面多彩的镜子》之后，我们非常高兴有机会翻译美国著名物理学家弗里曼·戴森教授的这部新作——《天地之梦》。本书是《反叛的科学家》一书的续集，收录了他最近几年在《纽约书评》上发表的一些书评，其精彩程度丝毫不亚于《反叛的科学家》。这不能不令我们深深地佩服老先生年届 90 高龄仍宝刀未老。关于戴森生平及其成就，《反叛的科学家》和《一面多彩的镜子》的译后记和附录已做了较详细介绍，这里就不再重复，下面主要交代一下与本书相关的一些情况。

我最早是从西北农林科技大学林开亮老师那得知这本书的。开亮曾多次与戴森教授通信，经常关注他的新动态，还发表过一篇非常出色的文章《弗里曼·戴森：科学家与作家的一生》（我们有幸将此文作为附录，收入了《一面多彩的镜子》一书）。我在得知这本书的出版消息后，第一时间通知了浙大出版社启真馆的老朋友周运老师。启真馆很快就拿下了这本书的中文版权，并邀请我承担该书的翻译任务。我责无旁贷地接受了下来，但是希望交稿时间能宽松一点。体恤下情的周运老师满口答应了，这样我们在定稿前，就有时间等译稿冷却两个月再进行最后一轮的修改——结果证明这实在是我们译者之大幸。

在阅读、翻译《天地之梦》的过程中，我们发现，以前对《反叛的科学家》所做的一些评论，完全可以拿过来评论这本续集：本书收入的各篇文章不仅行文典雅、立论高妙，往往还结合作者本人的亲身经历，深入浅出地进行理性而公允的述评，令人信服，并能勾起读者强烈的阅读欲望。作者往往能将貌似不相干的人、事或物联系在一起，由此及彼，从不同侧面对自己的观点予以有力支持和阐述，往往能产生令人叹服的效果。作者这种稀有的"搭桥"能力和广阔的视野，令人钦佩不已。也许正因为他具有广阔的视野并能超越门户之见，他的观点才总是显得如此超凡脱俗而又理性平实。在我看来，戴森先生是将批判性思维、科学态度与优雅辩论完美结合的典范。他不唯上，不从众，不惧被目为异端，又从不哗众取宠，敢于挑战领域权威，同时还虚怀若谷，随时欢迎并乐意接受来自任何人的批评指正。阅读本书，不仅可以增长知识和见闻，而且可以跟作者学习如何思考问题、如何进行辩论、如何写作引人入胜的书评。我相信，一定会有不少读者像我们一样喜爱这本书，并认为翻译、引进它是一件很有意义的事。

在刚接手翻译《一面多彩的镜子》时，普林斯顿大学出版社的一位出版代理，有点不太客气地建议我少打扰老先生，说遇到问题可以直接问她们。我当时羞愧地想：90多岁的老人，需要处理的要事又那么多，时间多宝贵啊，我确实不应该自私地给他多增加负担。因此，在本书翻译的过程中，我们一直没敢找他答疑，而是自己设法解决遇到的困难。在翻译任务接近尾声时，恰逢老先生 94 岁生日，我再次发邮件祝他生日快乐、身体健康，顺便向他提了 3 个经过多方努力仍悬而未决的问题：(1) 第 6 章提到凯尔盖朗岛（Kerguelen）是太平洋上位于南纬 29° 的一个岛屿，但我查得的是位于南印度洋上的一个群岛，在南纬 49° 左右，不知原文是否有误；(2) 第 12 章和第 21 章的标题分别为 "The Case for Far-Out Possibilities"、"The Case for Blunders"，其中的 "The Case for" 译成"为……而辩"是否妥当；(3) 第 2 章引用了培根的文字 "to mow the moss or to reap the green corn"，不知其中的 "to mow the moss" 确切含义为何、典出何方（我感觉它与 "to reap the green corn" 意思相近）。

第二天，我就收到了戴森教授的回信。他详细地回答了我的三个问题。(1) 凯尔盖朗群岛是他弄错了，他已通知出版商纠正。(2) 第 12 章和第 21 章的标题是出版商改的，按他的本意，他更愿意用原书的书名作为这两章的标题，即《无限的开始》(The Beginning of Infinity) 和《出彩的严重失误》(Brilliant Blunders)；或者保留出版商的标题也可以，但最好省略掉 "The Case for"，这样也简单明了一点。(3) 培根用的这个短语 "to mow the moss" 非常优美，但他也不确定它的含义。培根所处的年代还没有割草机。他觉得培根脑子里想的应该是，趁苔藓还没有长成草时，就用镰刀进行收割。他建议我用带些古意的文字翻译这个短语，以求其神似。

于是，我就根据作者的回信，对译文进行了相应的处理。在第 6 章提到凯尔盖朗群岛的地方，我加了一个脚注，说明了原文之误。第 12 章和第 21 章分别改用原书的书名作为它们的标题。至于培根的那句引文 "to mow the moss or to reap the green corn"，我在给他写信前经过多番琢磨，最后选用的译文是"空采枝叶或强扭生瓜"，算是与戴森先生所见略同了。

我这里不厌其烦地描述与戴森先生的这次邮件往来，一则是想说明老人家一向乐于助人，从不吝于提携晚辈——这从他总是在第一时间、尽可能详尽地回复我和林开亮的邮件就可见一斑。二则是想说明，我们的译本做到了在某些细节方面，甚至比英文原书更准确。同时也是想从一个侧面表明，译者的翻译态度还是一如既往地认真，不敢造次。

《反叛的科学家》出版后，先后得到了不少媒体和读者的肯定、推荐。据周运告知，它还曾入围了当年的文津图书奖候选名单。2016 年 7 月，浙大出版社对这本书进行了加印（我趁机也改正了几处错误）。这无疑都是值得我们欣慰的。记得有一次，一位网友告诉我，美国科罗拉多大学物理系研究员、在国内颇具影响力的科普作家万维钢先生发了这样一条微博："没想到这本书居然有中文版，Freeman Dyson 书评合集。作为物理学家，他的阅读兴趣非常广泛，是个通达之人，很有见识，且文笔相当好。你要问我最羡慕谁，我最羡慕他。希望翻译没有辱没他。"我理解万博士对戴森及其作品的喜爱，也明白近年国内引进翻译的图书粗制滥造的现象确实普遍存在，但还是忍不住给未曾读过我们译本的他回了一条微博："我是此书的翻译之一，虽然不敢自诩翻译水平有多高，但我们是本着对作者和读者负责的态度开展工作的，因此'辱没'二字实在不敢当。我们在翻译这本书时，不时和 Dyson 先生通 E-mail，难得老先生总是在第一时间亲自回信！我们还发现英文原书有一篇写费曼的文章中间脱漏了一段，得到了老先生的夸奖。"这条微博得到了众多网友的转发和夸赞。事实上，在我发这条微博前，国内一位读过《反叛的科学家》的朋友，已仗义执言，给他回复说："此书的翻译质量相当不错。"我衷心希望，所有认真读过现在这本《天地之梦》的读者，都会觉得我们这次的翻译没有辱没戴森先生的大作。我甚至希望刚满周岁的儿子，在长大后读这本书时，也不至于为他老爸感到脸红。

从接手翻译《反叛的科学家》时开始，我就想请戴森写篇中译本序，但考虑到老人家年事已高，就一直没好意思开口。这次，有感于近来国内极端民族主义甚嚣尘上，而美国特朗普当选总统后贸易保护主义和美国优先论又大行其道，我就鼓足勇气向戴森先生提出了写序的请求。没想到，第二天就收到了老人家的回信，他感谢我的盛情邀请，并问我需要写多长，截止时间是什么时候。他说，得到这些信息后，他将评估一下能否完成任务。我告诉他，具体长度可以由他自己把握，不需要写太长，最好能在一个月之内完成，如果觉得太赶，时间还可以适当延长。20 天后，我收到了他发来的序！他还谦虚地说：如果觉得写得不合适，或者发现里面有什么错误，请告知他。我非常感动地对他说，这篇序写得很好，尤其感谢他对中国心怀美好的期望，这一切都令我感到受宠若惊。我看他的序是从杨振宁、李政道开始谈起，就问他是否可以将这篇序转发给杨振宁先生看看。他马上就同意了，并请我向杨先生转达问候和祝福。我请开亮将戴森的序文和问候转给杨先生；杨先生很快就回信说，多谢我们给他看了这篇很有意义的序文，并表示将给戴森写信，感谢他做出了这些富有洞察力的评论。通过我们牵线，两位 90 多岁的老物理学家再度遥相致意，重温半个多世纪以来的友谊，也算是一段佳话吧。如今，网上充斥着对杨振宁先生回归中国国籍冷嘲热讽甚至横加指责的人，更有大批大肆鼓吹仇日、仇美、仇韩论调的人。我诚心请他们好好读一下戴森的这几本书。如果其中有些人因此变得更宽容、理性和文明，甚至愿意为自己过去的狭隘、无知和无礼感到羞愧和悔改，则未始非中华民族乃至全人类之福。

我特别感激戴森先生在中译本序中着重强调了翻译工作的重要性。对此，我非常认同，甚至觉得翻译工作也许可以为当今这个容易虚骄的社会对症下药。有时认真翻译一本好书，确实比"写几篇不痛不痒的论文，做几个不三不四的项目"更有意义。我们就算是提倡全民创新，也不应忘了继续脚踏实地地践行拿来主义。而中国想要和平崛起，就得见贤思齐，努力学习、消化国外先进经验，勇于承认并改正错误，增进国际交流与友谊，尊重他国核心利益，善待本国国民，多为世界文明进步贡献积极力量。这是我一介书生"位卑未敢忘忧国"的一番肺腑之言，也许浅陋，却字字真诚。

本书是我和老朋友杨光松老师再度携手合作的结果。我们一道逐字逐句对全书进行了多轮重译、交叉校对和修改，为保证翻译质量尽了最大的努力。应当指出，虽然译者始终本着对作者和读者负责的态度翻译了本书，但是因为书中涉及的知识面非常广泛，而译者的才学又相当有限，译文中难免出现纰漏乃至强作解人之处，恳请广大读者和专家学者不吝指正。此外，本人对译文进行了最后一轮全面的修改打磨，因此书中出现的所有错误都应该由我来负责。感谢我父母对全家无微不至的照顾，让我能挤出更多的时间进行翻译；感谢周运、林开亮以及所有帮助和关心过本书翻译工作的朋友。

肖明波

2017 年 2 月 22 日

于杭州瓢饮斋

图书在版编目（CIP）数据

天地之梦／（美）弗里曼·戴森著；肖明波，杨光
松译 . — 杭州：浙江大学出版社，2018. 9
书名原文：Dreams of Earth and Sky
ISBN 978-7-308-17641-5

I.①天… Ⅱ.①弗… ②肖… ③杨… Ⅲ.①书评
—美国—现代—选集 Ⅳ.①G256.4

中国版本图书馆CIP数据核字（2017）第277326号

天地之梦

[美] 弗里曼·戴森 著　　肖明波　杨光松 译

责任编辑	王志毅
文字编辑	周　运
责任校对	虞雪芬
装帧设计	罗　洪
出版发行	浙江大学出版社
	（杭州天目山路148号 邮政编码310007）
	（网址：http://www.zjupress.com）
制　　作	北京大观世纪文化传媒有限公司
印　　刷	北京时捷印刷有限公司
开　　本	635mm×965mm　1/16
印　　张	19.5
字　　数	218千
版 印 次	2018年9月第1版　2018年9月第1次印刷
书　　号	ISBN 978-7-308-17641-5
定　　价	52.00元